edition suhrkamp
Redaktion: Günther Busch

Dieter Henrich, geboren 1927, habilitierte sich 1956 in Heidelberg, wurde 1960 Ordinarius an der Freien Universität Berlin, 1965 an der Universität Heidelberg; seit 1981 lehrt er an der Universität München. Diese Arbeiten über Hegel und den Hegelianismus sind aus der neueren wissenschaftlichen Diskussion nicht mehr fortzudenken; sie haben nicht nur die Interpretation der Hegelschen Theorie in Einzelfragen vorangebracht, sondern auch zur Entwicklung eines Hegel-Bildes beigetragen, das Werk, Wirkung und Aufnahme Hegels im Zusammenhang der Vor- und Nachgeschichte der klassischen deutschen Philosophie präzisiert. Diesem Thema ist der vorliegende Band gewidmet.

Dieter Henrich
Hegel im Kontext

Vierte, veränderte Auflage

Suhrkamp Verlag

edition suhrkamp 510
Erste Auflage 1971
© Suhrkamp Verlag, Frankfurt am Main 1967. Erstausgabe. Printed in Germany. Alle Rechte vorbehalten, insbesondere das der Übersetzung, des öffentlichen Vortrags sowie des Rundfunkvortrags, auch einzelner Teile. Druck und Bindung bei Nomos Verlagsgesellschaft, Baden-Baden. Gesamtausstattung Willy Fleckhaus.

4 5 6 7 8 9 – 93 92 91 90 89 88

Inhalt

Vorwort 7

Hegel und Hölderlin 9

Historische Voraussetzungen von Hegels System 41

Anfang und Methode der Logik 73

Hegels Logik der Reflexion 95

Hegels Theorie über den Zufall 157

Karl Marx als Schüler Hegels 187

Bibliographische Notiz 209

Vorwort

Wer Hegel verstehen will, war über mehr als ein Jahrhundert mit sich allein. Er fand keinen Kommentar, der beim Lesen half, statt es nur ersetzen zu wollen. Auch heute fällt es noch schwer zu sagen, was eigentlich vorgeht in Hegels Denken, – dem letzten, das es vermochte, Theorie der logischen Formen, der Gesellschaft, des Bewußtseins und der Welt in einem zu sein. An seiner Bedeutung zweifelt niemand. Seine Diagnose steht aus.

Die Untersuchungen zu Hegel, die nunmehr in vierter Auflage veröffentlicht werden, sind im Bewußtsein dieser Situation geschrieben worden. Sie sind ebenso viele Versuche, eine Perspektive zu gewinnen, in der sich Hegels Werk als Ganzes verstehen lassen könnte. Ihre Nebenabsicht ist, einige wichtige Probleme der Hegel-Interpretation zu lösen.

Sie wollen Hegel im Kontext verstehen, – zunächst im Kontext seines eigenen Werkes. So haben einige der Untersuchungen damit begonnen, sich in ihm argumentierend zu bewegen, Alternativen zum Verständnis der Texte zu erwägen und unter ihnen nach Gründen zu entscheiden. Vor allem die Aufsätze zu Hegels Logik zielen darauf, die unbefriedigende Situation zu beenden, in der nicht mehr möglich ist als die Wiedergabe und die inspirierte Variation von Hegels Thesen oder ihre Kritik aus einer Distanz, die ihre Strukturen verschwimmen läßt. Immerhin läßt sich über Dialektik nur reden, aber nicht denken, solange Hegels Grundwerk ein verschlüsseltes Buch ist.

In anderen Untersuchungen wird Hegel in den Kontext seiner Zeit gebracht. Es sollte gelingen, die Bedingungen, unter denen sein Werk entstand, so zu vergegenwärtigen, daß seine Motive deutlich werden. Solche Motive sind in

Hegels philosophischer Entwicklung und überall im System gegenwärtig geblieben. Sie erklären zum guten Teil seine Originalität, die für keine Imitation erreichbar war, und seinen Aufstieg zur Weltphilosophie. Die Grundkonzeption des Werkes, die aus solchen Motiven freigesetzt wurde, macht es auch möglich, sein Verhältnis zum Bedeutendsten und zum Folgenreichsten zu bestimmen, das in seiner Nähe entstand: Zum Werk von Hölderlin und zu dem von Marx.

Die Untersuchungen sind nicht zur selben Zeit entstanden. Ihre Perspektiven auf Hegel sind deshalb voneinander verschieden. Ich hoffe, daß der Folge in der Zeit ein Fortschritt im Verständnis entsprach. Sie haben alle auch einen Einfluß auf die Erforschung und die philosophische Erkundung von Hegels Werk gehabt. Auch aus diesem Grunde ist es wohl sinnvoll, sie mit nur sehr wenigen Veränderungen erneut zugänglich zu machen. In einem Anhang sind Arbeiten des Verfassers genannt, welche sich an die Texte dieses Bandes angeschlossen haben.

München, April 1987   *Dieter Henrich*

Hegel und Hölderlin

Die Freundschaft Hegels mit Hölderlin endete im Schweigen. Im ganzen Werk Hegels ist Hölderlins Name nicht einmal genannt. Auch wo Briefe an ihn erinnern, ist Hegels Antwort stets karg. Die Zeit ihrer Gemeinsamkeit, in der das ›Ideal des Jünglingsalters‹ in Kraft stand, war dem Hegel, der die Idee zum System als Wissenschaft entfaltete, ebenso entrückt wie der im Wahnsinn verstummte Hölderlin selber. Gäbe es nicht Forschung, – wir wüßten nichts von dem, was sie verband.

In besonderen Situationen konnte freilich das verschüttete Gedächtnis Hegels zu erstaunlicher Klarheit aufleben. Er konnte dann von der Vergangenheit mit Hölderlin so erzählen, daß die, die an ihr Anteil hatten, sich ganz in sie zurückversetzt fanden, – kaum anders als so, wie später Proust den vollendeteren Wiederaufgang der verlorenen Zeit beschrieben hat.[1]

In der Erwartung einer neuen Gemeinsamkeit mit Hölderlin hatte Hegel einst das einzige Gedicht von Belang, das er schrieb, dem Freunde gewidmet. In Ungeduld zum nahen Wiedersehen pries er in ihm die Treue ihres alten Bundes.[2] Und er versicherte, daß er seiner Leitung und Führung bedürfe, – so wie Hölderlin umgekehrt ihn als den Mentor

---

[1] Vgl. den Eintrag im Tagebuch der Prinzessin Marianne von Preußen in: Werner Kirchner, *Hölderlin, Aufsätze zu seiner Homburger Zeit*, 1967, S. 120/121.
Hölderlins Werk wird nach der Großen Stuttgarter Ausgabe als ›StA‹ zitiert.
[2] Im Gedicht *Eleusis*, abgedruckt u. a. in Hegel, *Briefe*, Band I, 1952, S. 38.
Im Folgenden werden nur ausdrückliche Zitate und einige wichtige, weniger bekannte Stellen durch Zitate ausgewiesen. Da im übrigen ständig auf Schriften Hegels und Hölderlins aus der Frankfurter Zeit Bezug genommen wird, ist auf weitere Belege verzichtet worden.

seines zu oft verstörten Lebens begrüßen wollte.³ Dem folgte wirklich eine Zeit im größeren Kreis weiterer Freunde, die viel später noch zumindest einem von ihnen ein ›Bund der Geister‹ in der ›gemeinsamen Ansicht der Wahrheit‹ war.⁴

Für Hegel aber ist dieser Bund zerfallen, – im rapiden Wechsel der historischen Szene der Epoche, der das Leben der Freunde mit sich und in disparate Richtungen zog, mit dem Eintritt in den prosaischen Lehralltag der Jenaer Universität, mit der Ausbildung der Überzeugung, daß die moderne Welt sich selbst in der großen mythischen Dichtung nicht wiederfinden könne, für die Hölderlin lebte, sicher auch aus dem Schrecken über die vom Wahnsinn entstellte Erscheinung des Dichters, die ehedem Engeln und Göttern verglichen worden war. So breitete sich das Schweigen aus, verstärkt vom Bewußtsein der Welt Metternichs, die sich der Folge von Aufbrüchen und Krisen, der sie ihre eigene prekäre Ruhe schließlich abgewonnen hatte, zwar stets aber ebenso ungern erinnerte; verstärkt auch von Hegels Selbstdarstellung, derzufolge sein System aus denen, die ihm vorangingen, mit der Notwendigkeit logischer Konsequenz folgte. Wer die eigene Arbeit als die Quintessenz des von Kant, gar des von Parmenides begonnenen Denkens sieht, mag leicht die Lebenssituationen von sich abscheiden, aus denen er zu dem wurde, als der er sich nun versteht. Die unendliche Macht des Begriffs bringt seine Wahrheit aus beliebigen, somit gleichgültigen Bedingungen des besonderen Individuums hervor, das ihn zuerst in seiner vollen Bestimmtheit ausspricht, – so ist gut Hegelisch ein philosophischer Grund für das Vergessen zu formulieren.

Doch seit langem ist klar, daß wir den Weg von Kant zu Hegel nicht nach dem Modell eines Aufgangs vorstellen

---

3 Hegels Versicherung ist indirekt aus Hölderlins Antwort zu entnehmen, vgl. StA VI, 1, S. 222.
4 Hegel, *Briefe* I, S. 322.

dürfen, in dem Stufe auf Stufe zur höheren Einsicht führt. Und es ist auch längst an der Zeit, prägnanter darzulegen, inwiefern die Entwürfe einer Philosophie, die gegen die 18. Jahrhundertwende hervortraten, nur als ebenso viele Anstrengungen zu verstehen sind, auf eine singuläre Situation von Problemen Antwort zu geben, – daß sie sich also zu Unrecht gegenseitig für historisch überboten oder gar für Exkremente der Finsternis diagnostisch abgetan haben, – in unbefangener Anwendung der noch neuen Mittel der Geschichtsphilosophie auf ihre Erfinder. Im Zuge dieser Revision zeichnet sich ein Bild von Hegels Denken ab, das den Bund der Geister mit Hölderlin nicht einer belanglosen Vorgeschichte überlassen kann. Aber die Konturen des Bildes sind bisher unbestimmt geblieben.

Hier soll nun versucht werden, sie schärfer nachzuzeichnen und Strukturen des Gedankens in einer Begegnung abzuheben, die vor allem deshalb bewegt, weil sie in Hölderlins Gratwanderung zur vollendetsten Dichtung und zum Absturz in dämmernde Einsamkeit einbezogen ist.

Hegel verdankte seinem Freund mehr, als dieser ihm jemals danken konnte; und zwar in zweierlei, durchaus verschiedenem Sinn: Er verdankte ihm zunächst den wesentlichsten Anstoß beim Übergang zu seinem eigenen, von Kant und Fichte schon im ersten Schritt abgelösten Denken. Seit der Frankfurter Begegnung blieb Hegel auf einem kontinuierlichen Weg der Entfaltung, auf den er ohne Hölderlins vorausgehendes Nachdenken nicht gefunden hätte. Daraus ist nicht zu folgern, daß Hegel eine Einsicht, die Hölderlin zukommt, lediglich zum System artikuliert habe. Im geraden Gegenteil dazu soll zweitens gezeigt werden, daß Hegel bald erkannte, er müsse Hölderlins Einsicht ganz anders explizieren als dieser selbst es vermochte, so daß erst der Anstoß durch Hölderlin mit dem Abstoß von ihm zusammengenommen Hegels frühen Weg zum System bestimmt haben. Zwar ist die Meinung allgemein, der reife Hegel habe stets, was ihm eigentümlich ist, in kritischer Beziehung auf Schelling ausgesprochen. In Grenzen kann das auch gar nicht bestritten werden, zumal Schellings Wirkung eine öffentliche Macht geworden war, der Hegel entgegenzutreten hatte. Dennoch ist es nicht nur Rücksicht auf den jüngeren Freund, die ihn Schellings Namen zunächst nicht nennen läßt: Hegel mußte in Schellings Identitätsphilosophie eine Denkfigur wiederfinden, die ihm in Hölderlin schon früher begegnet war und die tiefer auf ihn gewirkt hatte als Schellings Denken in der Jenaer Zeit der Ausarbeitung des Systems. In Beziehung auf sie, noch im Kreis der Frankfurter Freunde, hatte er gelernt, sein Eigenstes auszusprechen.

Wir haben Grund, die Programmformeln von Hegels Denken, die heute in jedermanns Munde sind, so zu betonen, daß sie Hölderlins Einsicht gleichermaßen entsprechen *und* entgegentreten. Zu nichts weniger aber müssen wir auch imstande sein, um an beider Lebens- und Ideenentwurf, die aus je besonderem Grund unvergeßlich geworden sind, die Frage nach Recht und Wahrheit überhaupt richten zu können.

1. Selbstsein und Hingabe in der Vereinigungsphilosophie

Seit kurzem sind wir der Gewißheit nahegekommen, daß Hölderlin in der Nachfolge von Kants Freiheitslehre der erste war, der Kants These bestritt, der höchste Punkt, von dem die Philosophie auszugehen habe, sei die Einheit des Bewußtseins vom Ich als Subjekt des Denkens. Daß der, der sich ganz als Dichter sah und der sein ›spekulatives Pro und Contra‹⁵ aus seinem Dienst für die Poesie rechtfertigte, in die Weltgeschichte der Philosophie eingreifen konnte, scheint unglaublich. Um so dringlicher ist es herauszufinden, wie es dennoch möglich gewesen ist. Damit sei begonnen.

5 StA VI, 1, S. 183.

Nicht immer kann sich das Bewußtsein einer Zeit in der philosophischen Theorie, die in ihr vorherrscht, vollständig formulieren. So entstehen Nebenströme des Gedankens, die lange unbeachtet bleiben, bis sie Gelegenheit finden, den Hauptstrom zu erreichen. Sie ändern dann oft seine Verlaufsform und seine Richtung. Ein solcher Nebenstrom zu Empirismus und Metaphysik des 18. Jahrhunderts war die aus platonischen Quellen fließende Vereinigungsphilosophie. In ihr hatte Hölderlin schon das Problem seines Lebens formuliert, ehe er noch Fichtes Denken begegnete. Und sie gab ihm die Kraft, dessen Ideen umzuordnen und mit ihrer Hilfe, in der neuen Gestalt, die er ihnen gab, Hegel auf seinen Weg zu bringen.

Thema der Vereinigungsphilosophie ist des Menschen höchstes Verlangen, das seine Befriedigung weder im Verbrauch von Gütern noch im Genuß von Macht und Anerkennung anderer findet. Shaftesbury hatte es – in neuplatonischer Tradition – auf die Anschauung des Schönen bezogen, das am meisten in der Kraft des Geistes zu finden ist, aus der die schönen Werke der Kunst hervorgehen.[6] Durch den Gedanken, daß der Geist der eigentliche Ort von Schönheit sei, auf die höchstes Verlangen geht, hielt er sich in der Nähe der Grundüberzeugungen neuerer Philosophie.

Aber bald trat ihnen Franz Hemsterhuis schroffer entgegen. Er meinte, das Verlangen sei nicht zu fassen als enthusiastische Verehrung höchster Schöpferkraft. Da es uns dazu treibt, alle Vollkommenheit zu gewinnen, muß es auch alle Einzelheit und Beschränkung überfliegen. Es befriedigt sich immer nur dann, wenn die Grenzen fallen, die den Verlangenden von dem trennen, wonach er verlangt. Vereinigungstrieb ist also Trieb zur Verschmelzung und kann nicht Liebe eines Höchsten sein, nur Hingabe an das Endliche außer uns. Hemsterhuis hat Gott nicht mehr als die Macht der Liebe gefaßt,

---

[6] Vor allem: *The Moralists* III, 2.

sondern nur noch als die Kraft, welche einer Welt, in der alles zum Ganzen strebt, das unbegreifliche Schicksal der Vereinzelung auferlegt.[7]

Daß solche Preisgabe nicht der Sinn von Liebe sein könne, hat dann Herder in seinem einflußreichen Aufsatz über *Liebe und Selbstheit* gezeigt. Die Grenzen der Liebe, die Hemsterhuis in unserem vereinzelten Dasein gefunden hatte, dürfen nicht aufgehoben werden, wenn mit ihnen nicht auch der *Genuß* der Liebe, somit sie selber verschwinden soll. Geschöpfe müssen »geben und nehmen, leiden und tun, an sich ziehen und sanft aus sich mitteilen« – dies ist »der wahre Pulsschlag des Lebens«. Herder schließt sich Aristoteles an, wenn er sagt, daß Freundschaft, die im Bezug auf einen gemeinsamen Zweck ihre Erfüllung findet, die auch die Selbständigkeit der Freunde immer sucht und wahrt, in alle Liebe eingehen müsse. »Freundschaft und Liebe sind nie möglich als zwischen gegenseitigen freien, konsonen, aber nicht unisonen, geschweige identifizierten Wesen.«

Durch den Widerstreit zwischen Hemsterhuis und Herder war der Vereinigungsphilosophie ihr neuestes, auch ihr spezifisch neuzeitliches Problem gegeben, von dem Hölderlins selbständige Anfänge bestimmt waren, – im Dichten ebenso wie im Philosophieren. Mit Herders Aristotelismus war nämlich die Erfahrung der Hingabe nicht zu deuten, die Hemsterhuis als Wesen des Verlangens genommen und eindrücklich dargestellt hatte. Gegen ihn hatte aber Herder wieder davon überzeugt, daß in einem Verlangen, das Preisgabe will, die Liebe selber vergeht und zudem die andere Erfahrung modernen Lebens und neuerer Philosophie, das unveräußerliche Recht des freigesetzten Subjekts, ihre Legitimation verliert. Es schien sogar nötig, Herders Gründe gegen Hemsterhuis noch zu verstärken, der ›Selbstheit‹ höheren Anspruch zuzugestehen und *zugleich* Hemsterhuis' Hingabe gegen Herders aristotelische Einrede festzuhalten.

[7] *Sur le desire*, letzte Absätze.

Viel später, in den ästhetischen Vorlesungen, erinnerte sich Hegel noch dieser Aufgabe, wenn er die Mutterliebe, als romantisches Kunstsujet, so erläutert: »Sie ist eine Liebe ohne Verlangen, aber nicht Freundschaft, denn Freundschaft, wenn sie auch noch so gemütreich ist, fordert doch einen Gehalt, eine wesentliche Sache als zusammenschließenden Zweck. Die Mutterliebe dagegen hat ohne alle Gleichheit des Zwecks und der Interessen einen unmittelbaren Halt [...].«[8]

Den ersten Versuch zur Vermittlung von Liebe und Selbstheit machte der junge Schiller in der *Theosophie des Julius*. Er beschrieb ihn selbst als Unternehmen, zu einem »reineren Begriff der Liebe« zu gelangen.[9] Anders als Hemsterhuis deutete er Liebe als ein Sichausdehnen des endlichen Selbst, das nach aller Vollkommenheit strebt, über die ganze Welt. Es ist der ewige innere Hang, in das Nebengeschöpf überzugehen oder dasselbe in sich hineinzuschlingen, was wir mit ›Liebe‹ meinen. Man versteht sie also falsch, wenn man sie als Bereitschaft zur Hingabe deutet. Sie ist ein Akt, der auf die Ausdehnung des Selbst geht, wenngleich er dessen Grenzen gegen den Anderen niederreißt.

Man sieht leicht, daß Schillers Interpretation, welche die Selbstheit wahren will, ohne die Erfahrung der Hingabe zu leugnen, dies nur deshalb tun kann, weil sie den Sinn der Hingabe in sein Gegenteil verkehrt: Vom Krieg aller gegen alle unterscheidet sich Liebe nur noch durch das Wenige, daß sie Aneignung von je schon Eigenem, also nicht Überwältigung von Fremdem und Macht über bloße Mittel ist. Es ist ein verzweifeltes Unterfangen, dem Gegensatz zwischen Liebe und Selbst zu entgehen, indem man die pure Identität beider behauptet. Wohl aber hat Schiller mit zu schwachem Instrument zuerst versucht, was sich auch noch als das Programm von Hegels spekulativer Logik formulieren läßt: Die Beziehung auf sich muß so gedacht werden, daß sie zugleich

---

8 *Vorlesungen über die Ästhetik,* ed. Glockner II, S. 152.
9 Vgl. Brief an Reinwald vom 14. 4. 1783.

den Gedanken einer Beziehung auf anderes einschließt, - und umgekehrt. Man kann diese Aufgabe aber auch so formulieren, daß sie Hölderlins frühes Lebensproblem ausspricht: Beide, Liebe und Selbstheit müssen zusammengedacht, aus ihrem Gegensatz herausgeholt werden, der heillos zu sein scheint, – und zwar durch einen Gedanken, der keines von beiden dementiert und seines eigentlichen Sinnes beraubt, indem er es zu einem bloßen Element im anderen macht. Der Roman von Hyperion, begleitet von philosophischer Reflexion, sollte diese Aufgabe entfalten und lösen.

Aus Anlage und früher Erfahrung seines Lebens war Hölderlin wie kein anderer imstande, die Gegensätzlichkeit in den doch gleichermaßen legitimen Tendenzen zu kennen, die durch die Wörter Liebe und Selbstheit bezeichnet sind. Empfindlich für Leben und Schönheit der Natur, seinen Verwandten stets anvertraut, war er bereit und bedürftig, schutzlos sich hingebend dem offen zu sein, was ihm begegnete. Früh lernte er aber auch im strikten Erziehungssystem seiner Schulen, daß sich nur der immer bewahren kann, der es vermag, sich ganz auf sich selber zu stellen und, wie er sagte, ein Unendliches in sich zu finden. Beides, so sehr es auch das jeweils andere ausschließt, gehört doch zu einander und macht erst ein ganzes Leben aus. Man sieht es daran, daß wir in beiden Lebenstendenzen uns frei fühlen und daß auch jedes Gewaltsystem versucht, die eine wie die andere unter seine Kontrolle zu zwingen. Doch ist es nicht leicht, sie in Freiheit zusammenzubringen, – auch nur das Eine zu denken, was sie zusammengehören läßt. Was nämlich Herder in die spannungslose Übereinstimmung der Freundschaft einbringen wollte, steht doch miteinander in Konflikt: Das Aussein aufs Unbedingte und die Hingabe ans vereinzelte, besondere Dasein, – Selbstsein und Liebe.

Im Blick auf den Gegensatz der beiden erhält das Prinzip der Vereinigungsphilosophie bei Hölderlin eine ganz neue Funktion: Nicht mehr werden Mensch und schöne Geisteskraft, oder Person und Person miteinander verbunden, sondern Lebenstendenzen, deren eine selbst schon Einigung ist. Liebe wird damit zu einem Metaprinzip der Vereinigung von Gegensätzen im Menschen. Das sehnsüchtige Verlangen nach dem Unendlichen, die grenzenlose Bereitschaft zur Hingabe, vorzüglich aber der Trieb, die Einheit zwischen diesen Gegensätzlichen zu gewinnen und zu offenbaren, dies alles wird nun vom einen Wort ›Liebe‹ benannt.

In den Grabspruch des Ignaz von Loyola »Vom Größten unbezwungen, vom Kleinsten befangen« hat Hölderlin die Aufgabe eines solchen Menschenlebens hineingelesen, das sich in der Vereinigung seiner entgegengesetzten Lebenstendenzen vollendet. Er ist das Motto des Hyperion geworden. Ihre Integration kann nicht konfliktlos geschehen. Deshalb ist sie auch nur denkbar als das Resultat eines Weges des Lebens in der Zeit. So verwandelt sich ihm Liebe zu einer Kraft, die nicht in einem Zustand, sondern nur in Bewegung durch Gegensätze zu denken ist. Sie wird zu einem Prinzip von Geschichte. Der Konflikt ihrer Gegensätze läßt manchen versuchen, dem Gegensatz und der Aufgabe der Vereinigung zu entkommen oder sich die Anstrengung zu ihr zu ermäßigen. So ist der geschichtliche Weg des Menschen auch von vielerlei Irrungen bedroht. Hölderlin wendete deshalb auf ihn die Metapher einer Bahn ohne Mittelpunkt und klare Zielstrebigkeit an, – einer exzentrischen Bahn.

Des weiteren fand er, daß die Vereinigung des Lebens zum Ganzen nicht nur das Ziel der Liebe ist, sondern auch die eigentlichste Bedeutung von Schönheit. Dabei ist klar von Beginn, daß sie die Spannung der Vielfalt und auch des Gegensatzes in sich einschließt. In welchem Sinne sie es vermag, das allerdings wußte Hölderlin zunächst nicht zu sagen.

2. Hölderlins Weg zur philosophischen Grundlegung

Hölderlins frühe philosophische Entwürfe sind ebenso viele Ansätze, über den Gedanken vom Doppelwesen des Menschen, seinem von Widerstrebendem beirrten Weg und von der möglichen schönen Auflösung des Konflikts in Begriffen Rechenschaft zu geben. Es ist bekannt, daß er dies zunächst mit Hilfe von Schillers späterer Philosophie aus dessen Zeit seiner Schülerschaft zu Kant versuchte. Der Schiller dieser Periode war Hölderlin vorangegangen, als er die Einheit des Menschen dem Gegensatz von Pflichtgesetz und Geneigtheit des Willens abgewinnen wollte. Auch er kennt schon ›Liebe‹ als ein Metaprinzip der Vereinigung von Kräften des Lebens. Anders als in der frühen Theosophie ist sie nicht mehr begriffen als über jedem Gegensatz, sondern als seine Versöhnung, so daß sie reicher bestimmt erscheint: Schiller beschreibt sie – in Kantischer Sprache und doch in paradoxer Aufhebung Kantischer Unterscheidungen – als die Neigung, in der, nach Vollendung ihrer unendlichen Aufgabe, Vernunft sich frei ihrem Antagonisten, der Sinnlichkeit, zuwendet, um in ihr, überrascht und erfreut, den Widerschein ihrer zu gewahren und mit dem Spiegelbild ihrer selbst zu spielen.[10]

Wir können leicht sehen, warum Hölderlin von Schillers paradoxer Lösung unbefriedigt blieb: Was die Liebe vereinigt, verdient doch gleichfalls ihren Namen: Das Verlangen nach dem Unbedingten und die hingebende Neigung, sei es zum Kleinsten oder sei es zum Gleichen. So muß man verstehen, wie die Liebe nicht nur Gegensätze überbrückt, sondern in ihnen auch schon am Werke ist. Die Lebenstendenzen müssen trotz ihres Gegensatzes, sofern sie wahrhaft sollen vereinigt werden können, aus gleichem Ursprung begriffen werden.

---

10 Über die Paradoxien, die sich aus Schillers Gebrauch der Terminologie Kants im Gegenzug zu dessen Intentionen ergeben: D. Henrich, *Der Begriff der Schönheit in Schillers Ästhetik*, in: *Zeitschr. für philos. Forschung* XI, 4, 1958.

Hölderlin sah früh ein, daß er um dieses Zieles willen nicht, wie Schiller es wollte, Kantianer bleiben konnte. Kant hatte das Eigentümliche seines Denkens in den grundsätzlichen Unterschied zweier Strebensweisen des Menschen gesetzt. Er fand keinen Sinn darin, ihre Vereinigung zu erwägen. Schiller widersprach ihm darin, doch ohne eine gründende Einigkeit dem Gegensatz vorauszudenken, der zu vereinigen war. Das wäre auch im Rahmen von Kants Theorie notwendig mißlungen, die alles Erkennen auf Formen der Subjektivität einschränkt und ihren Ursprung dem Dunkel des Unbestimmbaren, nicht nur des Unerkennbaren überläßt. So sehr Hölderlin auch wußte, daß diese Restriktion um der Freiheit willen erfolgt war, und so sehr er sich Antrieb und Anspruch von Kants Denken bis in die Wahnsinnszeit verpflichtet wußte, – er mußte doch ›über die Kantische Grenzlinie‹ hinaus.[11]

Hilfe dazu bot ihm für kurze Zeit Platon, der Gründer der Tradition der Vereinigungsphilosophie. Er hatte gelehrt, daß die Liebe zum Schönen dieser Welt verstanden sein will aus einem höheren Verlangen, das über die Welt hinaus in den Grund aller Harmonie und in den Ursprung geht, aus dem wir kommen. Doppelaspekt wie einiger Grund des Verlangens schienen damit gleich gut gewahrt zu sein. Gleichwohl ergänzt Platons Lehre den Mangel von Schillers Versuch nur, indem sie dessen Vorzüge preiszugeben zwingt: Hatte Schiller den Gegensatz der Strebensrichtungen überbrückt, ohne ihren Einheitsgrund nennen zu können, so fand Hölderlin in Platon zwar den Einheitsgrund genannt, den Gegensatz aber überspielt. Denn Platon deutet die Freude am Schönen in der Erscheinung gar nicht als Hingabe, – nur als den ersten Flügelschlag einer neubefiederten Seele hinauf in den überhimmlischen Ort.[12] Und so blieb Hölderlin weiterhin ohne begriffliche Lösung seines Lebensproblems.

11 StA VI, 1, S. 137.
12 *Phaidros* 250 a ff.

Diese Situation veränderte sich vollständig und auf Dauer in den wenigen Monaten der Begegnung mit Fichtes Wissenschaftslehre. Hölderlin nahm sie auf und verwandelte sie nahezu instantan zu einer Antwort auf seine eigene Grundfrage. Mit ihr trat er dann Hegel entgegen, der ihr nichts ebenso Schwerwiegendes an die Seite stellen konnte.

Es ist von großer Bedeutung, sich darüber klar zu sein, wie Hölderlin Fichte lesen mußte: Mit Platon war er über die Weisen des Bewußtseins und Strebens hinaus und in ihren transzendenten Grund zurückgegangen. Mit Schiller hatte er das Gegensätzliche in den Strebensrichtungen des Menschen und die Notwendigkeit zu ihrer Vereinigung erfahren. Keiner, weder Platon noch Schiller, konnte aber beides in einem rechtfertigen. Das vermochte nur Fichte.

Aus der noch nicht veröffentlichten frühesten Form der Wissenschaftslehre kann man lernen, daß Fichte zu seiner Theorie durch zwei Entdeckungen kam, die einander schnell gefolgt sind: Zunächst hat er gegen Reinholds These eingesehen, daß der Grundakt des Bewußtseins nicht ein Beziehen und Unterscheiden sein kann. Dem voraus muß nämlich ein Entgegensetzen geschehen, das die Möglichkeiten zum Unterscheiden erbringt. Es ist Fichtes höchst folgenreiche These, daß Bewußtsein nur aus dem Gegensatz, nicht schon aus Kants Verbindung von Mannigfaltigem verständlich wird. In einem zweiten Schritt begriff Fichte sodann, daß die Entgegensetzung selbst auch einen Einheitsgrund verlange. Finden konnte er ihn nur in der Unbedingtheit des Selbstbewußtseins, das alles Entgegengesetzte umgreift.[13]

Man muß sich klar machen, daß diese Schritte, zum Gegensatz und zum Einheitsprinzip, genau dieselbe formale Struktur ergeben wie Hölderlins Vereinigungsphilosophie, – trotz

---

13 Fichtes *Eigene Meditationen über Elementarphilosophie*, aus denen sich die Entstehung seiner Wissenschaftslehre vollständig rekonstruieren läßt, wurden inzwischen (1971) in Bd. II,3 der Fichte-Gesamtausgabe der Bayerischen Akademie der Wissenschaften veröffentlicht.

der in der Tat fundamentalen Differenz, daß Fichte ›Bewußtsein‹ und Hölderlin ›Liebe‹ verstehen will. In Hölderlins Aufnahme der Wissenschaftslehre münden somit zwei Sequenzen des Denkens, die seit dem Beginn der Neuzeit getrennt verliefen, ineinander zum einen Problemstand der idealistischen Philosophie: Sie sind durch zwei verwandte Grundworte bezeichnet: *Unio* und *Synthesis*, – die Grundworte platonischer Tradition und Kantischen Denkens. Nur so ist auch zu verstehen, wie aus den unbeholfenen frühen Frankfurter Texten Hegels, die den Kantianismus scheinbar ins empfindsame Reden preisgeben, das System hervorging, das dann zur Weltphilosophie seiner Zeit geworden ist.[14]
Hölderlin konnte Fichtes Argumente nun aber nur übernehmen, indem er ihre Bedeutung modifizierte. Ist Liebe Vielfalt und Einheit der Strebensrichtungen des Menschen, so kann ihr Grund nicht in seiner Ichheit liegen. Ohnehin ist die Rede vom ›Ich‹ sinnvoll nur, wenn sie auf Selbstbewußtsein bezogen wird. Das aber ist einzig als Korrelat von Objektbewußtsein zu denken, – somit niemals als der gesuchte Einheitsgrund *über* allem Gegensatz. Auf diesem Wege kam Hölderlin dazu, Bewußtsein und Ichheit voraus eine Einigkeit anzunehmen, die er mit Spinoza als Sein in allem Dasein, mit Fichte als Grund der Entgegensetzung dachte. Wieso dies Sein durch Teilung Gegensätze produzieren kann, vermochte Hölderlin zunächst nicht zu sagen. Er konnte sich der Frage danach auch entziehen: Die Ureinigkeit ist für ihn wohl höchste Gewißheit, aber nicht Gegenstand einer deskriptiven Erkenntnis. Hölderlin meinte, daß diese Art des Überstiegs über das Bewußtsein nun auch vor seinem Kantischen Gewissen gerechtfertigt sei; – war er doch der Bewußtseinslehre Fichtes abgenötigt worden, die sich ihrerseits als Konsequenz Kants empfohlen hatte.
So konnte Hölderlin eine einfache, aber in ihren Möglichkei-

---

[14] So nennt es Karl Marx im Brief an den Vater vom 10. November 1837.

ten bedeutsame philosophische Theorie erwerben, in der die Situation des Menschen etwa so gedeutet wird: Er geht hervor aus einem einigen Grund, auf den er bezogen bleibt in der Gewißheit von den Voraussetzungen seines Daseins und der Idee von der Möglichkeit neuer Einigkeit. Zugleich ist er gebunden in eine Welt, die ebenso wie er dem Gegensatz entstammt. Um der Einigkeit willen strebt er tätig hinaus über jede ihrer Grenzen. Doch es begegnet ihm in ihr zugleich das Schöne, – eine Antizipation der Einigkeit, die er verloren hat und die er wieder herstellen soll. Indem er es liebend umfängt, verwirklicht sich ihm in Grenzen, was als ganze Wahrheit in unendlicher Ferne liegt. So wird er mit Recht von ihm befangen. Doch darf er auch nicht vergessen, daß sein tätiges Wesen zum Überstieg über das Endliche aufgerufen ist. Im Widerstreit von Liebe und Selbstheit läuft er, beirrt oder über sich verständigt, seine Bahn.

Hölderlin hatte diese Philosophie noch im Jahre 1795 fertig ausgearbeitet. Über sie muß er sich mit Schelling in zwei Gesprächen, über die viel gerätselt worden ist, ausgesprochen haben. Isaak Sinclair, sein Homburger Jünger und Protektor, eignete sie sich an. Noch 1796 schrieb er ausführlich philosophische Raisonnements nieder.[15] Aus ihnen kennen wir besser als aus Hölderlins eigenen Texten Gang und Höhenlage seines Denkens. Von diesem Denken mußte sich Hegel im Frühjahr 1797 herausfordern lassen, möglicherweise schon auf dem Wege nach Frankfurt, auf dem Hölderlin ihm entgegenkommen wollte.

3. Hegels Selbstverständigung mit Hölderlin

Hegel erschien in Frankfurt als dezidierter Kantianer. Schon in Tübingen hatte er dazu beitragen wollen, Kantischen Frei-

---

15 Diese Raisonnements sind interpretiert in D. Henrich, *Hölderlin über Urteil und Sein*, in: *Hölderlin-Jahrbuch 1965/6*, S. 73 ff. Sie sind in der

heitsgeist durch theologische Aufklärung zu verbreiten. So versuchte er, Einrichtungen einer öffentlichen Religion auszudenken, die – anders als die bestehende – wahre Bürgerreligion sein und die Vernunft und Freiheit fördern statt niederschlagen würde. 1793, kaum in Bern angekommen, erfuhr er von dem Angriff seiner theologischen Lehrer gegen die Kantische Religionsphilosophie. Um ihn abzuwehren, mußte er seinen kritischen Schriften gegen Kirche und traditionelles Christentum eine grundsätzlichere Wendung geben. Die bestand darin, die Kantische Lehre von einer Beziehung auf einen transzendenten Gott ganz abzulösen. Das Bewußtsein der Freiheit war ihm nun absolut, selbstgenügsam und über alle Hoffnung auf Glück und Gunst des Weltlaufes erhoben. In glücklichen Zeiten der Freiheit kann es sich zu einem harmonischen öffentlichen Leben entfalten. Es muß sich aber auch in sich zurückziehen können, die natürliche Existenz des Menschen dem Schicksal seines Lebens und seiner Zeit preisgeben und von ihm sich abhängig wissen, ohne in sich selbst abhängig zu sein. Stoische Tugend und Rousseauische Politie sind also komplementäre Gestalten einer aus der Macht der Freiheit kommenden Humanität.

Man sieht leicht, daß in der philosophischen Theorie die Grenzen dieser Ideen eng gezogen sind: Sie ruhen ganz auf Kants Begründung und Limitierung der Erkenntnis. Hegel wußte das. Er sah sich nicht imstande, sah auch keinen zwingenden Grund, mehr zu leisten; – trotz der Berichte, die ihm Schelling über seinen Weg zu Fichte und weiter zu Spinoza gegeben hatte, und obwohl er längst vertraut war mit den

---

Dissertation von Hannelore Hegel veröffentlicht *(Isaak von Sinclair zwischen Fichte, Hölderlin und Hegel,* Frankfurt 1971). Nachdem die Originale in Krakau wieder zugänglich geworden sind, konnte festgestellt werden, daß die Abschriften durch Kirchner, nach denen diese Publikation von H. Hegel erfolgte, in allem Wesentlichen korrekt sind. Auch die Datierung, die seinerzeit indirekt und aus wenigen Indizien zu erschließen war, hat sich nun bestätigen lassen.

Gedanken von Spinoza, so wie sie in die Lehren von Herder und vor allem von Jacobi eingegangen waren. In Frankfurt aber konnte er sein Tun nicht länger so eingrenzen. Hölderlin rückte ihm vor Augen, daß seine kantische Begriffswelt ungeeignet war, gemeinsame Erfahrungen und Überzeugungen früherer Jahre festzuhalten, – daß die griechische Politie *Vereinigung,* nicht nur Verbindung der Freien gewesen sei, daß Freiheit nicht nur als Selbstheit, daß sie ebenso als Hingabe müsse gedacht werden, daß in der Erfahrung des Schönen mehr aufgehe als die Achtung fürs Vernunftgesetz.

Dies alles können wir nur aus der abrupten Wandlung von Hegels Position erschließen, die in Frankfurt alsbald geschah. Wir wissen aber, daß die Gespräche zwischen den Freunden sehr intensiv und daß sie Streitgespräche waren. So berichtet der Bruder Hölderlins von einem Besuch in Frankfurt im Frühjahr 1797, daß auch Hegel ihn mit großer Herzlichkeit empfangen habe. Bald aber sei er vergessen gewesen, als die beiden Kollegen über eine philosophische Frage in heftige Diskussion gerieten.[16]

Hegel war nicht nur Hölderlins Argumenten ausgesetzt, der ja in einem Kreis von Freunden lebte, die ihm alle in der einen oder anderen Weise folgten. Auch die Gespräche mit ihnen müssen für Hegel Bedeutung gehabt haben, – besonders die mit Sinclair, der sich Hölderlins Ideen ganz zu eigen gemacht und in eigener Terminologie und näher an Fichte angelehnten Schlußfolgerungen ausgeführt hatte. Sinclair hat zu späterer Zeit ein Gedicht über eine philosophische Begegnung veröffentlicht. Obwohl es nicht als direktes Zeugnis von Hegels Eintritt in den Homburger Kreis gelten darf, wird in ihm doch deutlich, wie Sinclair aus der ihm durch Hölderlin vermittelten metaphysischen Einsicht einem gerühmten Gast entgegenzutreten pflegte, von dem er wußte,

---

[16] StA VI, 2, S. 833.

daß er letzte Gewißheit auf einen – gleich ob kantischen oder christlichen – Akt des Glaubens gegründet sah.[17]

Der Gast betritt zusammen mit dem vertrauten Freund Sinclairs Zimmer, der ungeduldig und ein wenig ängstlich, ob er werde bestehen können, auf den Älteren, Gerühmten wartet. Man spricht von der Reise, kommt zu allgemeineren Beobachtungen auf früheren Reisen, zu den sittlichen Verhältnissen der Stämme und Geschichtsepochen, – auch zum Glauben der Väter. Sinclair (der vom Kantianismus Hegels wissen konnte) nutzt die Gelegenheit dieses Themas, um auf die Grundfrage zu kommen, die Hölderlin über den Kantianismus hinaus gebracht hatte: Ob nämlich der Glaube der Völker der letzte Bezugspunkt sei für die Verständigung über ihre Geschichte, oder ob es vielmehr eine Möglichkeit gebe, wissend über den Standpunkt der Subjektivität der Glaubenden und ihrer Freiheit hinauszukommen. Was Sinclair dem Gast entgegenhält, ist nur eine Variation über die Themen von Hölderlins früher Philosophie:

»Und ich stieg mit ihm zur Quelle
Wo der Lauf sie noch nicht trübet
Wies ihm da des Geistes Einfalt
[...]
Schwindet sie nicht da die Schranke,
Die von Gott den Menschen scheidet?

17 Otto Pöggeler hat in sogar zwei Aufsätzen gegen die Annahme argumentiert, die H. Hegel (a.a.O.) und ich selbst in dem Vortrag vor dem Hegelkongreß 1970 gemacht haben, Sinclairs Gedicht lasse sich als Dokument von Hegels Eintritt in den Homburger Kreis lesen (in: *Hegel-Studien* 8, 1973, S. 9 ff. und in: *Frankfurt aber ist der Nabel dieser Erde*, hrsg. von C. Jamme u. O. Pöggeler, Stuttgart 1983, S. 325 ff.). Pöggeler hat wahrscheinlich gemacht, daß Sinclair eine Begegnung mit F. Schlegel im Gedicht festhalten wollte, dabei aber auch verdeckt, daß Sinclairs Argumentationsweise der Grundüberzeugung des Homburger Kreises zu Beginn des Jahres 1797 entspricht und daß das Gedicht so ein Bild von der Weise gibt, in der sie von Sinclair gegenüber einer Glaubensphilosophie spontan geltend gemacht werden konnte.

Lebt da Liebe nicht in Wahrheit,
Wo die Wesen eint ein Leben?
Darf man Glauben es noch nennen,
Wo das hellste Wissen strahlet?
[...]«

Sinclair sagt, daß der Gast nicht widersprochen habe. Aber da seine philosophische Überzeugung in Frage gestellt ist, stimmt er doch auch nicht zu. Statt dessen legt er Sinclair ein Problem vor, das, Hölderlins Gesichtspunkt einmal als richtig angenommen, gelöst werden muß: Wie es nämlich von jenem Ursprung zur Entwicklung hat kommen können, in der sich die ursprüngliche Wahrheit in Schein verlor, so daß uns nur der Rückweg ins Verlorene offen zu stehen scheint. Sinclair räumte ein, daß wir diesen Anfang nicht verstehen können. Wohl aber sei zu verstehen, daß das ganze Geschlecht der Menschen in einen historischen Lebenszusammenhang gebunden sei, in den auch alle Abweichungen und Fehler einbezogen sind; – Hölderlins exzentrische Lebensbahn als Gang der Geschichte der Menschheit verstanden. Der Gast hielt mit neuer Erwiderung zurück und schlug vor, weiterer Arbeit und Erfahrung und neuem Gespräch die Entscheidung zwischen Glauben und Begrenzung auf der einen, Liebe und Gewißheit auf der anderen Seite zu überantworten:

»Lieber, laß uns hier verweilen
In dem Lauf des raschen Streites,
Weiser die Entscheidung lassend
Selbst der Wahrheit unserer Zukunft.
Ob dem Geiste das gebühret,
Was du kühn für ihn verlangest,
Ob nicht besser ihm Beschränkung,
Die zu Höherem ihn weihet.«

In diesem Gesprächsverlauf zeichnen sich Konstellationen von Gedanken und Problemen ab, die denen entsprechen, welche auch Hegel in seinen eigenen Weg getrieben haben, oder, wie angemessener zu sagen ist, ihn in ihm auf nunmehr veränderter Theoriebasis hielten. Doch hatte er auf Hölderlins Spekulation zunächst kaum etwas zu erwidern. Sie bestimmte ihn jedenfalls dazu, vom eigenen Kantianismus kritische Distanz zu nehmen, in den Begriffsraum der Vereinigungsphilosophie einzutreten und ›Liebe‹ als ›Vereinigung‹ zum höchsten Gedanken von einem freien Leben zu machen.

Zunächst hat er diese Liebe noch Kantisch als eine Art von Verhalten zur Welt, also analog zur Imagination gedacht.[18] Aber bald schon ist sie auch ihm zur vereinigenden Macht geworden, die Natur und Freiheit, Subjekt und Objekt so miteinander verbindet, daß jedes von ihnen bleibt was es ist und doch mit dem anderen zu untrennbarer Einheit zusammentritt. Diese Einheit nennt er nun wie Hölderlin ›Sein‹; und er meint damit wie er ›innige Vereinigung‹. Daran, daß sie dem Verstande unfaßbar sei, hält er fest. So wahrt er ein Rechtsmoment der Kantischen Glaubenslehre, jedoch so, daß kaum ein Unterschied zu Hölderlins Gewißheit vom Sein sich finden läßt.

Aus Hegels Aufnahme von ›Liebe‹ als Grundwort seines Nachdenkens ging ohne Bruch das System hervor. Das Thema ›Liebe‹ ist nur aus Gründen, die sich angeben lassen, durch die reichere Struktur des ›Lebens‹ und später durch die des ›Geistes‹ ersetzt worden, die noch mehr als ›Leben‹ impliziert. Dennoch ist es falsch zu sagen, Hegel habe Ideen, die er nicht aus Eigenem nehmen konnte, gleichsam nur ausgebrütet und allgemein gemacht. So läßt sich nur denken, so lange in der Art, in der Hegel Hölderlins Anstoß aufnahm, nicht der charakteristische Unterschied zwischen beiden deutlich gemacht ist, – im Konzept der Theorie, nicht nur in der

---

18 Im zweiten Teil des Textes, dem Nohl die Überschrift *Moralität, Liebe, Religion* gab, in: *Theologische Jugendschriften* S. 376.

Bestimmtheit der Personen. Dieser Unterschied liegt durchaus nicht offen zu Tage. Es muß aber gelingen, ihn zu benennen, denn das Werk beider soll ja nicht nur aus Impressionen und impressivem Enthusiasmus, sondern als artikulierte Struktur von Gedanken und Erfahrungen erinnert und erwogen werden.

Den Anfang dazu muß die Beobachtung machen, daß Hegel Hölderlins Denken nur verkürzt übernahm. Für Hölderlin war ›Liebe‹ Vereinigung von *Strebens*richtungen, deren eine aufs Unendliche, deren andere auf Hingabe ging. Die eine verstand er aus der Beziehung zum Ursprung, die andere aus der Beziehung zu dem, das gleich uns die Einigkeit des Seins verlor. In Hegels Liebesbegriff ist von dieser Doppelung nichts zu finden. ›Liebe‹ ist geradezu als Vereinigung von Subjekt und Objekt gedacht. In dieser Selbstgenügsamkeit hat sie formaliter einen Charakter Kantischer Autonomie des Willens übernommen: Sie geht auf nichts, was ihr vorausliegt, und sie treibt nicht, etwas hervorzubringen, was sich von der Vereinigungsmacht noch unterscheiden läßt.

Sie läßt sich allerdings auch nicht als das ›Alles in Allem‹ selber denken. Setzt sie doch voraus, daß eine Mannigfaltigkeit von Getrenntem besteht, in Beziehung auf die sie wirksam werden kann. Hegel hat auf diesen Aspekt seiner theoretischen Lage, den Hölderlin durch die Annahme einer Trennung im Sein beachtet hatte, zunächst gar keine Rücksicht genommen. Erst bei der Redaktion seiner Manuskripte über ›Liebe‹ im Winter 1798/99 ist er mit einfachen Argumenten auf ihn eingegangen, die er in den Text einfügte[19]: Die Liebe muß suchen, sich zu vervielfältigen, um ein möglichst großes Ganzes der Vereinigung herzustellen.

So zeigt sich also Hegels Unselbständigkeit gegen Hölderlin darin, daß er eine seiner wichtigsten Absichten beim Über-

---

19 Dem Fragment mit Nohls Titel *Die Liebe* liegen zwei Fassungen zugrunde. Erst in der zweiten wird das Problem der Herkunft des Mannigfaltigen gestellt.

schritt über Kant und Fichte mißkannte. Eigentümlicherweise war aber gerade diese Verkürzung die Bedingung der Möglichkeit von Hegels Entwicklung zum Eigenen. Man kann ganz abstrakt sagen wieso: Hegel mußte auf die Dauer alle die Strukturen, die Hölderlin aus dem ursprünglichen Sein verstand, als Weisen des Bezogenseins derer auffassen, die sich vereinigen. Das Geschehen der Vereinigung selber, nicht ein Grund, aus dem es herzuleiten ist, ist das wahre Absolute, das ›Alles in Allem‹. Wir werden sehen, daß Hegel gerade darum zu der Überzeugung kam, es müsse ›Geist‹ und nicht ›Seyn‹ genannt werden.

Hegel hatte schon in Bern das unabhängige Bewußtsein, das dem Schicksal trotzt, indem es ihm alles Natürliche preisgibt, als den Beweis der Freiheit unter Bedingungen gerühmt, in denen die Gemeinschaft der Freien unerreichbar bleibt. Von ihm ist die schlechte Unendlichkeit eines Glaubens zu unterscheiden, die sich in solcher Lage zur Unterwerfung unter Mächte und unendliche Objekte bereitfindet. Auch nach dem Anstoß durch Hölderlin konnte und wollte Hegel an diesem Schema festhalten. Es war nun nur nicht mehr der Sinn für Freiheit, sondern für wahre Vereinigung, der uns zwingt, in Weltlagen, die Vereinigung gar nicht zulassen, auf der Unendlichkeit in uns zu beharren.

So nahm also Hegel Hölderlins Liebestheorem mit gutem Grund nur verkürzt auf, – nicht aus Ignoranz, sondern weil es allein in dieser Form geeignet war, auch noch seine Berner Einsicht neu zu formulieren. Damit war aber eine Entscheidung gefallen, die Hegels weiteren Gang beherrschte: Der Gegensatz zwischen Unendlichkeit des Selbstseins und Hingabe konnte von ihm nicht mehr als zwei Strebensrichtungen der Liebe verstanden werden, von denen jede auf eine andere Existenzform der Vereinigung geht, auf vollendete unendliche oder auf im Gegenwärtigen mögliche, aber beschränkte Vereinigung. Wenn das Ich aufs Unendliche geht, so hält es damit nur an sich, weil es die Möglichkeit der gegenwärtigen

Vereinigung mit seiner Welt nicht sieht. Sehnsucht ist schlechte, ist abstrakte Unendlichkeit, die ihren besseren Ausdruck in der Tapferkeit findet.

Für den Fall, daß Hegels Denken zum System reifen sollte, waren damit zwei Probleme vorbereitet, die auch formal behandelt und gelöst werden mußten: Die Relation zwischen Endlichkeit und Unendlichkeit ist so zu denken, daß sich ihre Relata nicht aus einem Dritten herleiten, sondern nur aus den internen Bedingungen ihres Bezogenseins. Und weiter muß die Mannigfaltigkeit derer, die vereinigt werden, aus dem Wesen der Vereinigung selber einleuchten, – also wiederum nicht aus einem ihr vorausgedachten ersten Beginn und Grundprinzip. Diese zweite Frage ist in Hegels Skepsis gegenüber Sinclair vorweggenommen, mit der er sich danach erkundigte, wie denn, die Ureinheit einmal angenommen, der Prozeß der Teilung und Entwicklung überhaupt zu begreifen sei.

4. Strukturen in Hölderlins späterem Denken

Noch ein weiterer Gang ist nötig, ehe sich das Profil von Hegels Denken in aller Deutlichkeit von dem Hölderlins abhebt. Es muß auf einige Modifikationen eingegangen werden, die Hölderlins spätere Philosophie von seiner frühen unterscheiden. In der spekulativen Skizze, mit der er Hegel überzeugte, fungierte neben ›Liebe‹ ›Schönheit‹ als Schlüsselbegriff. Denn die vereinigten Strebensrichtungen des Menschen treten im Schönen zusammen: Göttlich ist es, vom Größten ungezwungen, vom Kleinsten aber befangen zu sein. So sehr es einleuchtet, das Vollendete schön zu nennen und in ihm die strenge Schönheit des Ideals zu finden, die Spannung nicht aus sich ausschließt, – dieser Begriff der Schönheit ist dennoch ganz unbestimmt. Eigentlich ist er nur das Postulat der Integration von Wesensrichtungen des Lebens, verbunden mit ästhetischem Sensorium. Es läßt sich nicht verstehen, wie solche Integration des Lebens wirklich geschehen kann.

Wir wissen, daß Hölderlin erst wieder zu philosophieren begann, als er sich von Susette Gontard getrennt hatte und nach Homburg umgezogen war. Er bearbeitete nun nicht mehr philosophische Grundlegungsprobleme. Die Theorie der Dichtung, der Unterschied zwischen griechischer und moderner Poesie, das rechte Verhältnis beider zueinander und der Charakter poetischer Sprache wurden seine Themen. Daß er dabei von dem im früheren ›spekulativen Pro und Contra‹ Erreichten und im Bund der Freunde Bewährten ausging, ist leicht zu sehen. Zu sehen ist auch, daß er, was für ihn ehedem die Bahn des individuellen Lebens durch die Gegensätze seiner Tendenzen war, immer mehr auch als einen Begriff von der Geschichte der Menschheit gebraucht hat. Doch hat er zumindest zwei wichtige Änderungen in seinen frühen Entwurf eingesetzt, die ihn zusammengenommen dazu befähigten, den Begriff der Schönheit tiefer und angemessener zu fassen.

So ging Hölderlin zunächst davon ab, Schönheit als simultane Integration der Lebenstendenzen einzuführen. Zumindest die höchste Schönheit der Poesie beruht auf einem geregelten *Wechsel* von Akten, in denen jede dieser Lebenstendenzen für einen Augenblick freigesetzt wird. Daraus folgt das Wichtige, daß weder im gegenwärtigen Endlichen noch in der erwarteten Wiedervereinigung statische Harmonie eintreten kann. Die Kunst wird ebenso wie das vollendete Leben nur die *Verläufe* des Wirklichen harmonisch wiederholen und seine Gegensätze durch Vollständigkeit und Ordnung aus ihrem Konflikt erlösen.

Geht aber der Weg des Lebens nicht in den Ursprung zurück, so muß man auch in seinem Verlauf das Verhalten zum Ursprung von dem Verhalten zur Zukunft unterscheiden. Darum folgt aus der ersten Änderung zwingend eine weitere, – ob sie nun wirklich um der Konsequenz willen geschah oder aus unabhängigen anderen Gründen: Hölderlin hat die Dyas der beiden Lebenstendenzen durch eine Trias ersetzt: Der Mensch strebt einerseits über alles Endliche hinaus, um das Vollkommene tätig hervorzubringen. Er muß sich aber auch in der Anschauung des Endlichen befangen lassen. Schließlich muß er im Bewußtsein vom unfaßlichen Ursprung alles Wirkliche idealisierend überfliegen und frei zwischen seinen Antrieben schweben. Idealisierung und Bestrebung sind einander am schärfsten entgegengesetzt und nur durch ihre gemeinsame Beziehung auf das Naive einer Anschauung, die sich im Endlichen befriedigt, miteinander zu vereinen. Mit diesen Gedanken hat nun auch Hölderlin – ebenso wie Hegel – die Entfaltung der Gegensätze über die Idee der Wiederholung der Einheit des Ursprungs gestellt. Und es scheint daher, daß er schließlich doch dem nahekam, was Hegel früh und alle Zeit festhalten wollte: Die Wahrheit ist der Weg. Bei genauerem Zusehen scheint also auch wieder zu schwinden, was beide voneinander zu trennen schien. Man könnte gar versucht sein, dies einem Einfluß von Hegels Schicksalslehre auf Hölderlin zuzurechnen, den man auch wirklich annehmen darf, obwohl wir ihn aus Dokumenten nicht belegen können.

Von diesem Schein darf man sich aber nicht täuschen lassen. Die Differenz besteht auch in Hölderlins Homburger Schriften fort, wo sie nur noch ein wenig schwerer als in den Frankfurter Texten zu entdecken ist. Um sie zu fassen, sei zunächst darauf aufmerksam gemacht, daß auch die Lehre vom harmonischen Wechsel Fichtes Wissenschaftslehre abgewonnen worden ist. Schon in Hölderlins früher Wendung gegen Fichte war es überraschend, daß sie durch nur geringe Korrekturen am Aufbau von dessen Werk erreicht worden war. Sie bezogen sich auf seinen Eingangsparagraphen, – auf das Verhältnis des Unbedingten im Ich zu dem Gegensatz in ihm, sofern es Bewußtsein wird. Als Hölderlin die Trias des Wechsels an die Stelle der beiden Strebensrichtungen der exzentrischen Bahn setzte, war er nicht nur an allerlei triadischen

Strukturen in Kategorienlehre, Charakterologie und Gattungspoetik orientiert; jedenfalls wußte er sich nicht durch sie legitimiert. Legitimiert fand er sich vielmehr noch einmal durch Fichte.
Dabei hatte er nun im Sinn das Ende von Fichtes Darstellung der im Begriff des Ich liegenden Widersprüche. Hier hatte Fichte gezeigt, daß Bewußtsein als möglich zu denken drei Unterscheidungen verlangt: Das Ich, sofern es eingeschränkt und auf Objekte bezogen ist, diese Objekte, sofern sie für das Ich bestimmte und somit eingeschränkte sind, und diese beiden in Wechselbestimmung, dazu aber noch ein Drittes, nämlich das Unbedingte, das den einigen Charakter der Tätigkeit in beiden Beschränkungen zusammenhält und das auch seinerseits im Wechsel mit der Beschränkung beider als das Unbedingte zu fassen ist. Man sieht leicht, daß es diese triadische Struktur ist, an der Hölderlin sich orientiert, – nur so, daß er die Einigkeit gegenüber den Gegensätzlichen verselbständigt und somit jedes der drei – entgegen Fichtes Intention – als Lebenstendenz auf sich selber stellt.
An diesem Bezug auf Fichte wird deutlich, was auch Hölderlins Homburger Schönheitslehre noch mit der Frankfurter einigt: Zunächst war ihm Schönheit unbegreifliche Integration. Dann war sie ihm zum Wechsel ihrer Momente geworden. Aber auch in diesem Wechsel bleibt Schönheit etwas Unvordenkliches. Denn sie beruht nur darauf, daß Elemente trotz ihres Gegensatzes regelmäßig aufeinander bezogen sind. Der Einheitssinn, der in dieser Beziehung hervorscheint, läßt sich ihnen rein als Momenten nicht abgewinnen. Dies allein, daß sie aus einem gemeinsamen Grund kommen, weist sie als Angehörige eines Ganzen aus. Nur darum müssen wir nicht nur Unterschiedliches variieren, sondern können »im Urgrunde aller Werke und Taten der Menschen uns gleich und einig fühlen mit allem«[20].

20 StA IV, S. 222.

Auch im steten Bezug des Wechsels kann Hölderlin also die gründende Einheit nicht entbehren, wenn er auch den Weg in die Trennung als endgültig und die innige Ursprungseinheit als verloren, und zwar glücklich verloren anerkennt. Die Göttersprache des Wechsels spricht harmonisch aus der Einheit der Herkunft, deren Stille auch dort noch zu hören ist, wo der Wechsel rapide und zur geschichtlichen Notzeit geworden ist.[21]

Wenn Hölderlin an einem Verbindenden festhält, das nicht aus den Wechselnden selbst hervortritt, so konnte er sich wieder durch Fichte dazu berechtigt finden. Man kann sogar mit einem Satz aus Fichte zu dem schönsten Gedanken überleiten, den Hölderlins Homburger Entwürfe über Gedicht und Geschichte enthalten: »Das setzende Ich, durch das wunderbarste seiner Vermögen [...] hält das schwindende Akzidenz so lange fest, bis es dasjenige, wodurch dasselbe verdrängt wird, verglichen hat. Dieses fast immer verkannte Vermögen ist es, was aus steten Gegensätzen Einheit zusammenknüpft, was zwischen Momenten, die sich gegenseitig aufheben müßten, eintritt und dadurch beide erhält, es ist dasjenige was allein Leben und Bewußtsein möglich macht.«[22]

Nicht nur, damit der Wechsel harmonisch sei, sondern auch, damit er als Ganzes hervortrete, muß mehr in ihm gesetzt sein, als die Wechselglieder selber. Hölderlin zeigt, daß Leben und Gedicht eines werden in der *Erinnerung*. Der Wechsel der Tendenzen und ihrer Töne führt ja nur zum jeweils Neuen. So muß, um das Ganze selbst zu offenbaren, im Wechsel ein Einhalten geschehen. In ihm wird die ganze Folge des Vergangenen zusammengenommen und überblickt und zugleich mit dem Neuen verglichen, das schon gespürt werden kann und das sich als das Andere des Vollendeten anzeigt. Dies ist der göttliche Moment, der transzendentale Augenblick. Der

---

21 *Der Archipelagus,* Schlußstrophe.
22 Fichtes *Werke,* in der Ausgabe des Sohnes, I, S. 204/5.

Dichter muß ihn zu berechnen und zu produzieren wissen. Im Leben aber tritt er je nach dessen Schicksal ein. Wir können ihn nur festhalten und aus dem Verstehen, das er erschließt, besonnener unsere künftige Bahn gehen.
Auch in Hegels Denken ist das Motiv der Erinnerung wesentlich, – jedoch als die Versammlung der Gestalten aus ihrer äußerlichen Existenz in das Innere des begreifenden Geistes. Ihm ist Erinnern immer ein Verwandeln, – Er-Innerung als Überholen des An-sich-seins des Vergangenen, – eine neue Weise, es zu setzen als zugehörig dem erinnernden Ich[23] oder dem Allgemeinen der Intelligenz.[24] Hölderlin ist das Erinnern dagegen ein Bewahren, das unter der Forderung der Treue steht, also das Vergangene in seinem Eigenen sucht und hält. Für ihn gibt es keinen freien Ausgriff in die Zukunft, der das vergangene Leben nur von sich stößt, statt es – und die, deren Schicksal es war, – als den Gegensatz zum Eigenen erinnernd fortleben und -wirken zu lassen.

5. Hegel und Hölderlin in Differenz

1810 schrieb Hegel an Sinclair, er erwarte dessen philosophisches Hauptwerk: er sei gespannt, ob Sinclair »noch der hartnäckige Fichteaner« sei, »und was der Progress ins Unendliche für eine Rolle darin spielt«[25]. Dieser Satz führt leicht zu schwerwiegenden Mißverständnissen. Scheint er doch zu beweisen, daß Hegel im Frankfurter Kreis ungefähr so zu argumentieren hatte, wie in der Differenzschrift gegen Fichte aus dem Jahre 1801. Doch aus Sinclairs Texten und allen Dokumenten ergibt sich mit Sicherheit, daß er in durchaus anderer Lage war.

23 *Jenaer Realphilosophie* II, S. 182.
24 *Encyclopädie*, §§ 452 ff.
25 Hegel, *Briefe* I, S. 332.

Dann gewinnt aber auch der Satz an Sinclair eine andere, eine wirklich aufschlußreiche Bedeutung: Strittig war zwischen ihm und Hölderlins Freunden im Bund gewiß nicht, daß über das Ich als Prinzip hinauszugehen sei. Das hatte Hegel ja gerade von ihnen lernen müssen. Strittig konnte nur sein, ob auch *nach* diesem Übergang Elemente aus Fichte festzuhalten seien. In diesem Sinne, als Element von Hölderlins Lehre vom Sein, Trennung und Wechsel, bestand Sinclair auf dem unendlichen Progress. Und so erfahren wir in jener Briefstelle von Hegel selber, daß er seine eigene Einsicht nicht unmittelbar gegen Fichte, sondern gegen den fortdauernden Fichteanismus seiner antifichteschen Freunde auszubilden hatte.

Daraus muß man nun aber folgern, daß die Mängel von Hölderlins Standpunkt Evidenzquelle auch aller späterer Formulierungen von Hegels System gewesen sind. Im System ist ihre Applikation wohl viel allgemeiner und sie geht auch vor allem auf Ideen, die wirkungsmächtiger waren als die Hölderlins. Aber der kritische Ausgang bleibt doch gegenwärtig. Hegel hätte Schellings Lehre gegenüber nicht so sicher standhalten können, wenn er diesen Stand nicht zuvor schon in den Gesprächen des Frankfurter Bundes gewonnen hätte.

Und dies ist nun Hegels eigentümlicher Gedanke: daß die Relata in der Entgegensetzung zwar aus einem Ganzen verstanden werden müssen, daß dieses Ganze ihnen aber nicht vorausgeht als Sein oder als intellektuale Anschauung, – sondern daß es nur der entwickelte Begriff der Relation selber ist. Ausgearbeitet hat er ihn zuerst in der Analyse des Begriffs vom Leben: Leben kann man nur verstehen, wenn der Gegensatz der lebenden Wesen untereinander und die organische Einheit in jedem von ihnen aus dem Allgemeinen einer Organisation begriffen wird, die dennoch keine Existenz vor und außerhalb des Prozesses der lebendigen Wesen hat. Dieselbe Struktur findet sich wieder in dem Gedanken von wahrer Unendlichkeit: Sie ist einzig die Weise der Beziehung von Endlichem zu seinem Negat, der leeren Unendlichkeit, – also gerade nicht, wie Hölderlin wollte, gemeinsamer Ursprung und Zielpunkt zweier Tendenzen. Nicht anders verhält es sich beim Gegensatz des Wesens, etwa zwischen dem Positiven und Negativen, von denen jedes, trotz ihrer Entgegensetzung, den Begriff der ganzen Relation und damit auch sein Gegenteil einschließt. Somit ist der Wechsel zwischen ihnen zugleich auch der Wechsel zwischen Identischem – nicht ein Wechsel im Urgrunde oder in Beziehung auf ihn. Jede Kategorie in Hegels Logik ist ein anderes Beispiel für diesen Sachverhalt, da eben das ganze Werk aus der Einsicht in diese eine Struktur geschrieben wurde. So ist auch Hegels Anfang mit der Kategorie Sein als direkte Opposition zu dem anderen Anfang Hölderlins zu hören. Nicht Sein im einzigen Sinn des Wortes, aus dem alles kommt und in dessen Anschauung alle Einigkeit steht, gibt den Ausgang. Sein ist das schlechthin Unmittelbare, Unerfüllte, die Antizipation konkreter Bedeutsamkeit und *nur* diese. Deshalb wird auch der Weg des Fortschritts nicht Trennung, sondern *Bestimmung* sein. Das Leere bestimmt sich zum Ganzen, – eben *aufgrund* seiner Leere, – dadurch, daß sein Unbestimmtsein hervortritt, – somit durch Gegensatz. Daher führt der Gegensatz auch nicht zum Wechsel, sondern zu dem, was Hegel ›Entwickelung‹ nennt: Zur Ausführung des Bestimmteren aus dem Unbestimmten, – zu seiner Produktion. In Hölderlins Denken gibt es keinen Platz für solches Produzieren. Alles ist Trennung, Wechsel, und Tausch sowie Maß oder Übermaß und Einigkeit. Er hätte im ›Gegensatz‹ nicht die »unendliche Macht des Negativen« rühmen können, da doch die Macht der Einigung zwar durch ihn, aber nicht aus ihm kommt; sie aber allein ist unendlich.

Auch für Hegel bleibt freilich Produktion der Selbstvollzug des einen Lebens, das ohne Ausgang ist und ohne Ziel, aus dem und zu dem es käme. Seine Vollendung geschieht in einem reflexiven Akte, in dem es für sich ganz geworden ist. Darin liegt ein Bezug auf seinen Beginn mit dem Sein und ein Zusammennehmen seines Weges im Verstehen, aber wiederum nur als der Prozeß zu sich, der in nichts als sich selber begründet ist.

Hegels wohl berühmtestes Wort lautet: »Das Wahre (ist) nicht als Substanz, sondern ebensosehr als Subjekt«[26] aufzufassen. Es hat sich nun gezeigt, daß seine Bedeutung plastischer und voller hervortritt, wenn man in ihm den Abstoß von Hölderlin hört: Denn es sagt, daß das Wahre der Prozeß sei und nur der Prozeß, der an seinem Ende sich selber hat, als der Begriff seines Weges zur Manifestation. Das gerade ist aber auch der Rechtsgrund dafür, das Wahre als Subjekt zu beschreiben. Hegel versteht nämlich das Wesen des bewußten Selbst so, daß es ein tätiges Zusichkommen ist, das nichts voraussetzt als dieses zu sich und für sich. In diesem Sinne können wir ja auch wirklich davon reden, einer komme zu sich, und dabei doch wissen, daß der, der er als Bewußter ist, bevor er zu sich kam, nirgends zu finden war. Denn das Erwachen zum Bewußtsein macht erst den Menschen zum Menschen.

In diesem Sinne ist ein Leben, das nicht individuell ist und doch die Verfassung des Subjektes hat, rechtens ›Geist‹ zu nennen, da es nur auf sich selber ruht, und durch sich Wissen von sich hervorbringt. Und so ist ›Geist‹ das Wort, mit dem Hegel Hölderlins ›Seyn‹ ersetzte, von dem er selbst noch in Frankfurt Gebrauch machte. Auch Substanz ist dieser Geist, aber nur insofern er als Prozeß ein Kontinuum ist. Substantialität ist also nur ein Moment seiner eigentlichen Struktur, bedingungsfrei sich produzierende Selbstbeziehung zu sein.

Hölderlins Denken hatte Fichtes höchstes Prinzip durch ein anderes ersetzt und Hegel davon überzeugt, daß es nötig sei,

---

26 *Phänomenologie, Vorrede*, ed. Hoffmeister, S. 19.

nicht mehr vom Bewußtsein auszugehen. Wohl aber hatte sich Hölderlin auch weiterhin der methodischen Mittel bedient, die Fichtes Wissenschaftslehre anbot. Und so war sein Denken für Hegel immer noch zu sehr fichteanisch, um ganz sein zu können, wonach es strebte. Hegel entwickelte es in einer Richtung, die späteren Absichten Hölderlins durchaus entsprach, aber doch auf eine Weise, die ihn schließlich dazu brachte, nun auch Fichtes ersten Gedanken, von dem Hölderlin früh abgelassen hatte, aufs neue berechtigt zu finden, – nur in ganz anderem Sinne, als Fichte selber ihn gemeint hatte. Zwar ist das Ganze, in Beziehung auf das alle Entgegensetzung geschieht, nicht unser Bewußtsein und auch kein Ich vor allem Prozeß der Entfaltung. Statt dessen ist aber dies Ganze, das einzig als Prozeß existiert, also der Prozeß selber, nur als Ichheit und nach der Struktur von Subjektivität zu begreifen. Wer den Fichteanismus in der Methode tilgt, der gerade versteht, was Fichtes Lehre bedeutet. An seiner Seite wollte Hegel begraben sein.

Hölderlin gab Hegel als Philosophen den wichtigsten, den letzten prägenden Anstoß. Deshalb kann man sagen, daß Hegel ganz von Hölderlin dependiert, – von dessen früher Anstrengung, die Lebensbahn des Menschen und die Einheit in ihren Konflikten spekulativ zu begreifen, von der Eindringlichkeit, mit der Hölderlins Freunde seine Einsicht überzeugend machten, sicher auch von der Integrität, mit der Hölderlin sein zerrissenes Leben in ihr zu bewahren suchte. Dem Mythos von Hegel als dem autochthonen Weltphilosophen ist also zu widersprechen.

Das könnte die ermutigen, die Hegel unterstellen, er habe das Tiefste in Hölderlin mißkannt und eben nur auf Begriffe gebracht, was auf sie zu bringen war. Ihnen muß aber ebenso widersprochen werden. Denn Hegels System ist durchaus keine abstrahierende Ausdorrung von Hölderlins Denken, sondern ein Gegenzug zu ihm, wenngleich in ihm gemeinsame Überzeugungen gewahrt bleiben. Es ist gar nicht zu sehen, wie auch nur Hegels allgemeinste Aussagen klar und verständlich bleiben können, wenn dieser Zusammenhang verschüttet wird. Vor der Frankfurter Begegnung mit Hölderlin war Hegel ein Kritiker der Kirche und ein Analytiker historischer und politischer Verhältnisse im Bund mit der Gironde. Im Anschluß an Hölderlin *und* im Abstoß von ihm ist er zum Philosophen seiner Epoche geworden.

Damit ist nach Wahrheit freilich noch gar nicht gefragt, – nicht einmal in den Grenzen, die beide umschlossen und die sich aus dem Programm eines Spinozismus der Freiheit ergeben. Ich denke es ließe sich zeigen, daß selbst Hegels Begriff vom Subjekt noch aporetisch ausfällt und daß sich mit Hölderlins Gedanken vom Wechsel besserer, nur ihm selbst nicht zugänglicher Sinn verbinden läßt. Will man aber nur aufklären, was Hegel und Hölderlin verband und trennte, so muß die Sache eben selbst dahingestellt sein, – ob nämlich Hegel die Macht des Geistes, in einem Ganzen zu sich zu kommen, so rühmen durfte, wie er es beim Antritt in Berlin tat, oder ob die Philosophie nur tun kann, was Hölderlin in seinem spätesten theoretischen Text der Sprache des Sophokles zutraute: »Des Menschen Verstand, als unter Undenkbarem wandelnd, zu objektivieren«.[27] Noch immer ist dem Geist die Mühe nicht erspart, die Hegel wie Hölderlin für sein Wesen hielten, und der sie sich, Vorbild gebend durch Ernst und Inspiration, unterzogen:

SE IPSAM COGNOSCERE.[28]

---

27 StA V, S. 266.
28 *Sämtl. Werke*, ed. H. Glockner, Bd. 19, S. 685, Stuttgart 1959.

Historische Voraussetzungen
von Hegels System

Seit Rosenkranz seine Biographie[1] veröffentlicht hatte, ist Hegels Philosophie Gegenstand von historischen Untersuchungen gewesen. Diltheys monumentales Werk[2] über Hegels Leben, das dem Interesse an Hegel am Ende des Neukantianismus neue Impulse gab, machte auch den Anfang einer langen Reihe von entwicklungsgeschichtlichen Arbeiten.[3] Sie alle haben es sich zur Aufgabe gestellt, das ›Secret of Hegel‹, das die systematische Interpretation der Texte nicht hatte auflösen können, durch das Verständnis ihrer Herkunft zu enträtseln. Wir verdanken dieser Forschungsarbeit, die bald nur noch von Spezialisten zu übersehen sein wird, große Fortschritte auf dem Weg zum angestrebten Ziel. Doch sind wir noch weit entfernt davon, es erreicht zu haben.

Philosophische Entwicklungsgeschichte hat im Unterschied zur archivarischen die Absicht, für eine historisch gewordene Philosophie eigentümliche Evidenzen und Kriterien der Kritik zu liefern: Sie will die Überlegungen und die Motive rekonstruieren, die einen Philosophen veranlaßt haben, seine Theorie zu entwickeln. Auf diese Weise will sie uns fähig machen, sein Denken nicht nur wie ein fertig vorliegendes System von Aussagen zu sehen, das der Analyse bedarf, sondern als eine Antwort auf bestimmte Fragestellungen in einer meist sehr komplexen Konstellation von Problemen. In den wichtigsten klassischen Fällen, denen von Platon, Aristoteles

---

[1] Karl Rosenkranz, *Georg Wilhelm Friedrich Hegels Leben*, 1843, Neudruck Darmstadt 1963.
[2] Wilhelm Dilthey, *Die Jugendgeschichte Hegels*, 1906, in: *Gesammelte Werke*, Band IV.
[3] Die beste Übersicht über die Literatur findet man bei Carmelo Lacorte, *Il primo Hegel*, Firenze 1961.

und Kant, hat es sich erwiesen, daß nur auf diesem Wege der eigentümliche Sinn ihrer wichtigsten Lehren sicher festgestellt und diesseits von Kontroversen der Deutung zur Diskussion gebracht werden kann.

Erfolgreich kann dieses Verfahren nur sein, wenn es gelingt, Grundbegriffe und Grundpositionen eines Autors nicht als gegeben hinzunehmen, sondern mit ihm selbst als Entdeckungen nachzuvollziehen. Die meisten entwicklungsgeschichtlichen Arbeiten, zum Beispiel zu Kant, verfehlen ihr Ziel, weil sie von dem, was sie verständlich machen wollen, implizit ausgehen und sich somit im Zirkel und in Tautologien bewegen. Schwerer, als es scheint, läßt sich dieser Fehler vermeiden. Ist es doch ein allgemeines Gesetz der Erinnerung, das Vergangene nur noch im Zusammenhang mit den Folgen vorstellen zu können, die es gehabt hat. Davon muß sich die Entwicklungsgeschichte gerade in den Fällen befreien, in denen die Folgen die bedeutendsten gewesen sind.

Im Falle von Hegels Entwicklungsgeschichte ergeben sich weitere, besondere Schwierigkeiten. Sein Denken ist nicht das Resultat einer ruhigen, akademischen Arbeit, das – wie im Falle Kants – nach vielen Jahrzehnten einsamer Anstrengung erreicht wurde. Seine Entstehung läßt sich gar nicht isoliert betrachten, da sie sich in der Nähe bedeutender Freunde und im täglichen Umgang mit ihnen vollzog. Ohne deren Weg genau zu kennen, läßt sich der Weg Hegels nicht angemessen verstehen. Sie alle gehörten zudem einer Zeit revolutionärer Ereignisse an, in Politik und Gesellschaft ebenso wie im Bewußtsein und im Denken. Und sie verstanden sich selbst als Seismographen dieses Geschehens und ihre Arbeit als Beiträge zu seiner Vollendung. Für ihre Entwicklungsgeschichte ist deshalb die Kenntnis einer historischen Konstellation von Ereignissen und Problemen in höherem Maß und in größerem Umfang von Bedeutung als im Falle Kants, – vergleichbar der, die wir im Falle Platons eigentlich benötigen würden, ohne sie noch erlangen zu können.

Die Kritik der reinen Vernunft erschien 1781. Als Hegel die Universität bezog, war die Diskussion über die neue kritische Philosophie beinahe auf ihrem Höhepunkt angelangt. Fichtes Wissenschaftslehre wurde 1794 publiziert. Aber schon wenige Monate später veröffentlichte Schelling eine Schrift, in der er Fichtes Position überbieten wollte. Und 1797 schrieb Hegel Texte nieder, die Kant und Fichte gleichermaßen einer vorläufigen und ungenügenden Theorie der Freiheit ziehen. Man hat sich wohl zu wenig darüber gewundert, wie es möglich war, daß nach nur fünfzehn Jahren eine Gruppe junger Freunde sich anschicken konnte, die ganze Aufmerksamkeit einer philosophischen Schule auf sich zu ziehen, die Kant gegründet hatte, – während wichtige Werke Kants noch nicht einmal erschienen waren. Dieser Umstand bedarf einer Erklärung, die nur aus den Motiven der Texte und aus den Zusammenhängen gegeben werden kann, in denen sie entstanden. Ihre Gedanken würden zwar verständlich machen, daß sie überhaupt geschrieben wurden, nicht aber, daß dies so schnell und selbstsicher und in dem Bewußtsein geschah, unvermeidlich im Sinne der von Kant gelegten Grundlagen zu sein.

Im Folgenden möchte ich einige Zusammenhänge bekannt machen, die für ein solches Verständnis der Entstehungsgeschichte von Hegels Denken wesentlich sind. Als sich Hegel zusammen mit seinen Freunden dem Kantianismus anschloß, geschah das unter den besonderen Voraussetzungen ihrer Studien in Tübingen und der Diskussionen ihrer älteren Kollegen im Tübinger Stift. Die Lage in der Theologie ihrer Zeit und ihrer Universität hat ihre Anfänge zu einem wesentlichen Teil bestimmt. Die ursprüngliche Richtung und die ersten Veränderungen von Hegels kritischer Theorie der Religion, die wir in seinen Jugendschriften kennenlernen, auch der Grad der Originalität seiner Analysen, läßt sich nur aus diesen Zusammenhängen beurteilen.

Es versteht sich, daß sie hier nur in der Form einer Skizze

vorgetragen werden können. Deren Ausführung muß größeren Arbeiten überlassen bleiben, in denen auch die Quellen mitgeteilt werden sollen, welche der Skizze zugrunde liegen. Die wichtigsten dieser Quellen, die bisher unbekannt waren, sind 1. Manuskripte und Briefe des Repetenten Immanuel Diez (1789-92), 2. Schellings ungedruckte theologische und philosophische Frühschriften (1792/3), 3. ein systematisches Manuskript von Hölderlins und Hegels Freund Sinclair (1795/6).

1. Rousseau und Kants Moraltheologie

Jean Jacques Rousseaus Theorie der Religion ist sowohl für Kants, wie auch für Hegels philosophische Entwicklung von großer Bedeutung gewesen. Kant hat seine Moraltheologie, die zum Werkzeug einer umfassenden Kritik der Theologie geworden ist, unter dem Eindruck von Rousseau entwickelt. Und die Weise, in der Hegel diese Moraltheologie rezipierte, war wiederum unmittelbar durch Rousseau bestimmt. Hegel verehrte dessen Werke ebensosehr wie den philosophischen Lehrmeister Kant. Neben Kant ist Rousseaus Einfluß auf Hegels frühe Texte bei weitem der bedeutendste.
Rousseau hatte Descartes' Kriterium der Evidenz ins Subjektive gewendet: Alles das muß als unmittelbar einleuchtend gelten, dem wir in ›der Aufrichtigkeit des Herzens‹ unsere Zustimmung nicht versagen können. So kann auch religiöse Gewißheit nur durch eine Vergewisserung über das erlangt werden, was in unserem Bewußtsein von uns selbst gegeben und von ihm unabtrennbar ist. Religion, die sich auf äußere Zeugnisse stützt, ist also ebenso bodenlos wie die Religionskritik der Enzyklopädisten, die nur solche äußeren Beweise angreift und meint, damit die Überzeugungen des menschlichen Herzens (conscience) entkräften zu können. Nun gehört zu unserer Selbsterfahrung, daß wir Schuldgefühle und Ge-

wissensbisse über unrechtes Tun empfinden. Sie schließen die Überzeugung ein, daß wir freie Wesen sind und unter Geboten stehen, die wir erfüllen können. Selbstgewißheit und Freiheitsbewußtsein sind also voneinander untrennbar.[4]

Es erheben sich aber Einreden gegen die Überzeugung von der Realität dieser Freiheit, die sich auf Beobachtungen und Überlegungen stützen, welche jedermanns Vernunft anstellen kann und muß. Zum einen: In der Selbstgewißheit von Gewissen und Freiheit verbindet sich mit dem Aufruf zu sittlichem Verhalten auch eine Verheißung: ›Sei gerecht und du wirst glücklich sein‹. Rousseau hört sie mit der gleichen Klarheit in sich selbst, mit der er die Gewissensbisse über getanes Unrecht empfindet. Erwägt man aber den gegenwärtigen Zustand der Dinge, so wird man nichts finden, was diese Verheißung erfüllt. Der Gute hat nicht mit Lohn, sondern mit Opfern zu rechnen. Aus dieser Beobachtung kann der Zweifel entstehen, ob jene Verheißung täuscht. Ist das aber der Fall, so muß auch vermutet werden, das Ideal der Tugend, mit dem die Verheißung verbunden ist, sei ein falsches Ideal. Zum anderen: Die Erfahrung des Guten im Gewissen steht im Widerstreit zu den Prinzipien der Vernunft, welche unser Verhalten in der Welt nach Regeln der Klugheit lenkt. Unser Gewissen fordert uns auf, allgemeine Interessen unter Zurückstellung der eigenen zu fördern. Unsere Vernunft lehrt uns, wie wir am besten unsere eigenen Interessen wahrnehmen können. Jenseits des Gewissens gibt es keine Evidenz für die Existenz einer Ordnung, für die das allgemeine Interesse letzter Zweck ist. Die Ordnung der Vernunft für sich allein führt alles auf den jeweils Einzelnen zurück.

Rousseau tritt beiden Zweifelsgründen mit dem Evidenzprinzip entgegen, demzufolge Selbstgewißheit oberste Quelle aller Gewißheit ist: Da ich mich sicher als frei weiß, kann ich auch sicher sein, daß alles das wirklich ist, was die Zweifels-

---

4 In dieser Skizze verzichte ich auf die Angabe der Quellen, die sich vor allem im *Emile* finden.

gründe der Weltklugheit und der berechnenden Vernunft hinfällig macht. Wird die Verheißung des Glücks in diesem Leben nicht erfüllt, so muß es ein anderes Leben geben, in dem erfüllt wird, was versprochen ward. Und wenn die Vernunft von sich aus nur die Ordnung kennt, in der jeder seinem Interesse folgt, so kann ich kraft meines Gewissens an den Garanten einer anderen Ordnung glauben, in der das allgemeine Interesse höchster Zweck ist. Sie wird garantiert durch ein Wesen, das seit jeher ›Gott‹ genannt wird. Ein Zweifel an der Gottheit würde eine vernünftige Überzeugung von der Existenz des Guten unmöglich machen. Ist sie wirklich, so sind aber Vernunft und Gewissen in Übereinstimmung. Also können wir an Gottes Dasein nicht zweifeln. Wir können es ebensowenig, wie uns unser eigenes Dasein als freier Wesen zweifelhaft sein kann. So setzt die Selbstgewißheit den Zweifeln aus Welterfahrung und berechnender Vernunft solche Sätze entgegen, welche die Annahme erlauben, daß sittliche Ideale keine Illusionen sind. Sie ist zugleich der Grund von der Gewißheit der Wahrheit dieser Sätze.

Kant ist von dieser Theorie tief beeindruckt worden. Mehrmals hat er Rousseaus Dictum zitiert: »Wenn die Gottheit nicht existiert, so hat nur der Böse ein Vernunftrecht, der Gute ist ein Verrückter«.[5] Er hat ihn von der Möglichkeit überzeugt, eine philosophische Theologie allein auf der Grundlage der Ethik aufzubauen. Er konnte diesen Aufbau selbst allerdings nicht von Rousseau übernehmen. Wo Rousseau sich auf Evidenzen des Gewissens berief, mußte der Theoretiker der praktischen Vernunft die Folgerungen explizieren, aus denen sich solche Evidenzen herstellen: daß der Gute Glück verdient und daß nur Gott die Realität einer sittlichen Ordnung garantieren kann.

Kants Moraltheologie erweckt den Anschein einer konsequenten, einheitlichen Theorie. So ist sie insbesondere von den Zeitgenossen gesehen worden, die dazu neigten, sich ihrer

[5] *Reflexion* 4256, 4375.

als Waffe der Kritik gegen die überlieferte Theologie zu bedienen. In Wahrheit ist sie aber selbst nur historisch zu betrachten, – als eine lange Folge zuletzt vergeblicher Versuche, Rousseaus Lehren ein sicheres theoretisches Fundament und einen folgerichtigen Ausdruck zu geben.

Als Kants Schüler begannen, die Moraltheologie in der Kritik anzuwenden, war Kant mit ihr selbst noch keineswegs ins Reine gekommen. In den Werken, die er bereits publiziert hatte, war sie in zumindest zwei ganz und gar voneinander verschiedenen Formen zu finden. 1793 bot er in seiner Schrift über die *Religion innerhalb der Grenzen der bloßen Vernunft* eine neue Version an, diesmal sogar mit dem beiläufigen Eingeständnis der Unsicherheit.[6] Dieser Umstand hat die Aufnahme seiner Moraltheologie zunächst keineswegs behindert. So wie Rousseau ehedem Kant schon durch seine allgemeine, noch nicht explizierte Idee überzeugt hatte, so überzeugte nun Kant mehr durch die Idee, alle Religion ganz und gar der Freiheit zu subordinieren, als durch die Argumente, mit denen er die Grundartikel der vernünftigen Religion aus dem Freiheitsbewußtsein herleitete. Aber solche Unklarheit enthielt für die Zukunft Möglichkeiten zu einer Kritik der Theorie und auch Möglichkeiten, sie in einer Weise anzuwenden, die den Absichten Rousseaus und Kants gleichermaßen entgegenlief. Mit ihnen sahen sich die jungen Tübinger Kantianer zu ihrer Überraschung konfrontiert.

Rousseau hatte die Gewißheit von Gott und Unsterblichkeit einzig aus der Notwendigkeit gewonnen, die Gewißheit von der Realität sittlicher Ideale gegen Zweifelsgründe zu verteidigen. Die Kraft der Überzeugung, daß Gutes getan werden soll, ist stark genug, auch die Überzeugung von der Existenz der Voraussetzungen zu bewirken, die gegeben sein müssen, wenn das Sittlich-Gute keine Illusion ist.

6 *Religion innerhalb der Grenzen der bloßen Vernunft*, große Anmerkung zur Vorrede der ersten Auflage: »Den Schlüssel zur Auflösung dieser Aufgabe, soviel ich davon einzusehen glaube [...].«

Kants frühe Moraltheologie hat nun gerade an diesem Gedanken Rousseaus nicht festhalten können. Sie beruht auf folgender Überlegung: Nicht ein Gefühl, sondern eine allgemeine Regel der Vernunft liegt unserem sittlichen Bewußtsein zugrunde. Sie bewirkt, daß in unser sinnlich motiviertes Streben eine Ordnung kommt, die ihm selbst niemals innewohnen kann. Denn unsere Neigungen orientieren uns auf ganz heterogene Ziele, die gar nicht zugleich erreicht oder in eine einleuchtende Vorzugsordnung gebracht werden können. Sie sind nur äußerlich unter dem widersprüchlichen Ideal der Glückseligkeit zusammengefaßt. Jeder setzt jederzeit sein Glück in jeweils etwas anderes. – Ist nun die Vernunft Ordnungsmacht für das Glücksstreben, so hat sie auch eine Beziehung auf Glückseligkeit. Sie ist die Bedingung für einen sinnvollen Begriff vom Glück. Als solche sollte sie aber auch, für den Fall der Erfüllung der Bedingung, künftiges Glück verheißen können. Mit diesem Gedanken leitet die Grundlegung der Ethik über in die Moraltheologie.

Kant ist zunächst der Meinung gewesen, daß sich nur so verstehen läßt, wieso wir mit unserer Vernunft allen unseren sinnlichen Motivationen Widerstand leisten können: Obgleich sie unser Glücksverlangen zunächst einschränkt, gibt sie uns doch zugleich die einzig begründete Hoffnung auf wahres Glück. Und ohne diese Hoffnung würde das Sittengesetz zwar ein Gegenstand des Beifalls und der Bewunderung sein, niemals aber die Grundlage zu wirklichem Handeln werden.[7]

Die Schwächen dieser Theorie, die sich noch in der *Kritik der reinen Vernunft* auffinden läßt, sind leicht nachzuweisen: Sie erlaubt keineswegs das für die Moraltheologie charakteristische Pathos einer reinen Autonomie. Ist doch die Vernunft, sofern sie wirken soll, abhängig von der Hoffnung des Men-

---

[7] *Kritik der reinen Vernunft* B 841, weitere Nachweise in Vf. *Der Begriff der sittlichen Einsicht und Kants Lehre vom Faktum der Vernunft*, in: *Die Gegenwart der Griechen im neueren Denken*, Tübingen 1960.

schen auf eigenes Glück. Diese Hoffnung kann zudem aus der Beziehung des Sittengesetzes auf das Glücksverlangen, welches es ordnet, nicht vollständig abgeleitet werden. Die Erfüllung einer Vorbedingung, die so offenbar nicht hinreichend ist, ist weder eine Verheißung noch gar ein Grund für die Gewißheit von deren Erfüllung. So muß also die praktische Vernunft, auf der Suche nach hinreichender Motivationskraft für ihr Gesetz, zu Strategien der Überredung Zuflucht nehmen. Die vage Aussicht auf Glück nach Erfüllung seiner vernünftigen Vorbedingungen soll dazu bewegen, sich der Vorbedingung zu unterwerfen. Wer diesen Zusammenhang durchschaut, könnte gut daran tun, auf vernünftig geordnetes Glück zu verzichten. Damit würde er auch der unbequemen sittlichen Forderung entkommen und konsequent dabeibleiben können, irdische Fragmente von Genuß und reichem Leben zu erkämpfen. Kant hat später selbst bekannt, daß sich seine frühe Theorie in Widersprüchen verfängt und die Autonomie der Vernunft mit Techniken der Selbstüberredung kompromittiert.[8]

Seine reife Theorie, die man in der *Kritik der praktischen Vernunft* und der *Kritik der Urteilskraft* findet, hat eine einleuchtendere Form: Das Sittengesetz gebietet uns, unseren Mitmenschen nach Maßgabe ihrer Würdigkeit zu helfen und dazu beizutragen, daß ein Zustand in der Welt entsteht, in dem es nicht mehr dem Guten schlecht ergeht, während der Lasterhafte alle Glücksgüter erntet. Wir können aber nicht meinen, einen solchen Zustand allein aus eigener Kraft schaffen zu können. Wäre der Weltlauf von einer Art, daß in ihm Naturgesetze zugunsten des Bösen wirken, so würden wir unseren sittlichen Willen umsonst anstrengen. Das Ziel, das zu verfolgen uns geboten ist, wäre imaginär. Die Vermutung, daß es sich wirklich so verhält, kann durch Beobachtungen gestützt werden. Niemand kann aber konsequent bei einem

---

8 *Reflexion* 6432, *Grundlegung zur Metaphysik der Sitten* AA. S. 450.

Handeln bleiben, dessen Ziel er für imaginär hält. Solche Weise zu handeln muß ihm bald selbst als illusionär erscheinen. Nun sind wir aber kraft unserer Vernunft verbunden, den Forderungen der Sittlichkeit stets zu folgen. Im Bewußtsein, daß wir dabei einem notwendigen Gesetz unserer eigenen Vernunftnatur gehorchen, ist also auch die Gewißheit eingeschlossen, daß unser Handlungsziel nicht imaginär ist. Voraussetzung für einen vernünftigen Begriff von der Realität dieses Zieles ist aber die Annahme der Existenz Gottes und eines künftigen Lebens.

Mit dieser Theorie greift Kant offensichtlich über seine eigenen Anfänge hinweg auf Rousseaus Lehre zurück. Sie ist gegen die Einwände und gegen den Mißbrauch geschützt, zu der seine erste Theorie Anlaß gab. Dafür bringt sie aber Sittlichkeit und Glück in einen weit äußerlicheren Zusammenhang. Während dort das Sittengesetz die Form jeder möglichen Glückseligkeit war, ist diese jetzt nur noch, sofern sie mit Sittlichkeit übereinstimmt, ein Element in dem letzten Zweck, auf den wir bei allem sittlichen Handeln aus sind. Warum wir überhaupt eines solchen letzten Zweckes bedürfen, warum es unmöglich sein soll, Gutes zu tun, ohne dessen jeweiligen Zweck in einen Inbegriff von einem Zweck zusammenzufassen, hat Kant zunächst nicht ausführlich untersucht. 1793 hat er zugegeben, daß zwischen beidem kein durchaus notwendiger Zusammenhang besteht. Ist das aber der Fall, so wird die Moraltheologie zu einem am Ende gar entbehrlichen Anhang einer Ethik der Autonomie.

Was als das Dilemma von Kants Moraltheologie in dem von ihm selbst verborgenem Widerspiel ihrer beiden Versionen angelegt ist, kam zum offenen Austrag zwischen den jungen Kantianern der Tübinger Universität und ihren theologischen Lehrern, welche die Orthodoxie gegen den Angriff des Kantianismus verteidigen mußten. Während die Theologen vor allem mit Hilfe von Kants erster Version die Vereinbarkeit von Moraltheologie und Orthodoxie nachzuweisen suchten, verzichteten Schelling und Hegel im Namen der Autonomie bald ganz auf die Form einer Theorie des sittlichen Gottesglaubens, die Kant ihr gegeben hatte. Die einen wollten mit Kants früher Lehre zeigen, daß die Autonomie des Willens ohne Hoffnung auf Glück zu schwach sei, um den Willen zu bestimmen, – daß also Moralität ohne Religion *nichts* sei. Dem stellten die jungen Kantianer die These entgegen, daß die Autonomie vollständig sei, ohne daß die herkömmlichen Begriffe von Gott und Unsterblichkeit eingeführt werden; Moralität ist *alles* nur ohne diese Art von Religion.

2. Kantianismus und Bibelkritik

Seit 1760 war auch die Theologie in einen Prozeß der Verwandlung eingetreten. Vor allem Jacob Salomo Semler hatte das historische Werkzeug der Bibelkritik erarbeitet. Gemäß dem Prinzip des Protestantismus, allein vom Sinn der Schrift auszugehen, hatte er wichtige Belegstellen für die orthodoxe Dogmatik philologisch behandelt. Für einige von ihnen glaubte er nachweisen zu können, daß sie im Prozeß ihrer Überlieferung entstellt worden sind. Auch den Zusammenhang, in dem dies geschah, konnte er häufig rekonstruieren. Insbesondere die von der griechischen Philosophie beeinflußten Kirchenväter hatten solchen Belegstellen oftmals einen Sinn gegeben, der mit dem ursprünglichen nicht übereinkam und der die herkömmliche Dogmatik erst möglich gemacht hatte.
Es ist leicht zu sehen, welche Folgen diese kritische Bibelexegese in einer Zeit haben mußte, die ohnehin dabei war, die Einsichten der Vernunft als Kriterien des Glaubwürdigen aller möglichen Dogmatik vorauszuschicken: Sie bot die Möglichkeit, besonders anstößigen Dogmen, etwa in der Trinitäts- und Satisfaktionslehre, ihre Grundlagen in der Heiligen Schrift zu entziehen. Es schien ein Verständnis des ur-

sprünglichen Christentums möglich zu werden, das mit den Einsichten der Philosophie in Übereinstimmung war. Ein neuer Versuch der Harmonisierung von Vernunft und Offenbarung in protestantischem Geiste versprach besseren Erfolg als jeder vorhergehende.

Die neue kritische Theologie hat nicht nur die philologischen Mittel zur Untersuchung der Texte bereitgestellt, sie hat auch die Notwendigkeit klargemacht, ihren ursprünglichen Sinn ebenso wie die Möglichkeiten ihrer Verderbnis aus den historischen Umständen zu verstehen, in denen sie geschahen. Eine dogmatische Analyse von Wortbedeutungen der Texte muß notwendig in unauflösbare Kontroversen geraten. Nur aus der Situation, in der die Texte geschrieben wurden, kann ihr Sinn klar werden. Dabei ist der Geist der Zeit und der orientalischen Völker in Rechnung zu stellen. So wurden durch die neue Theologie philologische Kritik, Kenntnis der orientalischen Sprachen und historisch-psychologischer Sinn in gleicher Weise Voraussetzung für die Arbeit der Wissenschaft, welche den wahren Sinn der Lehre Christi gegen ihre späteren Verstellungen wiedergewinnen will. Untersuchungen wie die von Schelling über *Mythen, historische Sagen und Philosopheme der ältesten Welt*[9] und von Hegel über den *Geist des Christentums* sind nur in diesem Zusammenhang möglich geworden.

Der Grad jedoch, in dem Semlers Methode zur Auflösung der Überlieferung führte, war nicht allein von philologischer Meisterschaft und vom wirklichen Bestand der Texte abhängig. Er wurde auch von den Erkenntnisinteressen und philosophischen Überzeugungen des Theologen mitbestimmt. Neben Semlers eigener, weitgehend der herkömmlichen Kirchenlehre verpflichteten Position traten alle Schattierungen einer Revision der Dogmatik hervor, – von der Verteidigung der Orthodoxie bis zur These von der Übereinstimmung der Lehre der Bibel mit der Religion der Vernunft.

9 *WW*, ed. Schröter I, 1–43.

Der letzten Position kam der ehemalige Tübinger Student, der Jenenser Professor Eberhard Gottlob Paulus nahe. In der Vorrede zu seiner Zeitschrift *Memorabilien* hat er das Programm einer solchen historisch aufgeklärten Theologie prägnant zusammengefaßt.[10] Und die jungen Tübinger Kantianer strebten danach, in seiner Zeitschrift zu publizieren. Schellings Schrift über Mythen ist 1793 hier erschienen.
Paulus selbst hatte seinen Standpunkt schon vor Kants Wirksamkeit erreicht. Aufgeklärte Religion war ihm nicht mit Kantischer Moraltheologie identisch. Dies aber war durchaus der Fall für die besten der kritischen Studenten in Tübingen um 1790. Hegel schrieb am Weihnachtsabend 1794 an Schelling, er habe ihn in jenem Aufsatz in Paulus' Memorabilien wieder auf seinem alten Wege angetroffen, »wichtige theologische Begriffe aufzuklären und nach und nach den alten Sauerteig auf die Seite schaffen zu helfen«[11]. Auf welche Weise das geschah, können wir aus fortlaufenden Kommentaren zum Römer- und zum Galaterbrief sehen, die Schelling im Winter 1792 und im Sommer 1793 niedergeschrieben hat, – noch vor dem Fortgang Hegels nach Bern. Sie sind nichts weiter als der Versuch, mit den philologischen Mitteln der neuen, kritischen Theologie den Nachweis zu führen, daß Christi ursprüngliche Lehre nach Paulus mit Kants reiner Vernunftmoral identisch ist. Wo der Text diese Übereinstimmung nicht plausibel macht, argumentiert Schelling mit Gründen aus dem Geiste der Zeit: Christus konnte seine Lehre von einem rein geistigen Gesetze seinen Hörern nur anschaulich machen, indem er sie in gewissen Bildern und Übertragungen auf seine Person verdeutlichte.[12] Dabei versäumt Schelling es nicht, Christi Verkündigung eines ›Reiches Gottes‹ so zu erklären, daß es eine kommende politische Re-

10 *Memorabilien, eine philosophisch-theologische Zeitschrift der Geschichte und Philosophie der Religionen ... erstes Stück,* Jena 1791.
11 *Briefe von und an Hegel,* I, 11.
12 *Galaterbriefkommentar* S. 2.

volution auf Erden einschließt, welche das Vernunftgesetz zu allgemeiner Wirkung bringen soll.[13] Diese Manuskripte Schellings – seine *Theologischen Jugendschriften* –, die schwer zu entziffern sind, hat man bisher nicht benutzt und wahrscheinlich für Nachschriften von Vorlesungen gehalten. Wer aber sollte in Tübingen solche Thesen auf dem Katheder vertreten haben? Diese Universität war im letzten Drittel des 18. Jahrhunderts die letzte Bastion einer wissenschaftlichen Orthodoxie.

Gottlob Christian Storr, der Inhaber des ersten theologischen Lehrstuhls, ein weithin berühmter Gelehrter, beherrschte die Mittel Semlers meisterhaft. Er benutzte sie aber, um das kirchliche Lehrsystem gegen die Angriffe der Aufklärung zu verteidigen. Dies geschah zunächst in exegetischen Werken, zur Studienzeit Hegels auch in einem Lehrbuch für Systematik und in kritischen Schriften zur Religionsphilosophie. Nach Storr verkennt man das Wesen des Christentums, wenn man meint, es wolle nur die Vernunft erwecken und zur Bestätigung ihrer Einsichten beitragen. Vielmehr muß seine Offenbarung ein Bestimmungsgrund unserer Urteile sein. Diese Lehre hat Autorität. Und sie verlangt, daß wir Zutrauen zu ihren Verkündigungen haben. Solcher Glaube setzt freilich voraus, daß die Überlieferung, der er gilt, glaubwürdig ist. Nur in diesem Sinne muß sie durch Vernunft bestätigt sein. Sie wird es mit den Mitteln der Textkritik. Diese Textkritik führt nach Storr bei weitem nicht zu den radikalen Reduktionen, welche von den Nachfolgern Semlers vorgeschlagen worden sind. Verworfene Bücher, wie die Offenbarung Johannis, und verworfene Lehren, wie die von Trinität und Satisfaktion sind in die Autorität der Lehre einzuschließen.

Dieser Theologie mußten junge Studenten, die sich in Übereinstimmung mit der Befreiungsbewegung ihrer Zeit wußten,

---

[13] *Römerbriefkommentar* S. 61.

leidenschaftliche Opposition entgegensetzen. Erwirkt wurde sie auch durch die Lebensordnung des Tübinger Stifts, der sie sich zu unterwerfen hatten. Sie beruhte auf strengen Reglements, wurde von Friedrich Nicolai und einem Preußischen Beamten, der zur Besichtigung der Universitäten des Auslandes ausgeschickt war[14], als einzig in ihrer Zeit beurteilt. Die ihnen unterworfen waren, empfanden sie als Unterdrückung des Freiheitsgeistes und mit ihm aller besseren Tendenzen des modernen Lebens. Storrs Theologie, die Satzung des Stiftes und die Verfassung des Staates, der beiden seinen Schutz lieh, schienen den meisten von ihnen einer Revolution wert, – gleich der, die in freierem Glauben, in Kants Philosophie und im politischen Frankreich begonnen hatte.

Die frühen Schriften von Schelling und Hegel haben es sich zum Ziel gesetzt, Storr und den mit ihm verbündeten Kräften entgegenzuwirken. Schelling, der die Klosterschulen durchlaufen hatte und dessen Kenntnis der orientalischen Sprachen ihm trotz seiner Jugend überall Respekt verschaffte, bediente sich dabei mehr der philologischen Mittel Semlers. Hegel kam vom Stuttgarter Gymnasium und war schlechter auf die Theologie vorbereitet, jedoch mit Geschichtsforschung und Psychologie besser als Schelling vertraut. So erklärt sich einer der Unterschiede zwischen Schellings und Hegels frühesten Manuskripten.

Hegels Texte sind bereits von Interessen geleitet, die sich auch in seiner späteren Arbeit niemals verloren: Sie wollen zeigen, wie die Freiheitsideale der Menschen im Zusammenhang ihres gesellschaftlichen Lebens und den komplexen Motivationen ihres psychologischen Lebenshaushalts fungieren. Zeigen wollen sie insbesondere, daß die Kraft der Freiheitsidee durch öffentliche Einrichtungen gestärkt werden kann und daß, umgekehrt, Institutionen Ausdruck und Verhärtung eines Zustandes sein können, der durch einen Verlust der Freiheit

---

14 Vgl. ed. R. Fester, *Friedrich Gedike und sein Bericht an Friedrich Wilhelm II*, 1. Erg.-Heft des Archivs für Kulturgeschichte Berlin 1905.

charakterisiert und auch erklärt werden muß. Obgleich ungelenk und nur manchmal von luciden Aphorismen aufgehellt, sind diese Texte nicht ohne Originalität. Sie verbinden eine Grundposition der Reformtheologie, die Unterscheidung von privater und öffentlicher Religion, mit der davon durchaus verschiedenen Idee Rousseaus vom Unterschied zwischen der Religion des Einzelnen und der der Bürgerschaft. Koordiniert werden beide in Beziehung auf Kants Begriff der sittlichen Freiheit, die den Schlüssel zur Lösung aller Probleme der Religion anbietet: Private und bürgerliche Religion konkurrieren als Mittel zur Beförderung der Autonomie; und Hegel versucht darzulegen, daß auf die bürgerliche nicht verzichtet werden kann, weil mit ihr zugleich die wichtigsten Motivationen zur Freiheit preisgegeben würden.

Schellings früheste Schriften sind ebenso wie Hegels erste Manuskripte Dokumente großer Begabung, deren je besondere Struktur bereits deutlich zu erkennen ist. Sie sind aber durchaus noch keine Nuclei zu einer kommenden philosophischen Systematik. Sie gehören vielmehr ganz in den Zusammenhang einer religiösen Aufklärung, die sich des Kantianismus als des fortgeschrittensten Systems der Einsicht bedient. So schreibt auch Schelling Anfang 1795, daß ›bis vor einem Jahr historische Untersuchungen über das alte und neue Testament und den Geist der ersten christlichen Jahrhunderte das einzige waren, was (ihn) interessierte‹[15]. Damit sind gewiß seine kritischen Arbeiten auf kantischer Basis gemeint. Zu dieser Aufgabe will auch Hegel in Bern beitragen. Und er gesteht, daß er anders als Schelling mit den neueren Spekulationen der theoretischen Philosophie nicht bekannt sei. Sie scheinen ihm auf die Angelegenheit der Religionskritik im Interesse der Menschheit kaum anwendbar zu sein. Die Wendung Schellings zur philosophischen Theorie war offenbar von einer Wendung motiviert, welche der eigentliche Feind seiner

---

15 *Briefe von und an Hegel* I, 14.

Bemühungen, die Tübinger Orthodoxie, im Jahre 1793 genommen hat.[16] Um sie zu verstehen, muß man ihre Vorgeschichte kennen.

Storr war offenbar lange Zeit der Meinung, daß seine exegetische Theologie gegenüber der kantianisierenden Bibelinterpretation als Wissenschaft sich würde behaupten können. Als frommer Mann und guter Philologe glaubte er sich im Besitz unanfechtbarer Einsicht. Die zunehmende Radikalität der Angriffe gegen die Autorität einer Offenbarung, welche die Vernunft übersteigt, muß ihn aber besorgt gemacht haben. Weiterer und wichtigerer Grund zur Besorgnis ergab sich aus der Wirkung des Repetenten Carl Immanuel Diez, den ein Jugendfreund Hegels als ›Kantischen enragé‹ bezeichnet hat.[17] Bis vor kurzem wußten wir von ihm nicht mehr als eben diesen Namen. Nun aber ist zu sagen, daß Diez in der Tat der radikalste Kantianer gewesen ist, der jemals an einer Universität wirken konnte. Mit Leidenschaft hat er gegen den Eid polemisiert, den jeder protestantische Pfarrer vor seinem Amtsantritt auf die Bekenntnisschriften der Kirche zu schwören hatte. Später wandte er sich der Kritik der Dogmatik zu. Nach den Ergebnissen der Kantischen Philosophie schien sie ihm ein einziges Blendwerk und ein Versuch zu sein, im Interesse einer Zwangsherrschaft schlechthin uneinsichtigen Sätzen Zustimmung zu verschaffen. Diese Kritik leistete er mit den Mitteln von Kants theoretischer Philosophie. Kant hatte gezeigt, daß alle unsere Begriffe ohne Realität sind, welche die Grenzen unserer Erfahrung übersteigen, – mit der einzigen Ausnahme des Freiheitsbegriffes. Die Dogmatik aber spricht von Gottes Handlungen, von übernatürlichen Ereignissen und einem himmlischen Reich wie von einsehbaren Sachverhalten. So ist sie »ein törichter Versuch, auf einem

---

16 Ebd. »Wer mag sich im Staub des Altertums begraben, wenn ihn der Geist *seiner Zeit* alle Augenblicke wieder auf- und mit sich fortreißt.«
17 Vgl. D. Henrich, *Leutwein über Hegel,* in: *Hegelstudien* III, 1965, S. 57, 72.

grundlosen Terrain anzubauen«[18]. Wer seine Augen, ›gewaffnet mit den Kantischen Teleskopen‹, auf die christliche Religion wendet, der »sieht nichts als transzendentalen Schein und statt objektiver Erkenntnis leere Hirngespinste«.

Diez, der junge Theologen in ihren Studien anleiten sollte, wurde auf diesem Wege konsequent dazu geführt, das Christentum insgesamt zu verwerfen. Christus und seine Apostel, die Blicke in ein Geisterreich zu tun glauben, sind Fantasten, – die ihnen Glauben beimessen, alle Theologen und die ganze Christenherde Abergläubige. In diesem Sinne ist Diez bereit gewesen, Christus mit einer bekannten polemischen Schrift des frühen 18. Jahrhunderts als Betrüger zu bezeichnen. Dieser Kantianer kannte zwar Kants Moraltheologie. Er hat sie aber durchaus unter den Restriktionen der theoretischen Philosophie gelesen: Nur als Annahme, die wir im Interesse unseres sittlichen Lebens machen, niemals als Gegebenheit kann Gottes Dasein vorausgesetzt werden. Christus und seine Theologen sind aber an anderer Gewißheit interessiert.

Die radikale Polemik von Diez stieß zwar bei den meisten seiner Freunde auf Widerstand. Dennoch war sie von großer Wirkung. Sein engster Freund Süßkind, später Storrs Nachfolger in Tübingen, wandte sich unter dem Eindruck seiner leidenschaftlichen Zweifel zunächst von der Theologie zur Kirchengeschichte. Andere Freunde entschlossen sich, den schwäbischen Kirchendienst zu meiden und Lehrämter in anderen deutschen Ländern zu suchen. Zwar war Diez ein vorsichtiger Mensch, dessen Radikalität nur nach langen Leiden der Unterdrückung hervorbrach. Er hat mehr unter seinen Freunden agitiert und gegenüber seinen Studenten nicht ganz offen gesprochen. Aber er war es doch, der der jungen Tübinger Kritik die Schärfe ihrer Töne gegeben hat. Und er wirkte wohl auch durch sein Beispiel, als Repetent schließlich zurück-

---

[18] Alle Zitate aus Briefen an Niethammer 1790/1 (in Privatbesitz) – Vgl. D. Henrich und Johann Ludwig Döderlein, *Carl Immanuel Diez*, in: *Hegelstudien* III, 1965 S. 276–287.

zutreten, auf das sichere und bequeme Pfarramt zu verzichten und Medizin zu studieren. 1796 hat er sich bei der Pflege von Thyphuskranken angesteckt und ist, dreißigjährig, gestorben. Sein Entschluß zur sittlichen Praxis und schließlich auch sein Tod sind die Verwirklichung seiner Kritik der Theologie und seines ganz und gar praktizistischen Kantianismus gewesen.

Hätte Storr nicht aus vielen Anzeichen die Radikalisierung seiner Schüler erkennen können, so hätten die Berichte Süßkinds genügt. Dieser junge Theologe war nicht nur Diez' Freund, sondern auch einer von Storrs näheren Verwandten. So entschloß er sich, den radikalen Versionen der Kantischen Philosophie entgegenzutreten und den Versuch zu machen, die Vereinbarkeit der Orthodoxie mit Kants Lehre zu demonstrieren. Dabei leistete ihm Süßkind Hilfe. Offenbar lieferte er ihm wichtige Argumente. Und seinem Buch *Bemerkungen über Kants philosophische Religionslehre* gab er einen Anhang bei, der gegen Fichtes eben erschienene *Kritik aller Offenbarung* gerichtet war.[19] Storr machte sich in Kants Moraltheologie gerade die Elemente zunutze, durch die sie sich zu ihrem Nachteile von Rousseaus Idee unterschieden hat: In ihrer früheren Form war sie davon ausgegangen, daß dem Sittengesetz ohne Glauben an Gott und Unsterblichkeit hinreichende Motive fehlen, sich im Handeln durchzusetzen. Wenn dies aber der Fall ist, wenn wir ohne Religion nicht konsequent gut handeln können, so ist es unsere *erste* Pflicht, religiöse Gesinnungen in uns zu gründen und zu befördern. Nun trägt aber der historische Teil der christlichen Religion

---

19 Süßkinds Briefe an Diez (Handschriftenabteilung der Universitätsbibliothek Tübingen); *D. Gottlob Christian Storrs Bemerkungen über Kants philosophische Religionslehre, aus dem Lateinischen, nebst einigen Bemerkungen des Übersetzers über den aus Prinzipien der praktischen Vernunft hergeleiteten Überzeugungsgrund von der Möglichkeit und Wirklichkeit einer Offenbarung in Beziehung auf Fichtes Versuch einer Kritik aller Offenbarung*, Tübingen 1784.

sehr viel dazu bei, den moralischen Glauben zu bestätigen, zu unterstützen und zu beleben. Also ist es ein Postulat der praktischen Vernunft, ihm Gehör zu schenken, sofern er glaubwürdig ist. Daß er es ist, beweist die historische Textkritik. Und so ist unversehens die Orthodoxie zum einzigen Mittel geworden, die Vernunftmoral fest zu begründen. Die Theorie der Autonomie wurde zum Mittel, eine Theologie der Autorität zu verteidigen.

Schelling und Hegel konnten in Storrs Gedankengang nur eine Verkehrung des eigentlichen Sinnes der Kantischen Lehre sehen. Aber obgleich sie deren Geist ganz zuwiderlief, konnte sie sich doch auch auf Kantische Texte berufen. Es erwies sich somit als notwendig, Kant gegen die Schwächen seiner eigenen Darstellung in Schutz zu nehmen. Das hätte gewiß durch sorgfältige Auslegung geschehen können. Es stimmte aber nicht zu Kants Rolle als Apostel der Freiheit, ihn lediglich mit philologischen Mitteln zu verteidigen. Und die besten seiner Schüler, Reinhold und Fichte, hatten ohnehin soeben gezeigt, daß man auf dem Wege Kants noch weiterschreiten müsse, um seinen Geist vollständig zu erfassen. So gab Schelling die historische Bibelkritik auf und schrieb alsbald ein Buch, in dem er im Anschluß an Fichte zeigte, daß Storrs Kantverständnis nicht nur eine Abweichung von dessen Sinn, sondern das genaue Gegenteil wahrer kritischer Philosophie der Freiheit sei.[20]

Hegel standen solche Mittel zunächst nicht zur Verfügung. Er mußte sich an Kant selbst halten, wendete sich aber gegen Storr, indem er die Grundlagen der gesamten Kantischen Moraltheologie in Zweifel zog, an die Storr sich doch hatte anschließen können: Der Einbruch der Orthodoxie war nur möglich, wenn man das Bewußtsein sittlicher Freiheit mit der Hoffnung in Verbindung brachte, Glück für sich selbst zu

---

20 *Vom Ich als Prinzip der Philosophie*, WW, ed. Schröter I, 75 ff. Seite 120–126 sind in direkter Beziehung auf die Tübinger Orthodoxie geschrieben.

erlangen. Das aber ist schlechthin ohne Grund. Nur wo knechtischer Sinn herrscht, kann man sagen, derjenige, der für eine gerechte Sache gestorben ist, sei eines besseren Schicksals würdig gewesen.[21]

3. Hölderlins Systementwurf und Hegels früheste Probleme

In dem Augenblick als Hegel auf die kantische Moraltheologie verzichtete, ohne die kantischen Grundlagen seines Denkens zu verändern, war er im strengen Sinne zu einem bloßen Kritiker jedes möglichen Sinnes von Religion geworden. Denn es fehlte ihm nun die Basis zur Einführung eines von unserem sittlichen Bewußtsein unterschiedenen vernünftigen Wesens, – die Basis zur Einführung eines Begriffes von Gott. Religion war für ihn nunmehr allein die Weise, in der Menschen, die in Gemeinschaft leben, das reine Ideal der Autonomie kennen lernen und zur einzigen Triebkraft ihres Handelns werden lassen können. Die Tradition der Lehre und der Kultus des Staates bewirken das. Überschreiten sie dabei aber die Grenzen der Tradierung des Freiheitssinnes, so geraten sie notwendig ins Imaginäre; und der Vorwurf, den schon Rousseau der bürgerlichen Religion gemacht hatte, kann nicht vermieden werden: Sie ist begründet auf Irrtum und Trug und täuscht die Menschen. Daraus kann auf die Dauer nur eine Verkehrung des Freiheitssinnes in sein Gegenteil folgen. Und so mußte Hegel den Versuch preisgeben, die Idee einer bürgerlichen Religion der Freiheit zu entfalten, um überhaupt noch imstande zu sein, den Gegensatz zwischen Orthodoxie und Freiheitsbewußtsein deutlich zu machen. Denn Volksreligion wird nicht darauf verzichten können, von einem übersinnlichen Wesen und seiner Verheißung zu sprechen, daß unser Verlangen nach Glück dereinst gestillt wer-

---

[21] *Hegels theologische Jugendschriften*, ed. Nohl, S. 238.

den wird. Solcher Glaube ist aber nach Hegels neuer Überzeugung nur Ausdruck des Mangels »des Bewußtseins, daß die Vernunft absolut, in sich selbst vollendet ist – daß ihre unendliche Idee nur von sich selbst rein von fremder Beimischung geschaffen werden muß«[22].

In dieser Formulierung spricht Hegel eine Sprache, die nicht die Kants ist. Sie enthält einen Widerhall des Bekenntnisses, das Schelling im Februar 1795 ihm gegeben hatte.[23] In ihm erfuhr Hegel, daß sich Schelling mit Hilfe von Fichte und zugleich in der Erinnerung an Spinoza eine Freiheitslehre erarbeitet hatte, die gegen Storrs Argumentationsstrategien immun ist[24]. So wie für Spinoza die Welt alles war, so ist es nun für Schelling das Ich, – das Ich, das nicht durch Objekte bedingt, sondern schlechthin in Freiheit gesetzt ist. »Es gibt keine übersinnliche Welt für uns als die des absoluten Ichs. – Gott ist nichts als das absolute Ich.«[25] Im Zusammenhang von Fichtes Wissenschaftslehre und besonders der neuen Gestalt, die Schelling ihr gegeben hat, haben solche Formulierungen aber eine andere Bedeutung als in Hegels noch ganz an Kants Buchstaben gebundenen Kontext. Für Fichte und besonders für Schelling ist jenes Ich eine überindividuelle, allem Bewußtsein vorausliegende Tatkraft, aus der unser endliches Bewußtsein zusammen mit seinem Sittengesetz begriffen werden muß. So ist es also keineswegs mit dem identisch, was Kant und mit ihm Hegel unter ›unserer reinen praktischen Vernunft‹ verstehen konnte.

Zwar ist auch für Schelling Gegenstand eines freien Glaubens

22 Ebd. S. 238.
23 *Briefe von und an Hegel* I, 22.
24 Selbständige Vorbereitungen für diesen Übergang zu einem spinozistisch gelesenen Fichte lassen sich in Schellings Kommentar zu den platonischen Dialogen Timaios und Philebos erkennen, obwohl sie ganz unter dem Einfluß Kants und (in weit geringerem Maße) Reinholds stehen. (Vgl. dazu meinen Aufsatz ›Der Weg des spekulativen Idealismus‹ in: Jacob Zwillings Nachlaß, hrsg. von D. Henrich und C. Jamme, Hegel-Studien Beiheft 28, 1986, S. 85 ff.)
25 *WW*, ed. Schröter I, 22.

nur die Vernunft, die ›absolut‹ und ›in sich vollendet‹ ist. Insofern sie aber über unserem, des Glaubenden, Bewußtsein steht, dessen Grund sie ist, ist der Vernunftglaube mehr als eine Form der Vergewisserung des endlichen Ich über den allgemeinen Charakter der Grundbestimmung seines Wesens: Er ist der wissende Rückgang des endlichen Bewußtseins in seinen Ursprung, der seinen weltbezogenen Wissensweisen verschlossen bleibt und der der Differenz zwischen Bewußtsein und Gegenstand enthoben ist. Nur in solchem Rückgang kann das endliche Bewußtsein seiner Herkunft, seiner Bestimmung und des Grundes seiner Willensenergie gewiß werden: Es faßt sich als Verwirklichung einer anonymen, absoluten Freiheit, die mit dem ausgezeichneten Charakter der Ichheit identisch ist.

Schelling glaubte sich überzeugt, nur auf seinem neuen Wege könne man eine kompromißlose Theorie der Freiheit gewinnen und zugleich Storrs Orthodoxie dauerhaft disqualifizieren. Hegel aber war zunächst durchaus nicht darauf vorbereitet, ihm zu folgen. Bisher hatte er sich darauf verlassen, daß die theoretischen Mittel der Kritik der reinen Vernunft für eine vollständige Lehre von der Freiheit ausreichen. Auf ihre Anwendung dachte er sich zu beschränken. So konnte er Elemente der neuen Sprache Schellings nur in einer Weise verwenden, die von deren Sinn beträchtlich abwich und sie auf seinen eigenen Kantianismus zurückbrachte, der nur inzwischen religionslos geworden war.

In dieser Situation hielt sich Hegels Denken immerhin für einige Jahre. Er selbst sah, daß ihre theoretischen Grenzen eng gezogen waren. Doch fand er weder Anlaß noch Aussicht, aus ihr herauszutreten. Um so überraschender ist es, daß sich seine Überzeugungen mit der Übersiedlung nach Frankfurt in ihren Grundlagen veränderten, – trotz mancher Vorbereitung plötzlich und beinahe wie durch einen unbegreiflichen Bruch. Auf einem einzigen Blatt dokumentiert sich dieser Wandel: Während die erste Hälfte des Textes, der den

Titel *Moralität, Liebe, Religion* erhielt, noch auf der kantischen Grundlage argumentiert, ist in seiner zweiten Hälfte eine ganz andere theoretische Orientierung eingetreten.[26] Allenfalls einige Wochen können zwischen den beiden Niederschriften vergangen sein, die der Herausgeber als einen kontinuierlichen Text hat mißverstehen können.

In diesem Fragment stellt Hegel der subjektiven Freiheit der praktischen Vernunft ›Liebe‹ entgegen, welche die ganz andere und höhere Freiheit hat, sich mit ihrem Gegenstand zu ›vereinigen‹. Solche Vereinigung läßt es geschehen, daß »Natur Freiheit ist, daß Subjekt und Objekt nicht zu trennen sind«[27]. Hegel nennt sie noch immer, mit einem kantischen Begriff, ein ›Ideal‹. Damit meint er aber nun nicht mehr einen Zweck, den die praktische Vernunft wirklich werden lassen soll. Setzt doch gerade dies Ideal der Vereinigung, das die Gegenwart eines Anderen von gleichem Rechte und gleicher Bereitschaft voraussetzt, allem was praktische Vernunft tätig wollen kann, unübersteigbare Grenzen.

Mit dieser Lehre von der anderen Freiheit der Liebe stellte sich Hegel in einen Traditionszusammenhang, der von Kant entweder ignoriert oder mit Heftigkeit bekämpft worden war. Seinen Ursprung hat er ebenso in Platon wie im Evangelium des Johannes. Aus ihnen war er den jungen Stiftlern ebenso vertraut wie aus den Texten der Vereinigungsphilosophie in der populären philosophischen Literatur ihres eigenen Jahrhunderts. Aber selbst Schelling gewann Sukkurs für seinen Weg über Kant hinaus allein aus Fichte und Spinoza, – nicht aus solchen Quellen. Eine bloße Erinnerung an diese Tradition kann also Hegels plötzlichen Abgang von der kantischen Grundlage seiner Arbeit keineswegs erklären. Sie er-

---

26 *Hegels theologische Jugendschriften*, S. 374–377.
Ich schlage vor, Seite 376/77 als selbständigen Text zu betrachten. Vgl. Gisela Schüler, *Zur Chronologie von Hegels Jugendschriften*, in: *Hegelstudien* II, 1963 S. 131.
27 Ebd., S. 376.

klärt sich aus der Veränderung der Lebensumstände Hegels. Aus der Berner Einsamkeit kam er in Frankfurt in einen neuen Kreis philosophierender Freunde, der sich um Friedrich Hölderlin gebildet hatte. Sie waren Hegel in der Beziehung überlegen, die ihm selbst schon deutlich als seine Schwäche vor Augen stand: Sie hatten die neueste Entwicklung der philosophischen Spekulation mitvollzogen. Einige von ihnen waren, wie Hölderlin selbst, in Jena gewesen, hatten bei Fichte studiert und an den Diskussionen in seinem Umkreis teilgenommen.

In der Hegelforschung geht seit langem ein Streit über den Grad des Einflusses, den Hölderlin auf Hegel gehabt haben mag. Doch erst seit kurzem kann er für entschieden gelten: Es sind Dokumente gefunden worden, die beweisen, daß Hölderlin zur Zeit seiner neuen Begegnung mit Hegel über eine eigene philosophische Konzeption verfügte, – eine Konzeption von Bedeutung und Originalität.[28] Er ist wirklich der erste gewesen, der sich, nachdem er Fichtes Schüler gewesen war, in grundsätzlicher Kritik gegen ihn wandte und leugnete, daß sich das absolute Ich als Prinzip der Philosophie gebrauchen lasse. Noch bevor Schelling dies Ich über alle endliche Subjektivität hinausgehoben und in Analogie zu Spinozas Substanz gebracht hatte, bestand Hölderlin, grundsätzlicher noch als er, darauf, daß Ichheit ebensowenig wie Selbstheit den Anfang des Denkens mache. Denn die Bedeutungen von ›Ich‹ und von ›Subjekt‹ sind nicht voneinander abzutrennen. Da aber ›Subjekt‹ nur in der Relation zu einem Gegenstand und somit niemals als absolut gedacht werden kann, ist auch die Vorstellung von einem absoluten Ich sinnlos. So kommt alles darauf an, beide, Subjekt wie Objekt, in ihrer Beschränkung zu erkennen und Ursprung und Charakter dieser Beschränkung auszumachen. Hölderlin meint, daß beide nur aus einer Voraussetzung verständlich zu

28 Alle Nachweise finden sich in D. Henrich, *Hölderlin über Urteil und Sein*, in: *Hölderlinjahrbuch* 1965/6, S. 73–96.

machen sind, die weder als Ich noch auch als Gegenstand fungiert. Hölderlin nennt sie ›Sein‹. Dieses Sein ist, ähnlich wie Fichte hinsichtlich des absoluten Ich angenommen hatte, durch einen Akt der Reflexion in einen Gegensatz auseinander gegangen. Und nun ist es Ziel alles Wissens und Tuns, zur Einheit zurückzukehren. Unser sittliches Bewußtsein ist die Forderung, sie wieder herzustellen. Da es aber, als Bewußtsein, nur in einem unendlichen Prozeß dazu imstande wäre, muß uns Ideal und Gewißheit der Einheit auf anderem Wege einleuchtend werden. Sie spiegeln sich in der Natur, die nicht ganz in die Trennung verloren ist, treten als solche hervor in der Schönheit und werden ergriffen in Liebe.

Weil Hölderlins Stärke nicht in der Analyse von Begriffen und im Aufbau von schlüssigen Argumenten lag, hat man früher nicht leicht zugeben können, daß er imstande war, den begriffsstarken Hegel zu überzeugen. Heute können wir aber besser sehen, wieso er dies dennoch sehr wohl vermochte. Hölderlins jüngerer Freund Sinclair hatte nämlich dessen Ideen zu einem ausführlichen Systementwurf ausgearbeitet. So wurde Hegel im neuen Freundeskreis mit einem philosophischen System konfrontiert, das schon durch Fichtes Wissenschaftslehre hindurchgegangen war und das sich somit auf der Höhe der wissenschaftlichen Entwicklung der Zeit präsentieren konnte. Was Schellings Schriften und der Briefwechsel mit ihm nur von Ferne vorbereiten konnten, hat der Umgang mit solchen Freunden schnell zustandegebracht: Hegels Übergang vom Kantianismus zu einer Position, die mit Fichtes Mitteln über Fichtes Grundlegung hinausstrebte.

Wie sich zeigen läßt, konnte Hegel davon überzeugt werden, daß diese neue Philosophie, die er im übrigen zunächst in reduzierter Form übernahm, auch den wichtigsten Argumenten Kants gerecht wurde. Hölderlin selbst hat in stetiger, bis in die Wahnsinnszeit andauernder Rücksicht auf Kant gedacht. Und so hatte Hegel selbst in späteren Jahren, in denen er das nunmehr gemeinsame Konzept zu seiner eigenen Philosophie und über Hölderlins Einsatz hinaus entwickelte, genug zu tun, die kantischen Einflüsse in Hölderlins früher Vereinigungslehre wegzuarbeiten. Ein solcher Bruch, wie er nach der Ankunft in Frankfurt eintrat, ist aber in Hegels philosophischer Biographie nicht noch einmal zu konstatieren. Aus dem Begriff der Liebe geht durch den Begriff des Lebens der des Geistes kontinuierlich hervor.

Daß Hegels zweite, nach der Annahme der Herausforderung durch Storr wichtigste Wendung unter dem Einfluß seiner Freunde geschah, heißt nicht, daß er sich nur fremder Einsicht akkommodierte. Vielmehr entdeckte er im Denken von Hölderlin und Sinclair ein Mittel, die beiden Probleme seiner bisherigen Produktivität, die einander auszuschließen schienen, in einem Gang zu lösen: Die Orthodoxie ließ sich weiterhin als Gegenbild der Freiheit verstehen, die nun zur Vereinigung ungezwungener Wesen gleichen Rechts geworden war. Diese Vereinigung ließ sich aber auch beschreiben als das innere Band eines bürgerlichen Zustandes, in dem eine Volksreligion möglich und zugleich legitimiert ist: Der Macht der Vereinigung, die über allem endlichen Bewußtsein ist, inne zu werden und sie zu feiern, kann und muß Inhalt dieser Religion sein. Ihr würde Rousseau nicht mehr vorzuwerfen haben, daß sie die Bürger täusche und betrüge.

Dazu kommt, daß Hegel nun ein weiteres Motiv wieder aufnehmen konnte, das in seinen frühesten Manuskripten am Werke gewesen war, ohne daß es sich hätte von Kant herleiten lassen. In ihnen hatte Hegel das Autonomieprinzip auf eine ihm eigentümliche Weise aufgefaßt. Für Kant war der kategorische Imperativ sowohl Prinzip der Freiheit als auch Grund einer Gesetzgebung, welche unser Leben unter strenge Regeln bringen soll. Im Unterschied zu Kant, der auch persönlich auf solche Lebensregulierung große Stücke hielt, nahm Hegel aus der Vernunftmoral weniger die Gesetzesethik als den Appell zur Freiheit und Spontaneität des Handelns auf.

Seine Absicht war es überhaupt, dem eigentlich menschlichen Leben freie Entfaltung zu verschaffen und allen Ordnungen, die es unter einen Zwang stellen, ihren Rechtsgrund zu entziehen. Und der Sinn seines Freundschaftsbundes mit Schelling und Hölderlin war ihm, »Frieden mit der Satzung, die Meinung und Empfindung regelt, nie nie einzugehen«[29]. In diesem Aufstand gegen alle ›Fesseln‹[30] war ihm wiederum Rousseau die wirksamste Ermutigung. So hat er sich ihm auch dort angeschlossen, wo Kant mit ihm nicht übereinstimmen konnte. Rousseau war bekanntlich in der Ethik der Moral Sense-Philosophy gefolgt und hatte, anders als Kant, zwischen unserem Bewußtsein der Freiheit und ursprünglichen Regungen und Empfindungen unseres Herzens keinen Unterschied gemacht. Der junge Hegel war darin ganz mit ihm einverstanden. Und er nahm sich das Recht, die kantische Autonomie auch als Spontaneität unseres Empfindens und als urbane, frohe Freiheit des Umgangs in einem republikanischen Staate zu interpretieren. Im kirchlichen Lehrsystem fand er am anstößigsten dessen Asketik, – die Lehrdisziplin, die über Motive des Glaubens und des gottgefälligen Lebens handelt und über die Weise, wie sie zur Wirksamkeit gebracht werden können. So erklärt sich auch sein Interesse für die Psychologie. Denn »nichts hat der Mönchsasketik [...] so sehr geschadet als die größere Ausbildung des moralischen Sinnes unter den Menschen und die bessere Kenntnis der Natur der menschlichen Seele«[31]. Mit dem orthodoxen System ist eine bestimmte Form der Asketik notwendig verbunden, welche es ausschließt, daß der Mensch spontan und aus sich selbst tätig ist. Um Schrift und Gesetz ihre Autorität zu wahren, muß er veranlaßt werden, alle seine spontanen Motive zu verdächtigen und in künstliche Regulierungen zu pressen.

29 *Briefe von und an Hegel*, I 38.
30 *Leutwein über Hegel*, a.a.O. S. 56. Vgl. *Hegels theologische Jugendschriften*, S. 6 u. a.
31 Ebd. S. 208.

Kein freies Verhältnis, weder zu sich noch zur Gottheit, wird ihm zugestanden.

So hatte Hegel früh schon in die kantische Theorie Sachverhalte hineingedacht, die sie nicht widerstandslos rezipiert und um derentwillen er doch Kants Philosophie der Spontaneität überzeugend gefunden hatte. Alles, was Zwangssystemen sich entzieht, schien ihm auch durch Kant verteidigt zu sein, – nicht nur ungezwungene Empfindungen, auch der Sinn für die Schönheiten der Natur, jedes Verlangen nach ungebotener Vereinigung und Hingabe, der Geist griechischer Feste in einem freien Staat. Deshalb sah er auch, wie die meisten seiner Generation, keinen ausschließenden Gegensatz zwischen Spinozas Theorie einer der Welt immanenten Vernunftnotwendigkeit und Kants Vernunftmoral. Während Kant nur erklären konnte, keinerlei Verständnis für den Versuch zu haben, seine Kritik mit Spinoza in Verbindung zu bringen[32], waren beide in gleicher Weise für die jungen Tübinger Opponenten gegen Asketik und Regulationsmoral. Ob das Absolute in der Welt gegenwärtig ist und sich somit auch in meinem Leben entfaltet oder ob absolut nur das Gesetz meines Willens ist: für die Orthodoxie bedeutet beides gleichviel: – die Vernichtung aller ihrer Ansprüche auf die Autorität einer Wahrheit, die von außen an uns herangebracht werden muß. So ist es verständlich, daß Hegel aus eigener Überzeugung die theoretischen Mittel akzeptierte, die Hölderlin mit Sinclair im Anschluß an Fichte erarbeitet hatte. Dienten sie doch dem gemeinsamen Zweck, Freiheit der Empfindung und Schönheit des Lebens in Gedanken zu sichern. Hölderlin hatte eingesehen, daß dazu auch eine Revision von Fichtes Freiheitsphilosophie notwendig war, die zwar alles auf Spontaneität gestellt hatte, Freiheit von Regulation aber nicht konsequent hatte scheiden können.

---

32 Vgl. Kants Abhandlung *Was heißt sich im Denken orientieren?* aus dem Jahre 1786.

Mit der Umwendung zu Hölderlin war Hegel wieder in den Besitz einer Philosophie der Religion gekommen: In der Religion wird die Macht der freien Vereinigung, die selbst aller Gegenständlichkeit vorausliegt, ins Bewußtsein erhoben und zur beständigen, nie in der Endlichkeit und Prosa des Alltags verlorenen Grundlage eines Lebens gemacht. Was uns vor aller Entgegensetzung und in den Entgegensetzungen, in die wir geraten, eigentlich bestimmt, tritt in der Religion als solches hervor.

Doch diese Philosophie des Überstiegs über das endliche Bewußtsein auf sein Wesen hin und auf seinen Grund, der doch ohne Preisgabe des Bewußtseins erfolgt, ist noch weit entfernt von Hegels reifer Theorie der Religion. Insbesondere ist sie noch immer orientiert auf griechisches Leben und griechischen Gottesdienst. Sie folgt Rousseaus Traum von der Wiedergeburt der Politie und versteht selbst Christus noch als den unglücklichen und unkonsequenten Restaurator griechischer Schönheit unter Bedingungen, die solchem Unterfangen schlechthin feindlich waren.

So bliebe zu erklären, wieso Hegels reifes Denken zur Apologie des christlichen Gottes und der modernen Welt geworden ist. Eine solche Erklärung müßte nicht ein weiteres Mal den inneren Zusammenhang seiner Arbeit verlassen, um historische Voraussetzungen zu verdeutlichen, die Wendungen in ihr ebenso veranlaßt hätten wie Storrs Angriff auf Kant und Hölderlins neues Denken. In einsichtiger Folge, obgleich in angespannter Konsequenz, die nichts mit ruhiger Schreibtischkontinuität gemein hat, ergab sich ihm aus dem Gedanken vom Überstieg des Bewußtseins in ihm selber die Struktur des Systems und die Einsicht in die Vernunft der Moderne. Mit beidem kam er, obgleich hinter den Freunden zunächst weit zurück, zuletzt doch über deren Wahrheit in mehr als einer Beziehung hinaus. Zur Antwort auf die Frage, wieso dies möglich war, mag eine letzte Überlegung beitragen: Hegel hat mit einem Nachdruck, den man bei Hölderlin so wenig wie bei Schelling finden wird, ein Grundproblem aller Philosophie der Vereinigung aufgenommen: Wie es sich denn verstehen lasse, daß Endliches entsteht, das doch von aller Vereinigung vorausgesetzt werden muß, – und wie es als solches in der Vereinigung Bestand hat. Ist doch ohne dies Bestehen von Vereinigung gar nicht zu reden, statt dessen besser vom Schlund des Orkus und der Nacht der Vernichtung in leerer Unendlichkeit.

Fragt man, wie gerade Hegel dazu kam, an dieser Frage beharrlich festzuhalten, so wird man in früheste Motive aller seiner Arbeit zurückgewiesen. In ihnen haben somit die Strukturen seines reifen logischen Systems einen unwegdenkbaren Grund. Solche Strukturen begannen bereits hervorzutreten, als Hegel sich noch ganz in den Grenzen von Kants Kritik halten wollte, – in Tübingen und vor dem Angriff Storrs, der auch Hegel in die Philosophie trieb. Ohne spätere Ereignisse auf Hegels Weg wären sie womöglich folgenlos geblieben. So aber stehen sie mit dafür, daß wir uns seiner zu erinnern haben.

Hegel hat schon als Student eine Methode der Kritik der Kirchenlehre ins Auge gefaßt, die sich von der Schellings unterschied und die auch in seinem weiteren Umkreis ohne Vorbild war, obgleich sie nur die in der Generation vor ihm entwickelten Verfahren der Kritik, – eigentümlich miteinander verbunden – ins Spiel brachte: Die frühen Manuskripte aus Tübingen und Bern bemühen sich zwar vor allem darum, den rechten Sinn spontanen Lebens und freier Sittlichkeit gegen die falsche Asketik der Orthodoxie zu sichern. Sie haben aber noch eine weitere Absicht: begreiflich zu machen, *wie es dazu kommen konnte,* daß aus der christlichen Freiheitslehre das Zwangssystem der Kirche wurde. Um dieses Programm durchzuführen, verwendete Hegel seine historischen Studien, die Staats- und Gesellschaftstheorie seiner Zeit und insbesondere die pragmatisch-moralische Psychologie, die schon Gottlob Paulus als Mittel theologischer Aufklärung empfohlen hatte. In diesem Medium entfaltete sich, wie in einem Modell, die Vorstellung von einem Prozeß, in dem freie Selbstbeziehung aus sich heraus zu einer Beziehung zu Fremdem wird, unter dessen Herrschaft sie gerät, – um sich schließlich wiederum aus ihr zurückzuholen und fortan nur in sich selber zu ruhen.

Hegels Logik hat später diesen Prozeß als den Zusammenhang von Reflexion in sich und äußerer Reflexion zu einem Begriff des ›Wesens‹ und damit des geschichtlichen Geistes selber gemacht. Zuvor aber motivierte der Gedanke an diesen Prozeß Hegel dazu, an Hölderlin die Frage nach der Herkunft unvereinigter Mannigfaltigkeit zu richten. Keinen Begriff von Einheitsgrund und Vereinigung konnte er zulassen, die es unmöglich machen, auf diese Frage Antwort zu geben. Zuletzt ist sie *eine* Frage mit der nach dem Ursprung von Entfremdung und Vereinzelung, für die in christlicher Sprache das Wort ›Sünde‹ steht, – die Voraussetzung dessen, was die Vereinigung zur Versöhnung werden läßt. So wuchs in Hegels frühestem Kampf gegen die Orthodoxie, den er, zurückgeblieben hinter seinen Freunden, in der Berner Einsamkeit weiterführte, zugleich die Wurzel zum bedeutendsten Denken der kommenden Epoche.

Anfang und Methode der Logik

Ein Kommentar zu Hegels *Logik,* der mit den Werken von Cornford, Ross, Vaihinger und Paton zu vergleichen wäre, ist bisher nicht geschrieben worden. Selbst Hegels eigene Schule hat keinen Versuch unternommen, die Ableitungen von spekulativen Gedankenbestimmungen in diesem Werk im Einzelnen zu analysieren. In einer Weise, die auch heute durchaus noch vorherrscht, hat sie sich darauf beschränkt, den Gang des Ganzen ins Auge zu fassen, Hegels Thesen zu variieren und sie durch Rückverweise und Vorblicke einleuchtender zu machen. Alternativen für die Interpretation schwieriger Textstücke, unter denen mit Gründen entschieden werden könnte, wurden nirgends entwickelt. Daraus ergibt sich zum einen, daß der Spielraum, der mit einem solchen Verfahren der Impression des Verstehenden eingeräumt wird, sehr groß ist, zum anderen, daß die Argumente der Kritiker keinen hinreichend bestimmten Ansatzpunkt finden und deshalb gezwungen sind, sich ebenso wie die Interpretation allein dem Ganzen des Systems zuzuwenden. Hegelinterpretation und Hegelkritik können auf diese Weise kaum in ein fruchtbares Verhältnis zueinander kommen.

Die einzige Ausnahme in dieser Bilanz ist die Diskussion über den Anfang der *Wissenschaft der Logik* und über die Entwicklung ihrer drei ersten Kategorien. Schon zu Hegels Lebzeiten gerieten seine Schüler mit seinen Gegnern in einen Streit über die Frage, welches der Sinn der befremdlichen Rede sei, daß das Sein, als unbestimmte Unmittelbarkeit, ebenso als Nichts gedacht werden müsse und daß beide, insofern sie jeweils in ihrem Gegenteil verschwinden, ihre Wahrheit im Gedanken des Werdens haben.

Nun scheint es zunächst, daß die Schwierigkeiten, diesen Anfang zu verstehen, gering sind im Vergleich mit jenen, die sich aus späteren Deduktionen ergeben, vor allem aus denen der Logik der Reflexionsbestimmungen. Sie scheint des Kommentars ungleich bedürftiger zu sein, weil sie sehr viel höhere Anforderungen an das Abstraktionsvermögen stellt. Wer sie verstanden hat, könnte wohl zu der Meinung neigen, die Logik des Anfangs sei elementar und im Formalen wenig problematisch. Das besondere Interesse gerade für diesen Anfang wird ihm dann als ein Anzeichen mangelnder Vertrautheit mit Hegels Logik und einer archaischen Entwicklungsstufe ihrer Interpretation erscheinen.

Dieser Anschein besteht nicht zu Unrecht. Er entspricht aber doch nicht der Problematik der Logik in ihrem ganzen Umfang. Es trifft zu, daß die Logik der Reflexion wegen der eigentümlichen Verschränkung aller ihrer Bestimmungen nur sehr schwer lösbare Interpretationsaufgaben stellt. Hegel selbst hat sie den schwersten Teil der Logik genannt.¹ Der Anfang der Logik enthält aber Schwierigkeiten von ganz anderer und in gewissem Sinne von entgegengesetzter Art. Sie ergeben sich gerade aus dem unvermittelten Übergang von Sein zu Nichts und aus der lapidaren Kürze, in der er vollzogen wird. Es ist nicht leicht, die Natur dieses Übergangs richtig zu fassen und die Mittel zu verstehen, mit denen Hegel ihn begründet hat. Nur deshalb war es auch möglich, gerade gegen ihn eine bemerkenswerte Anzahl scheinbar plausibler Einwände vorzubringen, durch die Hegels konservative Schüler in keine geringere Verlegenheit gesetzt worden sind.

Aber nicht nur die besondere Struktur, sondern auch die ausgezeichnete methodische Bedeutung des ersten Kapitels der *Logik* rechtfertigen das Interesse, das die Schule Hegels – aus welchen Gründen immer – gerade für es gezeigt hat. Die Reflexionslogik ist nämlich einer immanenten Deutung fähig. Die Logik des reinen Seins kann aber nur verstanden werden,

---

1 Hegel, *Enzyklopädie der philosophischen Wissenschaften im Grundrisse*, § 114.

wenn man auf mehrere Lehrstücke eingeht, die in ganz anderem Zusammenhang ihre Stelle haben. Die Interpretation des Anfangs kann deshalb auch nur gelingen, wenn man den Gesamtzusammenhang und die Methode der Entwicklung reiner Gedankenbestimmungen überschaut und sich nicht auf die bekannte These von der rückläufigen Begründung des Anfangs aus dem Schluß der Logik beschränkt. Im Folgenden soll gezeigt werden, in welchem Sinne dies der Fall ist.

Das soll in zwei Gängen geschehen. Der erste von ihnen behandelt die verschiedenen Formen von Kritik, die an Hegels Lehre von der Einheit von Sein und Nichts geübt worden ist. Er bereitet den zweiten vor, der versucht, den Sinn jener Lehre und der Argumente, die Hegel zu ihrer Begründung gegeben hat, genauer zu bestimmen.[2]

1. Die Kritik am Anfang

Man muß zwei Grundgestalten der Kritik am Anfang der Logik unterscheiden. Die eine will sich auf den Standpunkt Hegels stellen und zeigen, daß von ihm aus kein Fortschritt des Gedankens möglich ist, im besonderen nicht zur Einheit von Sein und Nichts. Sie hat zuletzt den Nachweis zum Ziel, daß die spekulative Dialektik keine haltbare Methode ist. Die andere meint, um der Konsequenz des Systems willen müsse man die Dialektik des Anfangs in der Gestalt, die sie von Hegel erhielt, preisgeben. Sie wird von nahezu allen Schülern und Nachfolgern Hegels geteilt, wenn auch mit ver-

---

[2] In dem folgenden ersten Beitrag zu einem Logikkommentar, der noch geschrieben werden muß, ist nur die Literatur des 19. Jahrhunderts berücksichtigt. Nicht nur der Umstand, daß sie in Vergessenheit geraten ist, rechtfertigen diese Beschränkung. Sie hat auch die elementaren Formen der Gründe gegen Hegel so vollständig entwickelt, daß seither nichts wirklich Neues zu ihnen hinzugetreten ist.

schiedenen, oftmals einander entgegengesetzten Gründen. Wir unterscheiden sie als die Kritik in positiver Absicht (B) von der der Gegner der spekulativen Methode, die in negativer Absicht erfolgt (A).

A. Die Kritik in negativer Absicht ist vor allem von Trendelenburg und Eduard von Hartmann ausgearbeitet worden.[3] Die *Logischen Untersuchungen* von Trendelenburg, die bereits 1840 erschienen, sind trotz ihrer wenig präzisen Argumente von bedeutender Wirksamkeit gewesen. Offen oder verschwiegen werden sie von den meisten Schülern Hegels berücksichtigt und, was die Kritik der Seinslogik betrifft, mit der einzigen Ausnahme Michelets auch anerkannt. Trendelenburg hat aber nur einen der drei Einwände entwickelt, die gegen Hegels Lehre von Sein und Nichts von ihrem Standpunkt aus vorgebracht werden können. In sachlicher Folge ergeben sie sich auf diese Weise:

Setzt man mit Hegel voraus, daß der Begriff der unbestimmten Unmittelbarkeit in der Logik den Anfang machen muß, so ist doch nicht einzusehen, daß er als der Übergang von Sein und Nichts ineinander gedacht werden muß. Denn nehmen wir an, daß Sein und Nichts wirklich voneinander unterscheidbar sind, dann sind sie 1. entweder *zwei Aspekte* in ein und derselben Gedankenbestimmung ›unbestimmte Unmittelbarkeit‹, in der sie unterschieden werden können und von der sie deshalb zugleich verschieden sein müssen. Oder sie sind 2. *zwei* voneinander verschiedene *Gedanken,* denen gemeinsam der Charakter zukommt, unbestimmt und unmittelbar zu sein, die aber im übrigen voneinander zu unterscheiden sind. Nehmen wir aber umgekehrt an, daß Sein und Nichts nicht voneinander unterschieden werden können, so sind beide 3. nur verschiedene *Namen* für eine Sache,

---

[3] A. Trendelenburg, *Logische Untersuchungen,* Berlin 1840. Bd. 1, S. 37 ff. – E. v. Hartmann, *Die dialektische Methode,* Berlin 1868, 2. Aufl. Sachsa 1910. Vor allem S. 78.

die näher als unbestimmte Unmittelbarkeit zu fassen ist. – In keinem der drei Fälle kann ein Übergang von Sein in Nichts oder von Nichts in Sein behauptet werden.

Diesen Argumenten kann im Sinne Hegels nur mit dem Zugeständnis begegnet werden, das sie selbst machen: daß nämlich im Zusammenhang einer spekulativen Logik ein Gedanke der erste und einfachste und daß dieser der der unbestimmten Unmittelbarkeit sein muß.

1. Der erste Einwand besagt, daß Sein und Nichts einander entgegengesetzte Aspekte der unbestimmten Unmittelbarkeit sind. Sie ist, insofern sie überhaupt gesetzt ist; sie ist Nichts, insofern sie gesetzt ist ohne jede weitere Bestimmung. Wäre das aber der Fall, so könnte die unbestimmte Unmittelbarkeit nicht sein, was sie doch sein soll: Anfang. Sie wäre nicht unmittelbar, sondern gesetzt, nämlich als Form, aber ohne Gehalt, oder als Ding, aber ohne Eigenschaft. Unbestimmte Unmittelbarkeit wäre dann eine reflektierte Bestimmung und somit nicht als anfängliche zu definieren. Sein und Nichts sind aber gerade nicht als Momente einer bestimmenden Reflexion zu denken. Meinen wir Nichts, so meinen wir nicht Leersein von Gehalt, so daß Form noch wäre und somit gerade nicht Nichts. Meinen wir Sein, so meinen wir nicht ein Nichtwegdenkbares vor jedem Inhalt, der aufgehoben werden kann, so daß Sein nur dort wäre, wo *auch* das Nichts seiner Leere von Gehalt gedacht wird.

Deshalb ist Hegel der Meinung, daß Sein und Nichts nicht wie Momente der Reflexion ihr Gegenteil an ihnen selbst haben. Sie müssen vielmehr substanzlos ineinander übergehen. Sein soll die *ganze* unbestimmte Unmittelbarkeit denken. Und sofern sie als Nichts gedacht wird, ist sie ebenso als *ganze* gedacht. Deshalb kann man nicht sagen, daß Sein sich näher als Nichts bestimme oder daß Sein in seinen *Gegensatz* übergehe, welcher das Nichts ist. Sein und Nichts sind nicht einander entgegengesetzt. Sie sind dasselbe, und sie sind ebensosehr verschieden, aber absolut verschieden, das meint: ohne eine Beziehung aufeinander. Wäre an ihnen eine solche Beziehung aufzuweisen, so wären sie nicht nur keine Bestimmungen der unbestimmten Unmittelbarkeit, sondern selbst gar keine unmittelbaren Bestimmungen. Jedes von ihnen wäre vielmehr durch sein Anderes vermittelt. Entweder sind also Sein und Nichts anderes als Aspekte der unbestimmten Unmittelbarkeit, oder diese Unmittelbarkeit kann nicht den Anfang der Logik machen und ist als unbestimmte ebensowenig zu denken, wie es Sein und Nichts als unmittelbare sind.

2. Der zweite Einwand behauptet, daß ›unbestimmte Unmittelbarkeit‹ der Oberbegriff von Sein und von Nichts ist, die im übrigen voneinander unterschieden werden können. Aber auch er ist gezwungen, sowohl jenem Oberbegriff als auch Sein und Nichts je für sich den Charakter der Unmittelbarkeit zu nehmen, sie im Gegensatz zu Anderem zu bestimmen und damit zu Vermittelten zu machen. Dieser Einwand läßt sich also mit denselben Mitteln entkräften, die Hegel gegen den ersten aufzubieten vermag. Es kann deshalb darauf verzichtet werden, näher auf ihn einzugehen.

3. Der dritte Einwand wendet sich gegen den Gedanken, mit dessen Hilfe die beiden ersten kritisiert werden müssen. Diesem Gedanken zufolge sind am Anfang der Logik eine beziehungslose Bejahung und eine beziehungslose Verneinung ohne Gegensatz voneinander verschieden. Der Einwand gegen ihn besagt, ihre Differenz sei nur eine solche zwischen bloßen *Worten,* deren Bedeutung ein und dieselbe ist, nämlich unbestimmte Unmittelbarkeit. Sein und Nichts unterschieden sich wohl als flatūs vocis, seien aber in dem, was sie meinen, miteinander zu identifizieren. Der Anfang der Logik leiste nicht mehr als diese Identifikation und ergebe deshalb keinen Fortschritt im Gedanken.

Diese Kritik hätte Hegel gegen die Kritiker selbst zurückwenden können. Denn sie kommt auf die petitio principii heraus, daß sich jene ›unbestimmte Unmittelbarkeit‹ ihrerseits überhaupt denken läßt, ohne daß dabei solche Gedankenbestimmungen gebraucht werden, die wie Sein und Nichts beziehungslose Gegenteile sind. Schon die Wortbedeutung von ›unbestimmte Unmittelbarkeit‹ verweist darauf, daß dieser Begriff durch ein affirmatives und zugleich durch ein negatives Moment definiert werden muß. Die Logik hat zeigen wollen, daß dies nur vermittels der Gedanken »Sein« und ›Nichts‹ geschehen kann. Wer gar nicht versucht aufzuweisen, auf welch *andere* Weise die Rede von der unbestimmten Unmittelbarkeit einen wohlbestimmten Sinn erhält, der gebraucht seinerseits ein bloßes Wort, das nur die Ahnung eines Gedankens hervorruft, ohne ihn selbst gedacht zu haben. Er benennt nur ein Wort mit den Worten ›Sein‹ und ›Nichts‹. Es ist deshalb nicht verwunderlich, wenn auch sie für ihn nichts als bloße Worte sind.

Es ließe sich zeigen, daß diese Einwände und ihre Widerlegung die einzig möglichen sind, die auf eine grundsätzliche Weise gegeben werden können. Hier kommt es aber nur darauf an, sich das Prinzip zu vergegenwärtigen, das ihnen zugrunde liegt. Die Einwände wollen allesamt einen Unterschied finden zwischen dem Gedanken der unbestimmten Unmittelbarkeit und der Opposition Sein-Nichts und deshalb beide zunächst voneinander trennen, um sie dann aufeinander zu beziehen, – als Aspekt der Sache und als Sache selbst; als Begriff und als Fall seiner Anwendung; als Wort und als Bedeutung. Sie sind alle zugleich widerlegt, wenn gezeigt ist, daß damit jener Gedanke den Charakter der Unmittelbarkeit und somit jeden wohlbestimmten Charakter verliert. Die Rechtfertigung der Logik des Seins kann also nur im Hinblick auf ihren Ort in der *Wissenschaft der Logik* erfolgen: Wer die Struktur ihrer Dialektik verändert, der nimmt ihr mit Notwendigkeit auch ihre Stellung am Anfang.

Die Widerlegung der Einwände kann somit als der erste Schritt im Beweis eines Satzes genommen werden, der den folgenden Überlegungen als *These* vorausgehen soll: Die Logik des reinen Seins läßt sich überhaupt nur via negationis explizieren, in der Unterscheidung von der Logik der Reflexion.

B. Von diesem Begründungsverfahren hatten die Schüler Hegels keine angemessene Vorstellung. Es ist deshalb nicht verwunderlich, daß sie jene Einwände entweder selbst fanden oder daß sie sie für unwiderlegbar hielten, nachdem sie von den Gegnern vorgebracht worden waren. Alle spekulativen Logiken, deren erste 1826 und deren letzte 1876 erschien, haben in ihrer Stellung zu Hegels Logik des Seins zweierlei miteinander gemein: Sie sind ohne Ausnahme davon überzeugt, daß mit dem Gedanken ›Sein‹ der Anfang gemacht werden müsse. Ebenso ausnahmslos weichen sie aber von Hegel ab in der Weise, in der sie die Dialektik des Anfangs entfalten. In den meisten Fällen geschieht das bewußt und mit Rücksicht auf zuvor geübte Kritik. Die Veränderung in der Logik des Seins wird dann oftmals zugleich begründet aus der Notwendigkeit, der logischen Wissenschaft insgesamt eine von Hegel abweichende Bedeutung zu geben und ihr den Charakter abzuerkennen, Wissenschaft des Absoluten selbst zu sein. Das ist der Fall im spekulativen Theismus und in den auf ihn folgenden Theorien von Ulrici und Rosenkranz, die bereits den Neukantianismus vorbereiteten. Aber auch Apologeten Hegels wie Michelet sahen sich genötigt, die Seinslogik umzudeuten. Da sie es stillschweigend taten und oftmals in der Meinung befangen blieben, nur den Text Hegels auszulegen, sind ihre Argumente von besonders geringer Überzeugungskraft gewesen.

Alle diese Versuche – die der Reformer und die der Orthodoxen – sind dem gleichen Einwand ausgesetzt, der gegen die Kritik der Gegner vorzubringen war: Sie bewirken, daß die erste Kategorie der Logik den Charakter der Unmittelbarkeit verliert. Sie unterscheiden sich voneinander allein durch die Art und Weise, in der sie sie zu einem Vermittelten machen. Sieht man von ihren Besonderheiten ab und achtet man nur auf ihr Verfahren, so ergeben sich in der Schule Hegels vier Weisen von Umdeutungen der Seinslogik.

1. Die erste von ihnen findet sich bei Werder, Ulrici und Karl Philipp Fischer.[4] Übereinstimmend erklären sie, der Anfang der Logik könne nicht eine arme Bestimmung, sondern nur das Prinzip des Ganzen sein. Dieses Prinzip habe Hegel im Auge, wenn er von der Einheit von Sein und Nichts spricht. So meint Ulrici, Sein als Anfang sei das »Unwegdenkbare«; – dies aber nicht als abstraktes Sein, sondern nur vermittels seiner Einheit mit Nichts. Denn der Gedanke des Nichts zeige allererst auf, daß im Sein »Bestimmung durch sich« und somit Notwendigkeit gelegen ist. Denn der Gedanke des Nichts ist die Negation auch seiner selbst. Wenn Nichts ist, so ist auch nicht jene Bestimmtheit, die wir denken, wenn wir Nichts meinen. Also ist schlechthin nicht Nichts, sondern Sein, von dem sich somit erweist, daß es causa sui ist.

Werder will auf ähnliche Weise das Sein als Ponieren seiner selbst, d. h. als Negieren von allem, was nicht Sein ist, fassen. Und Karl Philipp Fischer ist der Ansicht, nur vom Sein als absolutem Sein*können* ergebe sich der Übergang zum Werden, während der Übergang des abstrakten Seins in Nichts unwiederbringliches Vergehen sei.

Es ist klar, daß in dieser Konzeption Hegels eigene Idee von der Logik als einer Theorie, die ihr Prinzip erst an ihrem Ende erreicht, in ihr Gegenteil verkehrt ist. Mit dem Text der Logik läßt sie sich nicht belegen. Sie kann auch den Anfang und den ersten Übergang nicht als unmittelbare nehmen. Sie muß behaupten, daß am Sein das Gegenteil seiner selbst

---

[4] K. Werder, *Logik.* Als Kommentar und Ergänzung zu Hegels Wissenschaft der Logik, Berlin 1841, S. 41. – H. Ulrici, *Über Prinzip und Methode der Hegelschen Philosophie,* Halle 1841, S. 83 ff. – K. Ph. Fischer, *Spekulative Charakteristik und Kritik des Hegelschen Systems,* Erlangen 1845, S. 201 ff. – K. Ph. Fischer, *Grundzüge des Systems der Philosophie,* Bd. 1, Erlangen 1848, S. 59.

gesetzt sei. Eben dies ist aber die vollständige Definition des Vermitteltseins einer Bestimmung.

2. Die zweite Interpretationsform wurde von Hinrichs und von Kuno Fischer entwickelt.[5] Ihr zufolge ergibt sich die Dialektik des Seins aus der Differenz, daß eine Gedankenbestimmung gedacht werden soll, in der zugleich nichts gedacht wird. Nach Kuno Fischer setzt Sein, das doch ein Gedanke sein soll, die Differenz von Gedachtsein und Denken voraus. Aber zugleich soll es schlechthin unbestimmter, differenzloser Gedanke sein. Somit schließt es auch die Aufhebung eben der Differenz ein, welche die Voraussetzung seiner Denkbarkeit ist. Sein muß demnach sowohl bejaht als auch verneint werden.

Auch diese Interpretation läßt sich so wenig wie die erste durchführen, ohne daß Bedeutung und systematische Stellung der Logik von Grund auf verändert werden. Wenn die Logik die Gedankenbestimmungen für sich und auseinander entwickeln will, so kann die Reflexion auf ihr Gedachtsein nicht als Movens ihres Fortschrittes gelten. Dies ist vielmehr der Gesichtspunkt der *phänomenologischen* Dialektik. Wird sie auch in die Theorie der Gedankenbestimmungen eingeführt, so ist der wichtigste Schritt auf dem Wege zum Neukantianismus bereits getan. Es könnte wohl sein, daß er unvermeidlich ist. Er kann aber gewiß nicht die Interpretation des Anfangs einer Logik geben, die sich selbst noch immer spekulativ nennt.[6]

---

[5] H. F. W. Hinrichs, *Grundlinien der Philosophie der Logik*, Halle 1826, S. 15 f. – K. Fischer, *Logik und Metaphysik oder Wissenschaftslehre*, Stuttgart 1852 (2. Aufl. 1865), S. 215 ff.

[6] Hier ist der Ort, die Interpretation von Bertrando Spaventa zu erwähnen, die aus einer Verbindung der Gedanken von K. Fischer mit denen von Werder hervorgegangen ist und auf die sich der italienische Aktualismus vor allem von Gentile unmittelbar zurückleitet. Spaventa erkennt mit K. Fischer an, daß Trendelenburgs Argumente nur entkräftet werden können, wenn man den Anfang der Logik aus dem Begriff des Denkens versteht. (*Le prime categorie della logica di Hegel*, in: *Atti della R. Acade-*

3., 4. Die beiden noch verbleibenden Interpretationsweisen unterliegen den Einwänden, die gegen die erste, wie auch denen, die gegen die zweite vorgebracht worden sind. Der dritten von ihnen folgen die logischen Systeme von Immanuel Hermann Fichte, Rosenkranz und Michelet.[7] Sie fassen den Begriff des Seins als eine Abstraktion von allem Seienden,

mia delle scienze morale ... di Napoli. Bd. 1 [1864]; dies und anderes in: *Scritti filosofici*, ed. Gentile, Napoli 1900. – Für den Hinweis auf Spaventa bin ich J. v. d. Meulen sehr dankbar.) Spaventa wendet gegen K. Fischer ein, das Denken dürfe in der Logik des Seins nicht nur als der Akt verstanden werden, in dem Sein gedacht wird. Es sei vielmehr sein eigener Gegenstand. Deshalb ergebe sich das Nichts als die Macht des Negativen, zu verdoppeln und zu verkehren (prevaricare e geminare), die allem Denken innewohnt. – Spaventa rechtfertigt diese Deutung mit Hinweisen auf die *Phänomenologie des Geistes*. Nur mit den Begriffen, die an ihrem Schluß erreicht sind, könne die *Logik* interpretiert werden. Spaventas Versuch einer »Reform der Hegelschen Dialektik« (s. o. 215, u. a.) vermeidet den Weg in den Neukantianismus, auf den K. Fischer mit Notwendigkeit gedrängt wird. Er hält am absoluten Charakter der logischen Bestimmungen fest und versteht mit Werder den Anfang der Logik als Auslegung der ›originalità‹ der reinen Idee, die er im Unterschied zu ihm zugleich als Prozeß des Denkens faßt. Soweit damit implizit auch behauptet ist, die Einheit von Sein und Nichts bilde die Einheit von Unmittelbarkeit und Vermittlung im Gedanken der absoluten Negativität ab, muß man Spaventa zustimmen (vgl. unten).

Dennoch hat er zu einer *Interpretation* des Anfangs der Logik eigentlich gar keinen Beitrag gegeben. Denn er verlangt, daß die Dialektik des Seins unmittelbar aus dem Begriff des absoluten Wissens ausgelegt werden soll. Damit wird die Logik ganz auf eine Explikation des Resultats der Phänomenologie reduziert unter Aufgabe ihrer Selbständigkeit als der ersten Wissenschaft vom Absoluten und im direkten Widerspruch zu Hegels Erklärungen, denen zufolge die Phänomenologie zwar die Bedingung der Möglichkeit der Logik als *Wissenschaft* ist, nicht aber in den sachlichen Gang der Entwicklung des *Gegenstandes* dieser Wissenschaft eingeht. Spaventas Thesen stellen den ersten einer langen Reihe von Versuchen dar, die *Phänomenologie des Geistes* als den Kern des Systems aufzufassen. Eine Interpretation der *Logik* konnte aus ihnen nicht hervorgehen.

7 I. H. Fichte, *Grundzüge zum System der Philosophie*, Bd. 2, Heidelberg 1836 S. 58 ff. – K. Rosenkranz, *Die Wissenschaft der logischen Idee*, Königsberg 1858, Bd. 1, S. 121. – C. L. Michelet, *Das System der Philosophie*, Berlin 1876, Bd. 1, S. 45 ff.

denken ihn also mit Hilfe der ontologischen Differenz. Von einer vierten Möglichkeit der Auslegung machen Johann Eduard Erdmann und Christian Hermann Weiße Gebrauch.[8] Sie nehmen das Sein des Anfangs als die Copula im Urteil.

Es ist nicht schwer zu zeigen, daß auch in diesen Fällen der Begriff, der vorgeblich unbestimmte Unmittelbarkeit denken soll, als reflektierte Bestimmung genommen wird, nämlich als bestimmt im Gegensatz zu bestimmtem Sein oder als konkrete Einheit von Subjekt und Prädikat. Darüber hinaus kann er beidemal nur aus einer weiteren Beziehung auf den subjektiven Akt des Denkens vollständig definiert werden. Fichte, Weiße und Rosenkranz erweisen sich dadurch als die bedeutenderen der Nachfolger, daß sie diesen Sachverhalt offen bekennen und seine Konsequenz nicht scheuen: eine Veränderung auch der Idee der Logik selbst.

Die Übersicht über die Kritik und die Interpretation des Anfangs der Logik hat somit ein Ergebnis, das sich in der Form einer Alternative aussprechen läßt: Entweder es gelingt, die Struktur des Anfangs der Logik im Unterschied zu der Logik reflektierter Gedankenbestimmungen zu interpretieren und ihr gemäß den Begriff der unbestimmten Unmittelbarkeit zu entwickeln. Oder es müssen auch schon ihrem Anfang reflektierte Momente unterstellt werden. In diesem Fall ist es unmöglich, an der Idee der Logik als einer Wissenschaft reiner Gedanken festzuhalten. Denn in ihr müßte es notwendig eine erste und schlechthin einfache Grundbestimmung geben.

Nachdem erwiesen ist, daß Nachfolger und Kritiker Hegels – faktisch oder erklärtermaßen – den Standpunkt des zweiten Gliedes dieser Alternative einnehmen, muß es unsere nächste Aufgabe sein, den Anfang der Logik mit Hilfe des Leitfadens zu interpretieren, der in unserer These und im ersten Glied der Alternative angegeben ist.

---

8 J. E. Erdmann, *Grundriß der Logik und Metaphysik,* Halle 1841, S. 17 ff. – C. H. Weiße, *Grundzüge der Metaphysik,* Hamburg 1835, S. 111.

2. Die Struktur des Anfangs

Zu Beginn des Abschnittes Sein im ersten Kapital der Seinslogik wird das ›reine Sein‹ in einer Reihe von Wendungen näher charakterisiert, ehe seine Einheit mit Nichts behauptet wird. Einige von ihnen haben unverkennbar negativen Charakter und offenbar nur die Aufgabe, jede weitere Bestimmung von der Reinheit des Seins fernzuhalten. Sieht man von ihnen ab, so bleiben zwei Ausdrücke, durch die der Begriff ›Sein‹ als solcher gedacht zu sein scheint: ›unbestimmte Unmittelbarkeit‹ und ›Gleichheit nur mit sich‹. Sie sind es auch, die in der gesamten Logik das bezeichnen, was mit ›Sein‹ gemeint sein soll. Wenn es irgendeine Möglichkeit gibt, ›reines Sein‹ in andere Begriffsbestimmungen zu übersetzen, so müßte sie in diesen Wendungen zu suchen sein. Analysiert man sie aber, so erweist es sich, daß beiden die Struktur der via negationis gemeinsam ist: In ihnen wird eine Kategorie der Reflexion durch eine Bestimmung qualifiziert, die den Reflexionscharakter jener Kategorie gerade aufheben soll.

So ist *Unmittelbarkeit* die Negation von Vermittlung und als solche selbst vermittelt und bestimmt durch diesen Begriff.[9] Unbestimmte Unmittelbarkeit ist also ein Ausdruck, der den Ursprung des Gedankens der Unmittelbarkeit in der Logik der Reflexion verstellt und in sein Gegenteil verkehrt. Hegel kann mit ihm nur zeigen wollen, daß ›Sein‹ anders zu denken ist als die Unmittelbarkeit des Wesens. Und er erklärt auch ausdrücklich: »Die einfache Unmittelbarkeit ist selbst ein Reflexionsausdruck und bezieht sich auf den Unterschied von dem Vermittelten. In ihrem *wahren* Ausdrucke ist daher diese einfache Unmittelbarkeit das reine Sein.«[10]

Dasselbe gilt für den Ausdruck *Gleichheit mit sich*. Auch

---

[9] Hegel, *Wissenschaft der Logik,* hrsg. v. G. Lasson, Leipzig 1951, Teil 2, S. 3 ff.

[10] *Wissenschaft der Logik*, Teil 1, S. 54 (Hervorhebung vom Verf.).

Gleichheit ist eine Reflexionsbestimmung, die als einer der Modi von Verschiedenheit in der Wesenslogik entwickelt wird.¹¹ Hier erscheinen Gleichheit und Ungleichheit als Gesichtspunkte der Beziehung von Verschiedenem aufeinander. Gleichheit kann also nur ausgesagt werden mit Beziehung auf Anderes, das zudem Verschiedenes ist. In dem zweiten Ausdruck am Eingang der Seinslogik wird diese wesentliche Bestimmung der Gleichheit aber gerade negiert, eine Negation, die Hegel selbst dadurch andeutet, daß er von einer Gleichheit *nur* mit sich selbst spricht.

Die beiden einzigen Bestimmungen, durch die der Gedanke ›Sein‹ in anderer Weise ausgedrückt werden soll, sind also negierte Reflexionsbestimmungen. Sie taugen nur dazu, auf den Gedanken, der mit ›Sein‹ gemeint ist, dadurch zu verweisen, daß sie ihn als gänzlich frei von Strukturen der Reflexion erklären. Das geschieht dadurch, daß sich in diesem Verweis der Sinn der Kategorien des Wesens verkehrt und aufhebt. Eine andere Methode, den Gedanken des Seins zu explizieren, steht Hegel nicht zur Verfügung.

Wenn aber die Natur des ›reinen Seins‹ nur via negationis in den Blick gebracht werden kann, so läßt sich der Anfang der Logik nicht zureichend aus ihm selbst verstehen. Beschränkt man sich auf ihn allein, so fordert er mit Notwendigkeit zu einer näheren Bestimmung heraus. Sie kann auf viele Weisen versucht werden, wenn auch immer innerhalb der Grenzen, die sich aus der Systematik der Einwände in unserem ersten Gang ergeben. Hegel ist sich über diesen Zusammenhang selbst völlig im Klaren gewesen. Kaum verhüllt erklärt er selbst, der Anfang sei gegen falsche Deutungen und Einwände erst nach dem Studium zumindest der Logik der Reflexion gesichert: »Die Gedankenbildung, die dazu gehört, die Nichtigkeit jener Widerlegungen einzusehen, [...] wird nur durch die kritische Erkenntnis der Verstandesformen bewirkt; aber

---

11 *Wissenschaft der Logik*, Teil 2, S. 34 ff.

die, welche am ergiebigsten an dergleichen Einwürfen sind, fallen sogleich über die ersten Sätze mit ihren Reflexionen her, ohne durch das weitere Studium der Logik sich zum Bewußtsein über die Natur dieser kruden Reflexionen zu verhelfen oder verholfen zu haben.«[12] »Diese Beschränkung auf das Einfache läßt der Willkür des Denkens, das für sich nicht einfach bleiben will, sondern seine Reflexionen darüber anbringt, freien Spielraum. Mit dem guten Rechte, sich zuerst *nur* mit dem Prinzip zu beschäftigen und damit sich auf das Weitere nicht einzulassen, tut diese Gründlichkeit in ihrem Geschäfte selbst das Gegenteil hiervon, vielmehr das Weitere, d. i. andere Kategorien, als nur das Prinzip ist, [...] herbeizubringen.«[13]

Es ist besonders wichtig, gerade den Anfang vor solchen Reflexionen zu schützen. Denn einerseits muß er zwar durch Reflexionsausdrücke charakterisiert werden, andererseits ist er aber doch – nach Hegels eigenen Worten – in seiner »einfachen, unerfüllten Unmittelbarkeit ein *Nichtanalysierbares*.«[14]

Damit ist zugleich zugegeben, daß auch der Übergang von Sein in Nichts und von Nichts in Sein keiner weiteren Analyse zugänglich ist und in reiner Unmittelbarkeit hingenommen werden muß. »Die Art der Beziehung kann nicht weiter bestimmt sein, ohne daß zugleich die bezogenen Seiten weiter bestimmt würden.«[15] Hegel beschreibt diesen Sachverhalt mit Bildern: Das Nichts bricht am Sein hervor, es geht nicht in es über, sondern ist schon in es übergegangen.

Dieser Übergang wäre also durchaus nicht im Sinne von Hegel verstanden, wenn man versuchen wollte, ihn auf folgende Weise zu deuten: Wir denken zunächst die unbestimmte Unmittelbarkeit des reinen Seins. Sodann bemerken wir, daß

---

12 *Wissenschaft der Logik*, Teil 1, S. 80.
13 Ebd., S. 21.
14 Ebd., S. 60. (Hervorhebung vom Verf.)
15 Ebd., S. 90.

wir eine ganz leere Unmittelbarkeit gedacht haben, und nun bezeichnen wir sie im Hinblick auf ihre Leere als Nichts. Das Modell dieser Interpretation ist das Verhältnis von Form und Inhalt, somit wiederum eine Reflexionsstruktur. Will man vom Anfang der Logik überhaupt ein solches Modell entwerfen, so ist gerade dies das am wenigsten geeignete. Denn in der Gestalt reiner Unmittelbarkeit will Hegel vielmehr die Einheit von Position und Negation denken, von Beziehung auf sich und Beziehung auf Anderes, – also die Idee der absoluten Negativität. Nichts ist nicht die leere Form in Unmittelbarkeit und Sein nicht die Form der Leere. Nichts darf auch keinesfalls als die Negation von Sein aufgefaßt werden. Es ist *unmittelbare* Negation, so wie Sein unmittelbares Gesetztsein. In der Sprache der Reflexion formuliert bedeutet der Anfang der Logik, daß zunächst überhaupt etwas gesetzt ist, aber die einfache Unbestimmtheit des Unmittelbaren, und daß sich dies Gesetzte sodann als die Negation erweist, aber die reine, unbestimmte Negation in der Gestalt des Nichts. Nur mit der Hilfe dieses Gedankens darf man die Ordnung begründen, in der Sein eine erste und Nichts die zweite Weise ist, unbestimmte Unmittelbarkeit zu denken. Ihr Übergang ineinander muß in der gleichen Unmittelbarkeit erfolgen, die ihnen selbst eigentümlich ist, also ohne jede Reflexion auf Form und Inhalt oder einen Gegensatz von Sein und Nichts gegeneinander.

Die Erkenntnis, daß nur dies Modell den Zugang zur Beweisabsicht in Hegels Seinslogik vermittelt, ersetzt noch nicht einen Beweis, durch den es etwa einsichtig werden könnte, daß jener unmittelbare Übergang zweier zunächst Unterscheidbarer ineinander wirklich erfolgt. Aber auch diesen Beweis kann Hegel nur via negationis geben. Er hat dabei zwei Verfahren gebraucht.

Das erste von ihnen gibt zu neuen Mißverständnissen Anlaß. Während im Kapitel über das Sein kein Grund für seinen Übergang in Nichts angegeben wird, ist dieser Übergang in der vorbereitenden Übersicht[16] mit Reflektionskategorien begründet worden: Sein sei zunächst qualitätslos und unbestimmt. Dieser Charakter der Unbestimmtheit komme ihm aber nur im Gegensatz gegen das Bestimmte zu, so daß es selbst als bestimmt aufzufassen sei.

Dies Verfahren hat aber den gleichen Sinn, der auch den Ausdrücken zukommt, die dem Begriff des reinen Seins zugeordnet sind: Es verweist auf eine Notwendigkeit, die in unmittelbarer Gestalt einen Übergang vorwegnimmt, der selbst reflektiert ist und dem deshalb Unmittelbarkeit gerade nicht zukommt. Im einleitenden Abschnitt über den Anfang der Logik läßt Hegel erkennen, daß die Rücksicht auf das Ergebnis der *Phänomenologie* einen weiteren Grund dafür abgibt, so zu verfahren.[17] Die logische Dialektik selbst kann aber nur verstanden werden, wenn ihr Anfang ganz unmittelbar genommen wird.

Das zweite Verfahren besteht in einer Aufforderung, den Versuch zu machen, Sein und Nichts auf andere Weise voneinander zu unterscheiden. Hegel beruft sich wie auf ein Faktum darauf, daß wir den Gedanken von Nichts ebenso wie den von Sein fassen können. Er will zeigen, daß jeder Versuch, sie anders zu denken, als es der Anfang der Logik verlangt, reflektierte Bestimmungen in sie einmischt und damit gerade ihre Natur verfehlt. Am besten entwickelt findet sich dieses Verfahren in Hegels Rezension in den Berliner Jahrbüchern von 1829.[18]

Die Methode Hegels am Anfang der Logik ist also das Gegenteil einer Konstruktion. In ihm ist ganz und gar nur die eine Absicht leitend: Einen Zusammenhang von Gedanken evident zu machen, der sich jeder Konstruktion entzieht, obgleich er spekulativer Natur ist. Würde die Logik ihn an-

---

16 Ebd., S. 66; vgl. auch S. 85.
17 Ebd. S. 53, Abs. 1.
18 Hegel, *Berliner Schriften*, hrsg. v. J. Hoffmeister, Hamburg 1956, S. 330 ff.

geben, ohne auf die Schwierigkeiten des Verstehens Rücksicht zu nehmen, so könnte dies nur im einfachen Aussprechen der Wörter Sein und Nichts geschehen. Hegel hat selbst einmal erwogen, ob man ein Verfahren in der Logik gebrauchen könne, bei dem jeder Vorgriff auf noch nicht abgeleitete Bestimmungen unterbleibt. Mit Rücksicht auf die Leere und Einfachheit des Anfanges hat er es aber doch für zu abstrakt und somit für unbrauchbar erkannt.[19] Was aber die Logik als eine Disziplin der Wissenschaft über das einfache Sagen des Anfangs hinaus zu tun vermag, ist nicht mehr, als die Einwürfe zu entkräften, die dem einfachen Vollzug dieses ›unanalysierbaren‹ Gedankens entgegenstehen. Nirgends ist die Aufforderung zum reinen Denken, das die Natur des Zusehens hat, so unentbehrlich wie hier. Hegel hat stets das deutlichste Bewußtsein davon gehabt, daß eine Schwierigkeit darin gelegen ist, am Anfang der Logik nur die Evidenz eines reinen Gedankens beanspruchen zu können – eine Evidenz, die zudem nur der festzuhalten vermag, der den Zusammenhang des Systems im Ganzen übersieht. Diese Schwierigkeit macht es unmöglich, Einwände durch direkte Gegengründe zu entkräften und ist deshalb eine Quelle unaufhebbarer Zweideutigkeit. Dennoch kann sie auf keine Weise vermieden werden. Sie hat Hegel deshalb auch niemals an der Richtigkeit seiner Darstellung der Logik des Seins via negationis zweifeln lassen.

Es ist bekannt, daß die Neuauflage des ersten Bandes der *Logik* Hegels letztes Werk war und daß die letzte Notiz von seiner Hand ihrer Herausgabe galt. Hegel sah sich veranlaßt, fast zwanzig Jahre nach ihrem ersten Erscheinen die Seinslogik in nahezu allen ihren wesentlichen Partien umzuarbeiten. Es ist interessant festzustellen, daß in ihrem ersten Abschnitt gerade die Logik des reinen Seins als *einzige* ohne jede Veränderung übernommen worden ist. Wir wissen mit Si-

---

19 *Wissenschaft der Logik,* Teil 1., S. 19.

cherheit, daß Hegel einige der Einwürfe gerade gegen dieses Lehrstück bekannt geworden sind.[20] Er hat sie nicht nur nicht anerkannt, sondern auch keine Möglichkeit gesehen, den Text der ersten Auflage mit Rücksicht auf sie zu verbessern.

Die Anmerkungen zum Text hat er jedoch gründlich umgearbeitet. Vergleicht man ihre beiden Fassungen miteinander, so wird deutlich, daß Hegel durch jene Einwürfe nur von der Unmöglichkeit überzeugt worden ist, den Text selbst hinreichend gegen sie abzusichern. Im Unterschied zur ersten Auflage hat er darauf verzichtet, Gegengründe im einzelnen zu entkräften. Statt dessen hat er mehr und entschiedener als zuvor den Unterschied von Seinslogik und Reflexionsbestimmung betont.

Besonders aufschlußreich ist in diesem Zusammenhang eine Änderung, die den Übergang von Sein zu Nichts betrifft. In der ersten Auflage[21] hatte Hegel bemerkt, der Gang des Gedankens von Parmenides zu Heraklit sei durch die Reflexion zustande gekommen, daß dessen reines Sein gleich Nichts ist. Damit hatte er den Fortschritt in der *Geschichte der Philosophie* unter ein anderes Gesetz gestellt als das der anfänglichen Gedankenbestimmungen und war auch in einen Widerspruch mit seiner eigenen Interpretation der vorsokratischen Philosophie gekommen.[22] Deshalb hat er in die zweite Auflage zwar die Bemerkungen über die Reflexion auf den bestimmten Charakter der Unmittelbarkeit übernommen; ihre Beziehung auf Parmenides hat er jedoch getilgt.[23] An seine Stelle ist nun der Reflexionsphilosoph Jacobi getreten, der gegen die Kantische Synthesis reine Unmittelbarkeit zur Geltung bringen wollte, aber nicht jene anfängliche Unmittelbarkeit, sondern eine solche, die nur als Produkt der abstrahierenden Reflexion aufgefaßt werden kann. Ihm will

20 Vgl. die in Anm. 18 erwähnten Rezensionen aus dem Jahre 1829.
21 *Wissenschaft der Logik*, Nürnberg 1812, S. 33.
22 Hegel, *Werke,* hrsg. v. H. Glockner, Bd. 17, S. 306 ff. u. 343 ff.
23 *Wissenschaft der Logik*, hrsg. v. G. Lasson, Teil 1, S. 81 ff.

Hegel nachweisen, daß das Ergebnis seiner Abstraktionen keine unbestimmte Unmittelbarkeit, sondern durch die Negation dessen bestimmt ist, von dem abstrahiert wird. Sein abstraktes Unmittelbares ist somit ebenso ein Negatives.

Dieser Nachweis, der mit den Mitteln der Reflexionsdialektik geführt werden kann, ist von der Dialektik des reinen Seins selbst zu unterscheiden, von der der Weg der vorsokratischen Philosophie bestimmt war. In Hegels *Geschichte der Philosophie* folgt Heraklit nicht deshalb auf Parmenides, weil er auf die Bestimmtheit und Leere des reinen Seins der Eleaten reflektiert hat. Heraklit hat vielmehr gesehen, daß ihr reines Sein und der Ungedanke des Nichts, den sie schlechthin aus allem Denken verbannen wollten, gar nicht voneinander unterschieden werden können.[24]

Damit hat er den ersten konkreten Gedanken gedacht, und das in jener Unmittelbarkeit, die Hegel auch am Anfang der eigenen Logik für den Übergang des reinen Seins zu Nichts in Anspruch nimmt: Der Gedanke der unbestimmten Unmittelbarkeit, zunächst als reines Sein genommen, kann als reflexionslose Gleichheit mit sich nur gedacht werden, wenn er statt dessen ebenso sehr als Nichts gefaßt wird. Die Natur dieser Beziehung weiter bestimmen wollen, führt mit Notwendigkeit dahin, daß ihr anfänglicher Charakter zerstört wird.

Das Ergebnis der Analyse des Anfangs in unseren beiden Gängen hat eine Reihe von Konsequenzen für die Interpretation der Logik in ihrem ganzen Zusammenhang. Sie können nur noch in der Form von Thesen genannt werden.

1. Die *Wissenschaft* der Logik muß von dem Prozeß der logischen Gedankenbestimmungen unterschieden werden. Dieser Prozeß vollzieht sich als einsinnige Entwicklung. Die Wissenschaft von ihm ist aber eine Weise der Wirklichkeit des Geistes. Sie läßt sich vielfach nur in rückläufiger Begründung

24 Οὐδὲν μᾶλλον τὸ ὄν τοῦ μὴ ὄντος εἶναι. Vgl. Hegel, *Werke*, hrsg. v. H. Glockner, Bd. 17, S. 348 – *Berliner Schriften*, S. 359.

und mit dem Blick auf das Ganze entfalten. Wir bedürfen einer Methodenlehre dieser Begründungen, die den Charakter einer ›Metalogik‹ haben würde. Zu ihren wichtigsten Leistungen würde auch ein Vergleich der zweiten mit der ersten Auflage der *Logik* gehören, die längst wieder hätte aufgelegt werden müssen.

2. Die Unmittelbarkeit der anfänglichen Bestimmungen wird zwar in reichere Strukturen übergeführt, die für die Reflexion einsichtiger sind. Sie wird aber als der Anfang des Ganzen niemals aufgehoben und kann durch jene Strukturen niemals zureichend interpretiert werden. Der Schluß des Systems soll vielmehr die Einsicht in die Notwendigkeit eines Anfangs von unaufhebbarer Unmittelbarkeit begründen.

3. Es ist deshalb auch nicht zulässig, in irgendeinem späteren Kapitel der *Logik* ihr ›eigentliches‹ Zentrum und den Motor ihres Prozesses zu suchen, weder in der Lehre von der Reflexion noch in der vom Urteil oder der vom Schluß.

4. Der Versuch einer Formalisierung der Logik dürfte in diesen Zusammenhängen besonders große, wenn nicht unüberwindbare Schwierigkeiten finden.

5. Es besteht keine Möglichkeit, den Hinweis auf die Evidenz, daß Sein und Nichts denkbar und doch ununterscheidbar sind, in der Logik durch ein anderes Argument zu ersetzen, das zu seiner Begründung nicht der via negationis bedürfte. In dieser Evidenz wird die grundlose, ursprüngliche Einheit des Negativen mit sich gefaßt. Sie ist deshalb eine der Grundlagen jeder etwa möglichen Gewißheit von der Absolutheit des Geistes.[25]

---

[25] Aus dieser These ergeben sich zwei Konsequenzen für jede mögliche Hegelinterpretation, die angemerkt sein sollen: 1. Hegels Denken läßt sich weder aus der Unüberholbarkeit des Anfangs noch aus der Bewegung, die von ihm ausgeht, für sich allein hinreichend interpretieren, sondern nur mit dem Blick auf beides zugleich. Es ist weder Ursprungs- noch Emanzipationsphilosophie. – 2. Auf jeder Stufe der Entfaltung des Systems bleibt die Unmittelbarkeit des Anfangs gegenwärtig, und zwar insofern, als nicht nur das in ihnen Vermittelte, sondern auch die Weisen der Ver-

Wer aber Sein und Nichts in ihrer Unmittelbarkeit und doch anders als in jener ununterscheidbaren Einheit zu denken vermag, der ist damit nur einer Aufforderung gefolgt, die Hegel selbst immer wieder aufs Neue ausgesprochen hat. Ihm wäre es gelungen, in einen Grund der Logik zurückzudenken, ohne sich über sie selbst hinwegsetzen zu müssen. Die Schüler Hegels machten diesen Versuch. Es muß anerkannt werden, daß er berechtigt ist, wenn er auch in jeder Weise scheiterte. Von den Gründen dieses Scheiterns haben auch wir noch zu lernen.

mittlung selbst jeweils bestimmte und voneinander verschiedene sind. Die Unmittelbarkeit des Übergangs im Anfang und der Begriff des Systems unterscheiden sich nicht nur nach dem Grad der Vermittlung, sondern auch der Art nach voneinander. Eine Interpretation der Logik und vollends der Realphilosophie muß vor allem eine Interpretation ihrer Vermittlungsweisen sein. Die letzte und schwierigste Aufgabe ist es, den Zusammenhang dieser Vermittlungsweisen untereinander verständlich zu machen.

Hegels Logik der Reflexion

I. Ziel und Methode der Logik

»Die Substanz ist als Subjekt zu bestimmen.« Dieser Grundsatz Hegels formuliert sein philosophisches Programm vollständig und profiliert es gegen seine wichtigsten Alternativen. Er sagt zunächst, daß die singuläre Wirklichkeit über allem Bewußtsein nichts anderes ist als der Prozeß ihrer Selbstrealisation. Diese Gleichung zwischen Prinzip und Prozeß hat, sofern sie streng genommen wird, wichtige Implikationen für die Natur des Prozesses selber: Er kann nicht Entfaltung sein und nicht Differenzierung. Denn Prozesse solcher Art haben Voraussetzungen in einem von ihnen selbst unabhängigen Bestand, der zu entwickeln und zu vervielfältigen ist. Ist solcher Bestand einmal angenommen, so muß man auch zugeben, daß er, nicht der Prozeß, in die Begriffsbestimmung eines Absoluten primär eingeht. Die Substanz soll aber nicht nur die weitere Eigenschaft haben, als Subjekt sich zu verhalten. Sie ist vielmehr durchaus als Subjekt zu begreifen. Daraus folgt: Was immer besteht, ist Moment oder Produkt eines Prozesses, der ebenso aus sich selber verständlich und von nichts in ihm Vorausgesetzten herzuleiten ist wie die freie Selbstbeziehung der sich wissenden und im Sichwissen einzig überhaupt wirklichen Ichheit. Darum heißt der Prozeß Subjekt.

In diesem Sinne schied sich Hegel durch seine Programmformel auch von den subtilsten Theorien über Weltgründe und Ursprungsprinzipien, denen er nahe genug und verpflichtet gewesen war, und sicherte damit zugleich die ihm eigentümliche Methode eines spekulativen Rationalismus. Denn er hatte sich davon überzeugt, daß das Verfahren der Philosophie nur die begriffliche Artikulation des Prozesses sein kann. Dann aber schien ihm nicht absehbar wie der Zugang zu einer dem Prozeß vorausgehenden und ihn überragenden Bedingung anders als im Sprung oder in einer Anschauung über aller explizierenden Vernunft möglich sein sollte. Die Substanz, die Subjekt ist, ist kraft der Dynamik ihrer Subjektivität verständlich.

Die Programmformel impliziert aber noch eine zweite These. Schreibt die erste die Immanenz der Entwicklung des Systems vor, so orientiert die zweite ganz allgemein über die Struktur, die auf jeder Stufe der Entwicklung in der einen oder andern Weise erreicht und gewahrt zu werden hat. Sie gibt deshalb auch Problem und Charakter der spekulativen Logik konkreter an als die These vom Subjektcharakter der Substanz. Man kann sie, in Umkehrung und vorläufig, die These vom Substanzcharakter des Subjektes nennen.

›Subjekt‹ als Prozeß, war als der formale Charakter aktiver Selbstbeziehung gefaßt. Seinetwegen war das Subjekt zum Prinzip der Erkenntnis avanciert, und seinetwegen ließ es sich auch noch gegen ein Denken geltend machen, das schon über Erfahrungsbegründung und Handlungslehre hinausgekommen war und dabei Hegels Zustimmung gewonnen hatte. Beschränkt man aber den Begriff des Subjektes auf die Charaktere Aktivität, Suisuffizienz und Selbstbeziehung, so ist nicht zu sehen, wie sich der Begriff der Substanz in ihn sollte übersetzen lassen, ohne daß Wesentliches seiner Ausgangsbedeutung verloren wird. Denn mit ›Substanz‹ meinen wir nicht nur eines, das von keinem weiteren dependiert, das also für sich zu bestehen vermag. Wir meinen zugleich eines, das nach allerlei Charakteren, Eigenschaften, Verhaltensweisen und Lokalisationen bezeichnet und durch sie auch grundsätzlich von anderem unterschieden werden kann. Substanz ist Suisuffizienz im Dasein, – aber bestimmte. Das erste läßt sich allenfalls durch die formale Selbstbeziehung der Subjektivität verständlich machen; und es ist eine These Hegels, daß es sich so verhält. Das zweite aber kann durch den bloßen formalen Subjektbegriff nicht ausgedrückt werden. Darum impliziert die Gleichung, die Substanz durch Subjektivität definiert, auch das Postulat, daß der Subjektbegriff über den formaler Selbstbeziehung hinaus entwickelt werde.

Diesem Postulat entsprechen bekanntlich Überzeugungen, zu denen Hegel früh gelangt ist: Daß es zum Wesen des in sich frei gewordenen Selbst gehöre, auf leerer Allgemeinheit nicht zu bestehen, sondern sich auf besondere Verhältnisse einzulassen und sich an sie zu binden; daß die Allgemeinheit des Lebens nirgends als im Lebensprozeß einzelner Lebewesen zu finden sei, daß sich die Vernunftnatur des Staates nur zugleich mit dem individuellen Geist geschichtlicher Völker verwirkliche. Sie blieben gegenwärtig in der Weise, in der Hegel später das Problem der Subjektivität ganz allgemein gefaßt hat: Das Subjekt muß als Einheit von Allgemeinheit und Besonderung gedacht werden: Kein Subjekt, das nicht in völliger Abstraktion von allen Gegebenheiten der Welt zu sich selber käme, aber auch keines, das sich nicht durch solche Abstraktion als ein bestimmtes, von allen anderen schlechthin verschiedenes einzelnes Wesen erfaßt und konstituiert. Niemand sagt zu sich ›Ich‹ und versteht sich darin als Subjekt, ohne zu einem *gegen* alle und zugleich zu einem *wie* jeder andere zu werden. Zu fragen ist, wie diese Einheit verständlich gemacht werden kann.

Die Antwort auf diese Frage wird nicht gegeben werden können, ohne daß zugleich auch gesagt würde, in welchem Sinne die Substanz es ist, die durch den Begriff des Subjektes gedacht werden muß. Denn in ›Substanz‹ als der Einheit eines gründenden, unabhängigen Bestandes und der Summe seiner Charaktere, seiner Bestimmtheiten, ist schon jener Zusammenhang von Allgemeinheit und Bestimmtheit gedacht, der das Problem des Begriffes vom Subjekt in seiner nur Hegel eigentümlichen Fassung ausmacht. Nur wenn Subjekt als Einheit von Allgemeinheit und Besonderung, von bloßer Beziehung auf sich und Bestimmtheit gegen anderes begriffen werden kann, wird die im Subjekt zunächst gemeinte aktive

Selbstbeziehung eines Prozesses geeignet sein, den Begriff der Substanz ohne Bedeutungsverlust auszudrücken.

Es ist die Aufgabe der Wissenschaft der Logik, den Zusammenhang von differenzloser Allgemeinheit und Bestimmtheit in Gegensätzen als Ausdruck ein und derselben Selbstbeziehung denkbar zu machen. Damit sichert sie, daß Substanz nur durch Subjekt und Subjekt nur im Blick auf Substanz in Begriffen artikuliert werden kann. Leistung und Grenze aller Kapitel der Logik waren für Hegel durch ihren Platz auf dem Wege dahin bemessen, die vollständige Darstellung dieser Einheit zu erreichen.

Daraus läßt sich leicht eine Eigentümlichkeit von Hegels sogenannter Dialektik herleiten, die selbst denen, die ihm folgen wollten, schnell aus dem Blick und dem Griff kam: Sie will nicht nur die Einheit Entgegengesetzter aufzeigen, sondern die Einheit ihrer Einheit und ihrer Differenz. Der Begriff des Subjektes ließe sich mit der Rede gar nicht fassen, in ihm seien Allgemeines und Besonderes ihres Gegensatzes enthoben. Damit wäre nämlich der Umstand geradezu geleugnet, daß im Subjekt allgemeine Selbstaneignung und zugleich Vereinzelung geschieht. Zu begreifen, wie beides in einem wirklich erfolgen kann, ist aber die Aufgabe. Jede mögliche Lösung muß also einer Formel entsprechen, die besagt, daß im Subjekt die Allgemeinheit der Bestimmtheit entgegen und zugleich in deren eigenen Begriff gesetzt sei, wie auch das Umgekehrte gelte. Statt dessen läßt sich auch sagen, daß jedes der Momente das ganze Verhältnis ebenso sei wie es selber in einer Bestimmung gegen das Verhältnis.

Sieht man auf die Schlußdisziplin der Logik, die Logik des Begriffs, so wird es offensichtlich, daß Hegel einzig an einer solchen Struktur Interesse hat und daß er meint, die logische Dynamik insgesamt setze sie aus sich heraus und beruhe zugleich immer schon auf ihr. Denn die Relation der Hegelschen Begriffe des Allgemeinen und des Besonderen läßt sich gar nicht als Gegensatz fassen, der dann etwa in der Einsicht in die Ununterscheidbarkeit und Vertauschbarkeit seiner Relata als Gegensatz verschwände und somit Anlaß gäbe, einen neuen Begriff einzuführen, an dem sich ein anderer Gegensatz auftut. Sie sind beide von vornherein so bestimmt, daß ihre Unabtrennbarkeit voneinander feststeht. Das Allgemeine impliziert den Gedanken seiner Spezifikation. Im Unterschied zum Besonderen ist es der Gedanke der ganzen Relation, gefaßt unter dem Gesichtspunkt der Beziehung auf sich, die in aller Besonderung erhalten bleibt. Dagegen ist das Besondere derselbe Gedanke, aber gefaßt unter dem Gesichtspunkt dessen, daß in jenem Fürsichsein der Gegensatz eines bestimmten Besonderen zu anderem (nicht zum Allgemeinen) eingeschlossen ist. Absicht der weiteren Entwicklung kann also gar nicht mehr der Nachweis sein, daß die Relata verschiedene Begriffsbestimmungen des Ganzen sind. Das ist gerade ihre Voraussetzung. Was noch erreicht werden muß, ist der vollständige Begriff von derjenigen Struktur, in der ein und dieselbe Relation notwendig unter verschiedenen Perspektiven zur Darstellung zu kommen hat.

Man kann das am Beispiel der Rechtsphilosophie erläutern. Für sie ist es gar nicht zweifelhaft, daß der Begriff des Willens die beiden Momente (a) des Entschlusses und (b) der dem Wollen korrespondierenden Wirklichkeit einschließt. Der Wille, sofern er sich entschließt, ist selber schon Spezifikation. Die Allgemeinheit seiner als praktischer Vernunft und seine Energie werden auf ein besonderes Ziel bezogen. Ebenso ist die vernünftige Wirklichkeit, zu der sich der Wille nur um seiner selber willen entschließen kann, eine Allgemeinheit, die der seinen entspricht und die sich in besondere Aktionsbereiche gliedert. Dieser komplexe Sachverhalt fungiert in der Rechtsphilosophie als Prämisse. Einzig die Frage nach Natur und Vollständigkeit der in ihm gedachten Korrespondenz hält die Dynamik ihrer Entwicklung in Gang.

In der Logik der Idee verhält es sich aber nicht anders. Der Begriff der Idee erfüllt sich in der Integration der Allgemeinheit der Methode mit den Besonderungen der einzelnen Begriffsbestimmungen. So ist es die Idee des Systems selber, in der ein Begriff vom vollständigen Ausgleich zwischen dem Allgemeinen und seinen Besonderungen erreicht ist. Nur in diesem Begriff ist nach Hegels Meinung der Gedanke eines Gedankens, dessen Momente selber der ganze Gedanke und doch different von ihm sind, zu vollständiger Bestimmtheit gekommen.

Es muß zunächst offenbleiben, in welchem Umfang dieselbe Struktur auch die der Logik des Begriffs vorausgehenden logischen Kapitel prägt. Daß sie es tut, indem sie deren Mangel und Vorläufigkeit kennzeichnet, bedeutet noch nicht, daß sie auch geeignet ist, Licht auf ihre interne Verfassung zu werfen. Für die Logik des Begriffes selber gilt jedenfalls, daß sich ihr Fortgang nicht vollständig mit jenen Formeln fassen läßt, die Hegel zur Deutung seines ganzen logischen Systems mit so großem Erfolg angeboten hat: Sie wird nicht vom einzelnen Gedanken ausgehen können, um zunächst seine Bestimmtheit durch seinen Gegensatz zu fassen und dann – durch Nachweise der Bestimmtheit des Entgegengesetzten durch sein Korrelat – die Selbstbeziehung des Gedankens in seinem Gegenteil zu behaupten. So wird sie also nicht über die bestimmte Negation zur Negation der Negation fortschreiten können und damit zum Anundfürsichsein der Beziehung selber als nunmehr unbezogenem Gedanken.

Diese Formel vom spekulativen Fortschritt hat in Hegels Nachgeschichte sei es Aura sei es Geruch der Zauberformel gehabt, je nachdem, ob man sich von ihr die Entschlüsselung des Weltzusammenhanges versprach oder in ihr die Absurdität einer wissenschaftlichen Rekonstruktion der Welt mit minimalem und zudem nur logischem Instrumentarium sah. In beiden Auffassungen hat sie den wichtigsten zu den vielerlei Gründen beigetragen, die einem Verständnis dessen noch heute entgegenstehen, was in Hegels Wissenschaft der Logik wirklich vor sich geht.

Beigetragen hat dazu freilich auch der Umstand, daß Hegel selber an keiner Stelle seines Werkes anders als beiläufig über das von ihm verwendete Verfahren gehandelt hat. Das System gibt sich den Anschein der Einsichtigkeit für alle, die sich nur überhaupt auf es einlassen, und kommentiert sich selber gleichsam nur exoterisch, – in Abwehr und vorläufiger Belehrung der Widerspenstigen. Zwar hat Hegel Schwierigkeiten bei der angemessenen Entwicklung der Gedankenbestimmungen der *Logik* zugegeben, die ihn sogar wünschen ließen, sie siebenundsiebzigmal durcharbeiten zu können. Es besteht aber kein Grund zu der Vermutung, daß er sie aus Schwierigkeiten bei der Verständigung über die Methode erklärte. Der immanenten Konsequenz der Sache frei zu folgen und sie vollständig zu artikulieren schien ihm das einzige methodische Postulat von Relevanz für Gang und Schicksal der neuen Disziplin zu sein.

An einer Stelle der Werkes wird sein Verfahren freilich doch zum primären Thema, – an seinem Ende. Denn die Logik schließt mit einer Erörterung über die Methode, deren Begriff den noch verbleibenden Inhalt der absoluten Idee bildet, der sich vom Ganzen des Systems selber abheben läßt. Man hatte also Anlaß zu erwarten, daß Hegel in diesem Kapitel seinem Werk methodische Transparenz gegeben hat. In ihm finden sich denn auch die klassischen Belege für jede Darstellung von dessen Dialektik, insbesondere die Formel von der ersten und der zweiten Negation und der aus beiden sich ergebenden neuen Unmittelbarkeit (II, 495 ff.).[1]

Nun hat sich aber schon gezeigt, daß diese Formel zumindest den Strukturen der Begriffslogik allenfalls nur annäherungs-

---

[1] In den folgenden Zitaten verweist die römische Ziffer (in Klammern) auf den Band der Ausgabe der *Logik* von Lasson; die erste arabische Ziffer auf die Seite, die zweite auf den Abschnitt und die dritte auf die Zeile des Abschnittes in dieser Ausgabe. Unterbrochene Abschnitte am Anfang der Zeile sind als Abschnitte mitgezählt, einzelne Sätze nach Absatz vom vorigen und vor Absatz vom folgenden gleichfalls. Fehlt die römische Ziffer, so ist Band II zitiert.

weise gerecht wird, – und unter Preisgabe ihrer spezifischen Prinzipien. Dasselbe gilt für ihre Darstellung des Anfangs. Hegel erinnert an ihn mit Hilfe derjenigen Argumente, die er, als der Anfang wirklich gemacht wurde, allein im das Kapitel ›Sein‹ *einleitenden* Abschnitt gebraucht hatte, in der Ankündigung seines Gedankenganges also. Sie dienen dort nur dazu, eine Übersicht über Gedankenschritte zu geben, die nur an ihrem Ort aus Argumenten verständlich sind. Schon beim Beginn näheren Zusehens zeigt sich nämlich, daß der Fortschritt vom leeren Sein zu einem weiter bestimmten Gedanken nicht durch eine Überlegung erreicht wird, die von der Unbestimmtheit des Seins ausgeht und auf die im Gedanken der Unbestimmtheit gelegene Bestimmung reflektiert. Hegel strengt sich offenkundig an, im eigentlichen Text von dieser einfachen Überlegung keinen Gebrauch zu machen. Und es läßt sich auch leicht zeigen, daß sie mit der Idee eines reinen Anfangs ganz unvereinbar ist.[2] Greift aber die Erörterung über die Methode nur auf die Einführung in das Argument des Anfangs, nicht auf dieses Argument selber zurück, so verfehlt sie in diesem Falle ebenso wie im Falle der ganzen Dimension der Begriffslogik die eigentliche Dynamik des logischen Prozesses.

Dies Verfehlen ist keineswegs Zufall, im Ganzen sogar unvermeidlich. Denn die Idee, als höchster Ausdruck von Selbstbestimmung, kann keine Methode kennen, die ihrer Selbstentfaltung abstrakt gegenüberstünde, so daß sich ihr Prozeß kraft einer Art von ›Anwendung‹ der Methode vollzöge. Eben darum läuft die Wissenschaft der Logik in sich selber zurück und ergibt die ›Notwendigkeit‹ des Prozesses, seine Folgerichtigkeit und Vernünftigkeit, indem sie seinen Begriff erreicht: Die vollständige Angleichung von Allgemeinheit und Besonderung in der Selbstbewegung der Substanz, die zugleich Subjekt ist. Jede Erörterung der Methode des Pro-

---

[2] Vgl. den Unterschied zwischen I,85,3 und I,85,4.

zesses muß deshalb etwas von einer Zusammenfassung haben. Zwar kann der Prozeß nicht dargestellt werden, ohne daß auch Mittel zur Explikation zur Verfügung stehen. Diese Mittel können im Laufe des Prozesses selber noch untersucht werden. Die Stelle, an der dies geschieht, hat gewiß ausgezeichnete Bedeutung. Doch die Explikationsmittel erlauben es nicht, den Prozeß als ganzen zu rekonstruieren. Die Bedingungen, unter denen sie in den einzelnen Kapiteln zur Geltung kommen, sind verschieden. Würden auch diese Bedingungen noch in die Erörterung der Methode einbezogen, so würde das bedeuten, daß die ganze Logik im Blick auf ihre Darstellung wiederholt werden müßte.

An ihrem Ende will Hegel aber nicht ihre Darstellung, sondern das, was in ihr zur Darstellung kommt, in dem ihm eigenen Zusammenhang überblicken, – aber nicht so, als ob sich dessen Geheimnis nun erst enthüllte. Indem Formeln wiederholt werden, wird das Ganze in der Weise, in der es bereits durchlaufen ist, erinnert und in seine endgültige Stelle gerückt, die ihm zukommt als Abschluß seiner selber. Der Schluß der *Logik* hat darum mit ihrem Anfang gemein, daß er eigentlich nichts zu artikulieren erlaubt, was nicht, indem es artikuliert wird, auch schon dazu tendiert, den Kontext des Gedankens zu verdunkeln, der sein Thema ist.

Hegel hat diesen Zusammenhang nicht geradezu verstellt. Er erklärt, daß am Ende die Methode nur als etwas zu betrachten sei, was eigentlich in den Gang der Entwicklung der Form selber gehöre (II,487). Er ist dann aber doch wieder in die Einstellung der Erläuterung zurückgeraten, in der er – in der Regel in Einleitungen – schon Formelles zur Dialektik gesagt hatte und wie sie eigentlich, nämlich spekulativ aufzufassen sei. Am Schluß der Logik kann so gesprochen werden. Denn die Logik benötigt die Explikationsmittel, die allgemein, wenn auch unter variierenden Umständen, gebraucht werden können. Am Schluß der Logik sollte aber nicht nur so gesprochen werden. Sonst gibt sie sich fälschlich so, als sei sie nichts als ein Produkt methodisch angewendeten Denkens.

Daß Hegel wirklich diesen Eindruck erweckt, wird man nicht für einen bloßen Zufall gelten lassen wollen. Denn nirgends, wo die Gelegenheit dazu gegeben war, hat Hegel einen besonderen Gedankenfortschritt auch nur in der Form einer Skizze vollständig charakterisiert. Und die nicht seltenen Hinweise auf Spezifikationen der Methode in Teilbereichen des Werkes sind in der Generalität der Schlußerörterungen über Methode ganz verlorengegangen. Man wird deshalb vermuten müssen, daß Hegel zwar ein Verfahren, das selber eigentlich eine Sequenz von Verfahren ist, gebrauchte und beherrschte, daß er aber keinen ausgearbeiteten Begriff von ihnen und dem Gesetz ihrer Abfolge und den besonderen Bedingungen ihrer Anwendung besaß. Das mag darum so sein, weil er sich – wie nahezu alle historisch wirksam gewordenen Denker – mehr um die Ausarbeitung als um die Beschreibung seiner Methode bemühte. Vieles spricht aber auch dafür, daß er selbst bei großer methodischer Anstrengung die Mittel nicht gefunden hätte, sich über die logische Praxis seines Grundwerkes zu verständigen. Am signifikanten Fall, an der Logik der Reflexionsbestimmungen, soll dies im Folgenden gezeigt werden.

Signifikant ist dieses Kapitel aus mehreren Gründen, vor allem aber wegen seiner Beziehung zum Methodenproblem der Logik. Denn die Begriffe, die in der Schlußerörterung über die Methode im Zentrum stehen, haben nicht dort, sondern im Kapitel über die Reflexionsbestimmungen ihren eigentlichen Ort: Die Dialektik expliziert sich durch die Begriffsreihe Unmittelbarkeit – erste Negation – zweite Negation – wiederhergestellte Unmittelbarkeit. Im Kommentar zu einzelnen logischen Argumenten können sie überall gebraucht werden. In der Logik der Reflexion sind sie aber ihrerseits Thema und erfahren ihre eigene spekulative Entwicklung. Auch ein abstraktes Verständnis von Hegels Methode wird deshalb nicht gut hinter dem zurückbleiben dürfen, was eine Analyse dieses Kapitels ergibt. Sollte sich erweisen, daß Hegels gelegentliche methodologische Selbstdarstellungen sogar wichtige Elemente der Logik der Reflexion unbeachtet lassen, so müssen sie durch sie erweitert oder gar korrigiert werden.

Nach allem, was gesagt wurde, liegt die Vermutung nahe, daß die Logik der Reflexion einen solchen Überschuß gegenüber der abstrakten Darlegung der Methode aufweist. Sie muß es, wenn Hegels Programm, die Substanz als Subjekt denken zu wollen, mit der Versicherung, Unmittelbarkeit und Negation seien die Schlüsselbegriffe der Methode, überhaupt in irgendeiner Weise vereinbar bleiben soll. Denn es erwies sich, daß dieses Programm auf die Begriffslogik zielt, daß aber die Begriffslogik mit den Generalitäten der Rede von der doppelten Negation nicht einmal formal beschrieben werden kann. Die Logik der Reflexionsbestimmungen kann also eine Analyse von generell anwendbaren Begriffen nur dann sein, wenn sie Elemente enthält, die es erlauben, die Logik des Begriffs an sie anzuschließen und sie als einen, wie auch immer besonderen, Fall ihrer Entwicklung und Anwendung zu verstehen.

II. Analytischer Kommentar zur Logik der Reflexion

A. *Bedeutungsverschiebung zum Wesen*

Die Logik des Wesens beginnt mit zwei Abschnitten, in denen Bestimmungen des Wesens gegeben werden, die offensichtlich hinter dem zurückbleiben, was sich bereits am Ende der Seinslogik ergeben hatte. Hegel wollte schon dort gezeigt haben, daß sich die Differenz einer ansichseienden Grundlage von Bestimmungen auf der einen Seite und ihrem Wechselverhältnis zueinander auf der anderen als unhaltbar erwiesen habe. Die Grundlage ist aus sich selbst zugleich Bestimmtheit und die Bestimmtheit deshalb ihr gegenüber nicht äußerlich und selbständig, sondern nur das eigene Fürsichsein der Grundlage und somit wesentliches, internes Moment. Diese Struktur ist auch bereits als »einfache unendliche Beziehung auf sich, die Unverträglichkeit ihrer mit sich selbst, Abstoßen ihrer von sich« beschrieben. (I, 397, 3, 15 ff.).

Was unter dem Titel ›Wesentliches‹ und ›Schein‹ am Anfang des folgenden Buches auftritt, erfüllt aber diese Struktur durchaus nicht. Wesentlich wird etwas unter ihm externen Gesichtspunkten. Und der Schein, obgleich er keinen vom Wesen abhebbaren Bestand hat, verhüllt er es doch nur und ist eine, wenn auch nichtige, Bestimmtheit gegen es, – nicht seine eigene Selbstbestimmung. McTaggart hat deshalb vorgeschlagen, in der Weise, wie die *Enzyklopädie* es tut, die Wesenslogik mit der Kategorie der Identität beginnen zu lassen.[3]

Nun ist aber die *Enzyklopädie* nur der Grundriß für eine Darstellung, die vollständige Argumente zu geben hat; und nur die große Logik argumentiert. Unter Absehen von der Frage, ob es zu ihrem Argumentationsgang Alternativen gab, soll hier gezeigt werden, daß in dem von ihr erstellten Rahmen ein Schritt direkt von der Indifferenz zur Identität unmöglich gewesen wäre. In ihr ist die Behandlung von Gedanken, die offenkundig hinter den formal schon angegebenen Begriff des Wesens zurückfallen, die *notwendige* Vorbedingung dafür, daß der Begriff des Wesens überhaupt als bestimmter Gedanke entwickelt werden kann.

Der Gedanke vom Wesen muß nämlich so gefaßt sein, daß er nicht nur auf den der Indifferenz folgt; in einem stärkeren Sinne muß er dessen Nachfolge antreten: Er muß alle Charaktere einschließen, die zur letzten Seinsbestimmung zählten; und er muß sie so miteinander verbinden, daß seine Analyse nicht wieder in die Seinslogik zurücktreibt. In diesem Falle wäre, was Nachfolge sein sollte, bloße Vertretung, und

---

3 *A Commentary to Hegels Logic*, 1910, S. 99.

es hätte sich erwiesen, daß die Begriffsstruktur des Seins unüberbietbar ist, auch wenn sie nicht kohärent gemacht werden kann. Damit wäre das Programm der Logik gescheitert.
Hegel führt den Nachweis, daß es sich anders verhält, indem er mit Gedanken experimentiert, in denen das Verhältnis von Sein und Wesen noch als eine externe Relation gedeutet wird, zugleich aber die Priorität des Wesens grundsätzlich anerkannt ist. Man kann sie als Gedanken der Vernunft im Stadium des Versuches beschreiben, einen bestimmten Begriff vom Wesen zu gewinnen. Er wird erreicht, indem gezeigt wird, daß die Merkmale, welche das vom Wesen suspendierte, von ihm aber noch immer unterschiedene Sein kennzeichnen, als eigene Bestimmungen des Wesens zu denken sind.
Man könnte sich fragen, warum diese umständliche Prozedur nötig sei, da es doch ebenso möglich wäre, vom Gedanken der negierten Negation auszugehen. Nachdem er am Ende des Kapitels über Indifferenz als dessen Conclusion, also nicht nur als Ankündigung von Kommendem, bereits genannt werden konnte, sei es leicht, aus ihm direkt den Zusammenhang von Wesen und Sein herzuleiten. Denn nach den Gesetzen Hegelscher Dialektik ergibt das Negieren eines Relats einer Korrelation die Behauptung des anderen Korrelats.[4] Nun ist aber das Korrelat der Negation, als der Bestimmung und somit Beziehung auf anderes, die Unmittelbarkeit, als Unbestimmtheit oder Beziehung nur auf sich selber. Der Begriff der Unmittelbarkeit ist aber durch das Wort ›Sein‹ gemeint. Also hat die Negation der Negation Unmittelbarkeit zur Folge. Sein kann als Resultat des Wesens, als durch es gesetzt, also als ›Gesetztsein‹ gelten, das ganz ohne Umstand aus dem Gedanken der doppelten Negation gewonnen ist. Gesetztsein aber heißt aufgehobenes Sein, – Sein, welches das Wesen zu seinem Grund hat, und zwar so, daß Wesen seinerseits im Setzen von Unmittelbarkeit besteht.

[4] Vgl. II,493,2 und Werner Becker, *Hegels Begriff der Dialektik und das Prinzip des Idealismus*, Stuttgart 1969, S. 55 u. a.

Wäre aber Wesen nicht mehr, so wäre es gerade nur jene Struktur der Vertretung, nicht der Nachfolge, die zu in sich selber begründetem Fortschritt keine Möglichkeit böte, zu dem Fortschritt also, den Hegel durch das Wesen zum Begriff anstrebt. Denn Sein wäre nun Resultat des Wesens – zwar zum Gesetztsein verwandelt –, aber doch dem Wesen nicht gleich, sondern – so wäre zu sagen – eigentlich nur wesentlich. Weitere Entwicklung würde sich also auch in irgendeiner Art von bloßer Beziehung zwischen beiden abspielen, und zwar deshalb, weil es Resultat des Wesens wäre, daß es zwar über Sein hinaus, nicht aber von ihm unabhängig geworden ist.

Der Gedanke der sich negierenden Negation kann also so simpel nicht genommen werden, wenn Hegel ihn auch gelegentlich in dieser abgekürzten Form vorstellt. Gewiß gehört zu ihm die Unmittelbarkeit als Resultat. Aber sie macht ihn nicht aus, insofern er mehr als Anfang eines Übergangs, – insofern er suisuffizient sein soll.

Es ist nun näher darzulegen, wie Hegel verfährt, um den Begriff des Wesens als Anundfürsichsein, also als autonome Struktur zu erreichen. Das Gedankenexperiment des Scheines bietet ihm dazu die Mittel. Schein war gefaßt als eine Unmittelbarkeit, die am Wesen nur besteht, indem sie zugleich aufgehoben ist. Sie ist ein Anderes gegen das Wesen, aber nicht das Andere des Daseins, das eigenen Bestand hat. Hegel beschreibt es, in Abhebung vom Dasein, als unmittelbares Nichtdasein, – bestimmt gegen das Wesen, doch so, daß es zugleich auch aufgehoben ist.

Von diesem Gedanken braucht gar nicht gezeigt zu werden, daß er nicht der angemessene Begriff des Wesens ist, von dem am Ende der Seinslogik schon die Rede war. Sofern er noch irgendeine Bestimmung enthält, die ihn vom Wesen unterscheidet, muß er als schon entfallen gelten. Doch es war auch verständlich, Wesen zunächst als Wesen im Gegensatz zum Schein zu fassen. Denn im Schein schien berücksichtigt, was im Wesen als selbständigem Nachfolger des Seins in jedem

Falle gesichert sein muß: Sein war im Schein als Moment des Wesens selber verstanden. So kann man also zum selbständigen Wesen kommen, wenn sich zeigen läßt, daß die Charaktere, die Schein immer noch zu etwas machten, das vom Wesen unterscheidbar ist, dem Wesen selber zugesprochen werden müssen. Dann ist der Schein nicht mehr der Schein gegen das Wesen oder an ihm, sondern er ist das Wesen als Schein, oder das Sein als Schein im Wesen.

Für das Verständnis des Verfahrens der Logik ist es nun entscheidend, sich ganz klar zu machen, was eigentlich in diesem Nachweis geschieht. Offensichtlich wird in ihm keine logische Ableitung des Wesens aus dem Schein gegeben. Hegel selbst sagt, es werde *aufgezeigt*, daß das Wesen den Schein in sich enthält (13,1,4). Damit könnte allerdings eine Tätigkeit gemeint sein, ohne die komplexe logische Deduktionen gleichfalls nicht in Gang kommen können, die also doch zum Prozeß des Deduzierens gehört: Um ableiten zu können, muß man sicherstellen, daß in den Prämissen dieselben Konstanten/Variablen und Operatoren auftreten, in Beziehung auf die die Deduktion allein erfolgen kann. Wie nähere Prüfung zeigt, geht aber Hegels Verfahren nicht in einer Tätigkeit dieser Art auf: Die Charaktere des Scheins sind Nichtigkeit und Unmittelbarkeit, und zwar so, daß die Unmittelbarkeit wieder durch ihre Nichtigkeit charakterisiert ist. Es ist nun nicht schwer, die Nichtigkeit des Scheins im Wesen wiederzufinden, denn es ist negative Beziehung auf sich, also Aufhebung seiner selber – damit aber eben jene Unmittelbarkeit des Negiertseins, die den Schein ausmachte. In diesem Charakter stimmt also, was Schein sein soll, mit dem Wesen überein. Es läßt sich sogar sagen, daß die Unmittelbarkeit des Negiertseins, die im Schein eigentlich nur vorgestellt, nicht gedacht werden konnte, im Wesen allererst einsichtig wird.

Aber der Charakter der Unmittelbarkeit macht größere Schwierigkeiten. Denn es war ja die Unmittelbarkeit, durch die der Schein in eine, wenngleich jeweils auch schon negierte

Differenz zum Wesen kam. Das Negiertsein der Unmittelbarkeit unterscheidet den Schein vom Sein. Daß er aber negierte Unmittelbarkeit ist, macht ihn zu einem Anderen gegen das Wesen. Wie kann Unmittelbarkeit als Charakter des Wesens selber aufgefaßt werden?

Hegel zeigt es auf diese Weise: Wesen ist negative Beziehung auf sich. Somit schließt es in seinem Negieren jede Beziehung auf ein anderes aus – eine Beziehung, welche zur bestimmten Negation gehört, die stets negative Beziehung auf ein Anderes ist. Der Begriff der Unmittelbarkeit war aber als Gegensatz zu einer Beziehung auf Anderes eingeführt. Unmittelbares ist gleich nur mit sich, frei von Gleichheit mit oder Ungleichheit gegen Anderes. Und in diesem Sinne hatte die Rede von der Unmittelbarkeit den Terminus ›Sein‹ einführen helfen (I,66,5,2). Wenn nun also die Negation durch ihre Selbstbeziehung in eine Stellung kommt, die sie frei vom Sichbeziehen auf Anderes macht, so kann ihr deshalb die Eigenschaft, unmittelbar zu sein, zugesprochen werden. »Die Negativität des Wesens«, als doppelte Negation, »ist seine Gleichheit mit sich selbst oder seine einfache Unmittelbarkeit und Gleichgültigkeit« (11,2,8).

Daß diese Wendung eine genuin Hegelsche Pointe ist, kann man leicht sehen. Führt sie doch zur These, daß Entgegengesetzte in Wahrheit eines seien. Die Unmittelbarkeit, die in Opposition zum Wesen stand, erweist sich, die Unmittelbarkeit des Wesens selber zu sein. Man muß aber fragen, auf welche Weise die Pointe zustande kommt. Denn die Unmittelbarkeit des Seins wird nicht auch im Wesen entdeckt wie etwa Uran in einer Gesteinsprobe. Was im Wesen ›Unmittelbarkeit‹ heißt, entspricht in zwei wichtigen Hinsichten nicht der ursprünglich gegebenen Definition dieses Begriffes: Es hat eine Differenz in sich, und es ist nicht Unmittelbarkeit *gegen* die Vermittlung. So nur schien Beziehung auf sich bisher gefaßt werden zu können[5]; Vermittlungslosigkeit schlechthin

[5] Schon in der Seinslogik hat Hegel erklärt, daß die Beziehung des Ne-

schien Unmittelbarkeit zu meinen. Nun zeigt sich, daß auch an der Vermittlung Beziehung auf sich auftritt, als die Selbstbeziehung der Negation. Hegel stellt deshalb auch diese Struktur unter den Titel der Unmittelbarkeit.
Damit verschiebt sich aber die Bedeutung dieses Begriffes. Aus der ursprünglichen Bedeutung scheidet aus, daß Unmittelbarkeit stets der Vermittlung indifferent entgegengesetzt ist. Es wird durch eine andere Bestimmung ersetzt: Unmittelbarkeit ist ein Charakter suisuffizienter Vermittlung, ein Charakter der Selbstbeziehung. Diese Bedeutungsverschiebung geschieht wohl motiviert. Sie geschieht aber nicht mit der Zwangsläufigkeit deduktiver Logik und auch nicht aufgrund der bloßen Suche nach Anwendungsfällen eines Begriffes. Beide Bedeutungen sind gar nicht identisch im Sinne formallogischer Identität. Es wäre möglich, sie wohl unterschieden zu halten, etwa dadurch, daß man den einen Begriff als ›Beziehungslosigkeit‹ von dem anderen als ›Selbstbeziehung‹ abhebt.
In das Arsenal einfacher Waffen der Hegelkritik gehört seit jeher der Vorwurf, daß seine Beweise auf Homonymien beruhten und somit erschlichen seien. Für diese Kritik wäre der Anfang der Wesenslogik ein noch nicht genutzter Musterfall. Man könnte versuchen, ihn als Prozedur zu entlarven, die Homonymie im Begriff der Unmittelbarkeit des Wesens zu verschleiern. Aber der Text des Anfangs der Wesenslogik legt eine Strategie näher, die dieser gerade entgegengesetzt ist: Hegel hätte nicht selber die Charaktere des Scheines im Wesen nur aufsuchen und aufzeigen können, wenn ihm nicht klar gewesen wäre, daß seine Untersuchung vom formalen

---

gativen auf sich dasselbe sei wie Sein. Aus diesem Grund kann man auch ›Fürsichsein‹ mit einem Nebenakzent auf ›-sein‹ lesen (I,140,2,11, vgl. 1. Aufl. 87). In der Seinslogik hat diese Bemerkung jedoch nirgends den Stellenwert eines Argumentes. Noch weniger ist die Bedeutungsidentifikation selber Moment in der Gedankenbestimmung, die entwickelt wird. Vgl. Anm. 14 unten.

Beweis ganz verschieden ist und daß sie zumindest das einschließt, was ›Fortbestimmung einer Bedeutung‹ genannt werden muß. Der Gedanke des Wesens kann dem des Seins nur dann nachfolgen, wenn zugleich die Bedeutung von Sein, als Unmittelbarkeit, eine Erweiterung erfährt. Freilich ist diese Erweiterung nicht irgendeine. Sie bestimmt Unmittelbarkeit in einer Weise, die bisher in ihrem Begriff nicht nur nicht vorgesehen, die von ihm sogar notwendig ausgeschlossen schien. Mit einem simplen Fall von Bedeutungsverschiebung hat man es also nicht zu tun. Auf ihre besonderen Eigenschaften ist deshalb später zurückzukommen.

Durch den Nachweis, daß die Charaktere des Scheins im Wesen zu finden sind, ist der Schein noch immer nicht vollständig zum eigenen Charakter des Wesens geworden. Und da das Sein Schein geworden war, Sein aber zu Wesen werden sollte, ist der Schritt vom Sein zum Wesen noch immer nicht getan. Denn der Schein hatte ja eine Bestimmtheit *gegen* das Wesen. Übernimmt das Wesen nur seine Charaktere, nicht aber auch diese Bestimmtheit, so ist der Schein nur verschwunden, nicht transponiert. Allerdings kann die Bestimmtheit des Scheines im Wesen nicht im gleichen Sinne Bestimmtheit gegen es sein wie im Falle des dem Wesen noch äußerlichen Scheines. Deshalb muß gezeigt werden, daß die Bestimmtheit des Scheines im Wesen aufgehoben (11,1,6;3,5), also transponiert und zugleich suspendiert ist.

Hegel gibt zunächst eine allgemeine Darlegung eines solchen Beweises (11,3/12,1) und führt ihn dann unter zwei Aspekten konkreter aus: Vom Schein selber zeigt er, daß er seine Bestimmtheit nur als die Beziehung eines Negativen auf ein Negatives hat, also in einer Relation, die mit der des Wesens identisch ist. Weil der Schein immer schon als aufgehoben gedachte Unmittelbarkeit ist, ist er das Negative von einem, das, da es aufgehobenes Sein ist, seinerseits das Negative genannt werden muß. Der Schein ist das gegen das Negative bestimmte Negative, also zugleich in der Selbstbeziehung des

Negativen aufgehobene Bestimmtheit (11,2). In diesem Argument bewegt sich Hegel vom Schein und seiner Unmittelbarkeit zur Selbstbeziehung der Negativität, die bereits vorausgesetzt war, als die Unmittelbarkeit des Scheins mit der Struktur der Selbstbeziehung im Wesen identifiziert worden war.

Ein zu diesem analoges Argument operiert mit dem Begriff des Wesens: Auch es muß als Bestimmtheit in sich und zugleich als aufgehobene Bestimmtheit gedacht werden. Der Grund dafür ist einfach der, daß die Negation es ist, deren Selbstbeziehung den Begriff des Wesens ausmacht. Um sich auf sich zu beziehen, muß die Negation negiert werden. Das aber heißt, daß dem ersten Relatum im Wesen die Negation entgegengesetzt wird, – nur ein anderes Wort dafür, daß es bestimmt wird. Allerdings ist sogleich hinzuzufügen, daß diese Bestimmtheit Bestimmung durch sich, Selbstbestimmung und somit aufgehobene Bestimmtheit ist (11,3). Auch die Bestimmtheit des Scheines gegen das Wesen ist also im Wesen zu finden, jedoch so, daß sie zugleich aufgehoben ist. Die Entwicklung vom Schein zum Wesen ist damit zu Ende gekommen.

Die Problematik dieser Identifikation ist aber noch nicht vollständig entfaltet. Sie wird zu weiteren Differenzierungen führen und den Begriff des Wesens ohne Verkürzung erst mit dem Begriff der bestimmenden Reflexion hervortreten lassen. Die Gliederung, die auch noch die Reflexion zu einem Kapitel zieht, das den Titel ›Schein‹ hat, ist also nicht äußerlich und unerheblich. Sie sagt etwas zur Sache und etwas, das in Hegels Kontext notwendig zu sagen ist. Denn das Wesen war mit dem Schein in zwei Schritten identifiziert worden: Zunächst wurden die Charaktere des Scheins im Wesen gefunden, dann wurde von der Bestimmtheit des Scheins gegen das Wesen gezeigt, daß sie im Wesen aufgehoben wird. Diese Doppelung ist bedeutsam.

Die neue Bedeutung von ›Unmittelbarkeit‹ war dadurch

gewonnen worden, daß die Selbstbeziehung in der negierten Negation, in ihrer Gleichheit mit sich in den Blick kam. Auf der anderen Seite konnte die Bestimmtheit des Scheines gegen das Wesen nur dadurch im Wesen selber wiedergefunden werden, daß im Blick blieb, daß die Selbstbeziehung des Wesens eine Selbstnegation ist. Auf diese Weise war es möglich, den Gegensatz des Scheines gegen das Wesen im Gegensatz zwischen der negierenden und der negierten Negation im Wesen wiederzuerkennen. Dem entspricht, daß auch das Nichtigsein des Scheines gegenüber dem Wesen als die dem Wesen eigene negative Natur wiedererkannt worden war, denn es ist eben dieselbe Negativität, die impliziert, daß im Wesen auch eine Bestimmung gegen sich selbst stattfindet.

Noch ist die Beziehung dieser beiden Charaktere im Gedanken der negierten Negation nicht hinreichend bestimmt worden. Sie ist offenbar die Grundlage der weiteren Entwicklung der Theorie vom Wesen. Indem er das in ihr gelegene Argumentationspotential ausnutzte, hat Hegel einige der dichtesten spekulativen Passagen seines Werkes schreiben können. Leider gehören sie auch zu denen, deren Hermetik die Interpreten am schnellsten resignieren läßt. Hegel selbst hat nahezu nichts dazu beigetragen, die logischen Verhältnisse durchsichtig zu machen, in denen er sich mit unreflektierter Virtuosität bewegt.

Um sie zu verstehen, muß man sehen, daß der Begriff der Unmittelbarkeit in dreifacher Weise in der entwickelten Struktur des Wesens auftritt. 1. Er ist der Gedanke von der Selbstbeziehung der Negation, ihrer Gleichheit mit sich. Dies ist die Bedeutung von Unmittelbarkeit, die sich aus einer Verschiebung aus der ursprünglichen Bedeutung ergab. 2. Der zweite Auftritt von Unmittelbarkeit in der Wesensstruktur ergibt sich aus der Überlegung, die als ein Vorschlag zur vollständigen Deutung der Wesenslogik ausgeschieden werden mußte: Die Negation der Negation hat ein Resultat, ist nicht nur Durchstreichung der Negation, sondern Setzen ihres Ge-

genteils. Unmittelbarkeit ist, was gesetzt ist, sofern die Negation sich aufhebt. 3. Diese gesetzte Unmittelbarkeit entsteht aber nur insofern, als die Negation negiert wird. Sie ist in diesem Sinne nicht wirklich Gleichheit mit sich, sondern von ihrem Gegenteil abhängige Unmittelbarkeit. Sie ist somit dasselbe, was der Schein war. Darum tritt zwischen ihr und dem Wesen wieder die Beziehung ein, die schon im Scheine bestanden hatte: Die Reflexion verhält sich als Aufheben, als Negieren gegen die Unmittelbarkeit.

Man kann diese drei Strukturen durch folgende Abkürzungen ausdrücken:

1. $N-N = U$, Unmittelbarkeit als Beziehung der Negation auf sich.

2. $N-N \rightarrow U$, Unmittelbarkeit als Resultat der negierten Negation.

3. $U-N$, die Beziehung dieser Unmittelbarkeit auf die Negation durch die sie, und zwar wegen 2., immer schon aufgehoben ist.

Zwischen den drei Auftrittsweisen von Unmittelbarkeit im Wesen besteht eine geordnete Folge. 1. Zuerst wird dem Wesen selber Unmittelbarkeit (in der verschobenen Bedeutung) zugesprochen. 2. Sodann zeigt sich, daß das nur auf sich bezogene Wesen die Unmittelbarkeit in der Bedeutung wieder herstellt, die 3. *vor* der Verschiebung in Geltung war. Daraus ergibt sich, daß diese Unmittelbarkeit, als Schein, vom Wesen zugleich auch aufgehoben ist. Damit ist die Situation wieder hergestellt, in der 1. aufgewiesen werden konnte.

In dieser Folge ergibt sich Unmittelbarkeit einmal in der neuen, der gegenüber der Seinslogik verschobenen Bedeutung, zweimal im Sinne einer der Vermittlung entgegengesetzten Unmittelbarkeit. So ist also zu sagen, daß Unmittelbarkeit auch in der aus der Logik des Seins bekannten Bedeutung im Wesen erhalten bleibt, wenngleich immer so, daß *auch* gesagt werden muß, sie sei im Wesen aufgehoben.

Dieser Befund macht deutlich, daß die These, die Logik des

Wesens beruhe auf einer Bedeutungsverschiebung im Begriff der Unmittelbarkeit, erweitert werden muß. Diese These bezog sich zunächst nur auf den Übergang von Schein zur Reflexion. Man hätte also meinen können, der Gedanke der Unmittelbarkeit sei wieder eindeutig bestimmt, sobald mit der Analyse der Reflexion begonnen worden ist. Nun stellt sich aber heraus, daß die Verschiebung der Bedeutung im Gedanken der Unmittelbarkeit zu einem Element im Begriff der Reflexion selber werden muß. Da nämlich die Folge, in der die Unmittelbarkeit dreimal im Gedanken des Wesens auftritt, in sich selber zurückläuft, könnte sich herausstellen, daß die Bedeutungsverschiebung von geringem Nutzen war. Das Wesen, als unbestimmte Unmittelbarkeit gedacht, würde doch wieder ins Sein zusammensinken, um als Negation erneut gegen es aufzustehen, – und so fort ohne Ende. Die Differenz zwischen ihm und seiner Negation wäre eine Relation von der Art der Seinskategorien. Sie bildete das Ende der Logik, – aber nicht ihren Abschluß in dem von Hegel intendierten Sinne. Sie mündete in eine Beziehung, die selber unvermittelt ist und dennoch unüberholbar bleibt. Nach den Kriterien für den Erfolg des spekulativen Programmes wäre dies sein Kollaps.

Um ihn zu vermeiden, braucht nur zu einem Inhalt des Begriffs vom Wesen gemacht zu werden, was zuvor nur als Mittel gedient hatte, ihn einzuführen: Die Bedeutungsverschiebung im Begriff der Unmittelbarkeit. Diese Prozedur scheint legitim zu sein, wenn a. die Verschiebung als solche akzeptiert werden kann und wenn b. der Begriff in der Bedeutung, von der her die Verschiebung erfolgt, in der Entwicklung des Begriffes wieder auftaucht, der Resultat der Verschiebung gewesen war. Eine Bedeutungsverschiebung, die in die Bedeutung eines Begriffes oder einer Theorie eingeht, die wesentlich auf ihm beruht, erscheint in ihr als Bedeutungsidentifikation. So haben wir also die beiden Bedeutungen von Unmittelbarkeit auch formal als U_1 (Unmittelbarkeit des Seins) und

U_2 (Unmittelbarkeit im Wesen) zu unterscheiden und ihre Identifikation als $U_1 = U_2$ auszudrücken.

Von ihr hängt ab, daß die Wesenslogik überhaupt in Gang kommt und nicht schon im ersten Schritt in ihren Ausgang zurückläuft, – ebenso die Mechanik aller ihrer folgenden Kapitel. Schon in der Übersicht über die Argumente zur Aufhebung der Bestimmtheit des Scheins im Wesen hat Hegel diese Mechanik offengelegt: »Die Negativität ist ihre Beziehung auf sich, so ist sie an sich Unmittelbarkeit« ($N-N = U$); »aber sie ist negative Beziehung auf sich, abstoßendes Negieren ihrer selbst, so ist die an sich seiende Unmittelbarkeit das Negative oder Bestimmte gegen sie« ($N-N \to U_1$). »Aber diese Bestimmtheit ist selbst die absolute Negativität« ($U_1 = U_2$) (12,1).

B. Setzen und Voraussetzen

Im Abschnitt über die setzende Reflexion ist diese Identifikation überall vorausgesetzt. Sie wird aber noch nicht im Argument, sondern nur im Kommentar benutzt. Hegels Programm in diesem Abschnitt ist immer noch auf die Relation orientiert, die unter dem Titel ›Schein‹ analysiert worden war. Nachdem nunmehr die Elemente des Scheines im Wesen aufgefunden sind und die Folgeordnung seiner Entwicklung angegeben wurde, will Hegel auch noch zeigen, daß sich die Relation, die die Grundlage für den Gedanken vom Schein war, aus dem Wesen selbst ergibt. Zuvor war der Begriff des Wesens aus der Transponierung der Elemente des Scheines in es gewonnen worden. Nun sollen sich rückläufig aus dem Wesen die Evidenzen genetisch aufhellen lassen, die bei der Beschreibung des Scheines leitend gewesen sind. Der Schein soll als Vollzugsform des Wesens verständlich werden, und zwar einschließlich dessen, was ihm seinen Namen gab: Dem Anschein der Unabhängigkeit seiner von der Selbstbeziehung der Negation. Indem dies geschieht, kommt die immanente Entwicklung des Wesens in Gang.

Der Schein, das Nichtige, ist nicht dadurch, daß ein Anderes ist, in dem es negiert ist. Sein Sein ist seine eigene Gleichheit mit sich. Das heißt aber, daß er die Gleichheit eines Nichtigen mit sich ist: die sich auf sich beziehende Negation. Ist nur davon die Rede, daß das Nichtige gleich mit sich ist, so wird wiederum davon abstrahiert, daß es sich um die Gleichheit der Negation handelt, die doch dem entgegengesetzt ist, was Unmittelbarkeit heißt.

Es ist deutlich, daß in dieser Überlegung die Identifikation der beiden Bedeutungen von Unmittelbarkeit für gerechtfertigt gilt. In der Analyse der setzenden Reflexion wird von ihr aber zunächst gar kein Gebrauch gemacht. Hegel nutzt zunächst nur den einfacheren, einleuchtenderen Gegensatz zwischen der Bestimmung der Gleichheit mit sich und der Selbstnegation aus: Die zweite scheint die erste auszuschließen. Denn Selbstnegation ist Entgegensetzung, also nicht Gleichheit. Aber als Negation der Negation erfüllt sie doch auch wiederum die Bedingung, unter der von Gleichheit geredet werden kann.

So läßt sich von der Unmittelbarkeit des Wesens sagen, daß sie einerseits als die Gleichheit des Negativen mit sich bestehe, daß sie aber als solche auch immer schon aufgehoben sei. Grund dafür ist zunächst gar nicht der einfache Umstand, daß die Unmittelbarkeit vom Negativen abhängig und darum in gewissem Sinne auch wieder nicht unmittelbar ist. Hegels Grund ist vielmehr der, daß das Negative als sich selber negierende Negation die Gleichheit, in der die Unmittelbarkeit besteht, immer auch schon zerstört. Ist das Negative negiert und somit eliminiert, so ist damit auch seine Gleichheit mit sich entfallen (15,2,1-5).

Das genügt, um den Terminus ›Gesetztsein‹ abstrakt einzuführen. Er meint die Unmittelbarkeit, die in sich selbst Entgegensetzung, somit Bestimmtheit hat, die überhaupt nur als diese Entgegensetzung ist (15,2,5-8). Diese Unmittelbarkeit muß diejenige sein, die im Scheine den Anfang zu machen schien. Die Reflexion bezieht sich aber gar nicht auf sie als das, von dem ihre Tätigkeit anzufangen hätte. Denn sie entsteht überhaupt erst in der Selbstbeziehung des Negativen (15,2,10 ff.).

An dieser Stelle wiederholt Hegel die Identifikation von U_2 mit U_1 (15,2,11/12), aber nicht als Argument, sondern nur als Kommentar. Noch ist nämlich nicht gezeigt, wie es vom Wesen aus zu der Vorstellung von einem Anfang kommen könnte, auf den die Reflexion sich bloß bezieht, zum Schein also, der sich inzwischen als unhaltbar erwies. Diesen Nachweis zu geben, ist zunächst Hegels Aufgabe. Er führt ihn, indem er den abstrakten Titel ›Gesetztsein‹ durch die beiden Reflexionsprozesse ›Setzen‹ und ›Voraussetzen‹ spezifiziert. ›Setzen‹ bezeichnet nur das schon Erläuterte, daß sich die Unmittelbarkeit nur als die Selbstbeziehung der Negation ergibt, womit sie also von ihr abhängig ist und in diesem Sinne zugleich auch suspendiert wird.

Der Prozeß des ›Voraussetzens‹ bringt aber Neues in die Analyse. Er ermöglicht den Übergang zur Aufklärung des Scheines aus dem Wesen. Wenn nämlich im Setzen die Unmittelbarkeit dadurch hervorkam, daß die Negation selbstbezüglich wurde, so ist doch zugleich festzuhalten, daß sich das Negative in seiner Selbstbeziehung eben *negierte*, also aufhob. Damit hebt aber die Negation auch sich selber als die Bedingung dafür auf, daß (kraft ihrer Selbstbeziehung) Unmittelbarkeit hervortritt. Unmittelbarkeit scheint somit ganz zu entfallen. Doch Hegel meint, was in Wahrheit entfalle, sei nur die Abhängigkeit der Unmittelbarkeit von der Reflexion. Denn festzuhalten ist auch, daß die Aufhebung der Negation gar nicht anders als durch ihre Selbstbeziehung zustande kommen kann. Durch die Selbstbeziehung, in der die Negation sich aufhebt, wird also die Unmittelbarkeit, welche ihre Selbstbeziehung ist, von ihr unabhängig gemacht. Sie ist nicht

Produkt; denn, so betrachtet, ist das Produkt null. Sie ist dem Produzieren von Null vorausgesetzt.

Dieser Gedankengang macht klar, daß ›Setzen‹ und ›Voraussetzen‹ nicht bloße Arten einer Tätigkeit sind, die zum Gesetztsein führt. Die zweite läßt sich nur durch die erste einführen: Auch das Voraussetzen ist ein Setzen, aber ein Setzen, das das Setzen zugleich als aufgehoben setzt (15,3,16).

Mit dieser komplizierten Überlegung ist Hegels Text und Gedankengang aber noch immer nicht vollständig transparent gemacht. Man kann das auch daran sehen, daß sie bisher ein Element in der Analyse der Bedeutung von ›Voraussetzen‹ noch nicht erreicht hat. Will Hegel den Grund des Scheines im Wesen selber auffinden, muß er auf dieses Element besonderen Wert legen: Voraussetzung ist zwar verstanden als das Setzen von etwas, das gesetzt ist als unabhängig von dem, das es setzt, – das also ist, wenn auch das Setzen aufgehoben ist oder, wie in diesem Falle, sich selber aufhebt. Damit ist aber noch nicht gesagt, daß das Vorausgesetzte auch in Beziehung auf die Reflexion gesetzt ist, so daß die Reflexion nunmehr auf es als auf ihre Voraussetzung reflektiert. Das Vorausgesetzte ist unabhängig von dem, was es voraussetzt, – zudem ist es aber auch dessen Bedingung.

In diesem zweiten Sinne ist Unmittelbarkeit im Wesen vorausgesetzt, sofern es Schein ist, – Unmittelbarkeit, die zu negieren ist und die immer schon negiert wurde. Sie will Hegel wieder erreichen. Er tut es, indem er alle hier ausgearbeiteten Überlegungen in eine einzige Wendung zusammendrängt und dazu noch eine weitere Konsequenz zieht: »Aber ferner ist diese Unmittelbarkeit die aufgehobene Negation und die aufgehobene Rückkehr in sich. Die Reflexion ist als Aufheben des Negativen Aufheben ihres Anderen, der Unmittelbarkeit« (15,3,6 ff.). Die neue Folgerung ist im Übergang vom ersten zum zweiten Satz versteckt und so zu explizieren: In der Selbstbeziehung hebt sich die Negation auf und setzt Unmittelbarkeit als von sich unabhängig. Damit ist aber etwas entstanden, auf das sich die Reflexion wiederum als ihr Anderes zu beziehen hat. Die Selbstbeziehung der Negation hebt die Negation *als* Unmittelbarkeit auf, schafft aber eine Unmittelbarkeit, die ihr als aufgehobener gegenübertritt. Indem diese nunmehr ihre Voraussetzung ist, kann die Negation, jetzt als Negation eines Anderen, erneut eintreten. Es erweist sich dann freilich, daß sie auch in dieser Beziehung auf ihr Anderes wieder nur als Beziehung auf sich verstanden werden kann. So setzt die Reflexion, indem sie sich aufhebt, ein Unmittelbares voraus und erneuert, indem sie es als ihr Anderes negiert, ihre Beziehung auf sich. Sie ist somit Schein, aber ein Schein, der in der Reflexion entsteht und in ihr bleibt. Man muß nur sehen, daß auch die Selbstaufhebung in ihrem Selbstbezug impliziert ist. Ihre Selbstnegation vernichtet die Reflexion nicht, sondern entwickelt sie nur.

Diese letzte Überlegung Hegels, die zu der Pointe seiner Analyse der Bedeutung von ›Voraussetzung‹ führt, soll dazu noch den besonderen Vorteil haben, die Identifikation der Bedeutung von U_1 und U_2 mehr als nur einleuchtend und wohl motiviert zu machen. Wenn man nämlich sagen kann, daß sich die Unmittelbarkeit der Selbstbeziehung (U_2) wegen der Auflösung der Bezogenen, die in der negierenden Selbstbeziehung geschieht, von dieser Beziehung ablöst und der Negation insgesamt als U_1 entgegentritt, – zunächst als von ihr unabhängig, dann als von ihr auch zu negierendes Gegenteil –, so hat man dem Vorgang der Verschiebung der Bedeutung von U_2 und U_1 gleichsam mit den Augen folgen können. So wäre man also auch berechtigt, umgekehrt U_1 mit U_2 zu identifizieren, wie es am Eingang der Analyse geschah. Daß Hegel dies im Sinne hat, geht daraus hervor, daß er es für eine Konsequenz seiner Analyse hält, wenn die Reflexion ihre eigene Selbstbeziehung als das setzt, was ihr entgegengesetzt ist. »In der Voraussetzung bestimmt die Reflexion die Rückkehr in sich als das Negative ihrer selbst, als dasjenige, dessen Aufheben das Wesen ist« (15,3,16). In Wahrheit ist aber gar kein neues Argument für die Identifikation vorgeführt. Denn man hätte denselben Sachverhalt ebensogut ausdrücken können, wenn man sagte, im Voraussetzen verschwände die Selbstbeziehung der Negation (U_2), und es trete U_1 als die gegen die Negation bestimmte Unmittelbarkeit ein. Dieser Wechsel ist weder die Ersetzung einer Bedeutung durch eine andere, noch zwingt er dazu, zu einer solchen Identifikation fortzuschreiten, wenn sie nicht schon in den Prämissen vorgesehen ist. Ohne die Voraussetzung der Identifikation würde nur der Anwendungsfall des einen Begriffes entfallen und sich statt dessen der Anwendungsfall des anderen ergeben.

Hegels Text bedarf also der Verbesserung. Er könnte weniger komprimiert geschrieben sein. Nur so würde er sein kompliziertes, aber einleuchtendes Argument aus dem unerwünschten Schleier spekulativer Esoterik und Enigmatik freigeben. Er könnte aber auch besser aufgebaut sein, und zwar so, daß die Bedeutungsidentifizierung ausdrücklich auf die Analyse des Voraussetzens folgte. Mit ihr wäre die weitere, die interne Analyse der Reflexionsstruktur eingeleitet.

Hegel fand nicht die Zeit, auch den zweiten Band der Logik neu zu fassen. Und niemand kann für den Toten zur Feder greifen. Es ist aber erlaubt und sogar nötig, die Folge der Argumente im Klartext von Hegels Gedanken anzugeben. Das soll hier noch geschehen und zugleich zur Zusammenfassung dienen: a. Die Selbstbeziehung der Negation bedeutet Setzen der Unmittelbarkeit. Denn Aufheben der Negation bedeutet Setzen ihres Gegenteiles. b. Da aber im Negieren der Negation die Negation insgesamt verschwindet, wird die gesetzte Unmittelbarkeit als unabhängig von der Negation gesetzt. So wird sie ihr vorausgesetzt. c. Aber auch das Voraussetzen ist ein Setzen. Die als unabhängig gesetzte Unmittelbarkeit ist somit nicht schlechthin Anundfürsichsein, sondern das, was von der Negation in Beziehung auf sie, als ihr

Anderes, vorausgesetzt ist. Damit ist die Beziehung zwischen Unmittelbarkeit und Vermittlung wieder hergestellt, welche der Schein war, – nunmehr als der Schein im Wesen.

Dieser Nachweis kommt noch zustande, ohne daß die Bedeutungsidentifikation benutzt wird. Er gibt aber Anlaß, alsbald auf sie zurückzukommen. Denn die Beziehung des Negativen auf sich, welche den ersten Begriff des Wesens ausmacht, ist längst als U_2 bestimmt. Und nun hat sich auch noch gezeigt, daß U_1 im Wesen selber sowohl hervortritt als auch in ihm von ihm selber als seine Voraussetzung an den Anfang seiner Bewegung gesetzt wird. Setzt man in diese Struktur die Bedeutungsidentifikation ein, so kann man sagen, daß das Wesen *sich selber* als sein Anderes voraussetze. Denn damit ist mehr gesagt als nur, daß das Wesen sein Anderes setze und aufhebe.

Vom ›absoluten Gegenstoß‹ (16,3,2) könnte freilich auch ohne die Identifikation die Rede sein. Er meint nur, daß die Unmittelbarkeit, gegen die das Wesen als seine Voraussetzung bestimmt ist, von ihm selber erzeugt wurde, so daß es sich also im Abstoßen von sich erst jenes Unmittelbare setzt, von dem es sich als das Negative wiederum abstößt. All dies ist das Wesen. Aber das heißt nicht, daß das Unmittelbare, das durch und in ihm ist und von dem es sich abstößt, es selber *sei*. Zwar gehört es ihm zu, ist Moment seiner, aber es *ist* es nicht ohne qualifizierende Einschränkung. Daß die Unmittelbarkeit, die vom Wesen verschieden ist, mit ihm identifiziert werden kann, ergab sich beim Übergang ins Wesen. Nur hier kann es sich auch ergeben. Denn hier ist zu zeigen, daß Wesen als Nachfolgerbegriff von Sein zu denken ist. Es wird gezeigt, indem Schein mit Wesen identifiziert wird. Damit ist klar, was die Folge wäre, wenn man McTaggarts Vorschlag annähme: Nichts weniger als die Zerstörung des Begriffs vom Wesen als einem Gedanken, der suisuffizient, – der vom Sein unabhängig gewordenes Prinzip der Entwicklung ist.

Man könnte dieser Konsequenz zu entgehen versuchen, indem man auf den Argumentschritt c. verweist. Wenn das Wesen sich Unmittelbarkeit voraussetzt und sie zugleich auch wieder aufhebt, so stellt es in sich die Relation des Scheines, die nichtige Unmittelbarkeit, wieder her. Da sie nun im Wesen auftritt, kann auch gesagt werden, daß die Unmittelbarkeit des Scheines lediglich ein Negatives gegen das Negative ist, das ihn aufhebt. Dann aber ist die Beziehung des Wesens auf die vorausgesetzte Unmittelbarkeit seine eigene Selbstbeziehung. Denn Wesen ist Beziehung eines Negativen auf seine Negation.

Mit dieser Strategie wäre aber nicht viel gewonnen. Denn sie muß die Tatsache anerkennen, daß der Schein im Wesen ganz als das auftritt, was er zuvor gewesen ist, – Unmittelbarkeit, gegen die das Wesen immer schon ihre Negation ist. Daß das Wesen sein Anderes produziert, kann immer auch heißen, daß es in die Struktur zurückgerät, aus der es gewonnen worden war. Wäre das Wesen nur die Negation dessen, was sich aus seiner Selbstaufhebung herstellte, so müßte seine Beziehung auf dies Produkt seines Entfallens immer als Vorgestalt des Wesens im Übergang vom Sein zu ihm gedeutet werden. Man hätte immer noch zu sagen, daß das Wesen seine vorausgesetzte Unmittelbarkeit negiert, indem es erneut aus dem Sein zu sich kommt. Das Sein bliebe ihm anhaften, wie immer auch als sein Produkt. Erst wenn es möglich ist, die Unmittelbarkeit, die aus der Selbstaufhebung hervorgeht, als eben die Unmittelbarkeit zu deuten, die dem Wesen als solchem eignet, kann des Wesens Beziehung auf seine eigene Negation als eine Beziehung seiner zu sich gedeutet werden. Dann erst darf auch gesagt werden, daß die Entgegensetzung eines Bestimmten gegen ein Bestimmtes (U – N), die eigentlich in die Sphäre des Seins gehört, zu einer Selbstbeziehung des Wesens geworden ist. Denn sie ist nun eine Beziehung des Wesens zu sich. Diese Beziehung ist gedacht im Gedanken der bestimmenden Reflexion. In ihr ist das

Wesen *in sich* ein bestimmtes. Das, wogegen es bestimmt ist, ist es selber. Der Gedanke der bestimmenden Reflexion macht deshalb auch den Anfang der Wesenslogik im Stadium der vollständigen Entwicklung ihrer Grundbegriffe.

C. *Äußere und bestimmende Reflexion*

Im Abschnitt über die bestimmende Reflexion hat Hegel selber deutlich gemacht, daß die Identifikation desjenigen Unmittelbaren, das dem Wesen als sein Anderes vorausgesetzt ist, mit diesem Wesen selber, noch nicht der setzenden Reflexion zugehört. Damit hat er im Nachtrag gesichert, wie der Abschnitt über die setzende Reflexion, der in dieser Hinsicht irreführt, gelesen werden muß: »Die Bestimmung, die (das Setzen) setzt, ist [...] *nur* ein Gesetztes; es ist Unmittelbares, aber nicht als sich selbst gleich, sondern als sich negierend; es hat absolute Beziehung auf die Rückkehr in sich; es ist nur in dieser Reflexion in sich, aber es ist nicht diese Reflexion selbst« (20,3,7 ff.). Anzumerken ist, daß diese Einschränkung der ganzen Struktur des Setzens gilt, also der setzenden wie der voraussetzenden Reflexion.

Zum Schritt von der setzenden zur bestimmenden Reflexion ist nichts weiter nötig als die Bedeutungsidentifikation $U_1 = U_2$, – die Unmittelbarkeit im Wesen gegen das Wesen ist das Wesen selber. Das wurde schon gezeigt und kann durch eine einfache Überlegung bestätigt werden: Das Gesetztsein ist nämlich der im Wesen wiederhergestellte Schein. Es war aber die Bedeutungsidentifikation, durch die sich ergab, daß der Schein dasselbe ist wie das Wesen. Darum kann nun, nachdem der Schein im Wesen wieder hervorkam, noch einmal gesagt werden, daß der Schein das Wesen sei, – nun aber als das Wesen, das sich selber entgegengesetzt ist. Der Schein ist das Wesen. Aber das Wesen erzeugt den Schein als den

Schein des Wesens. Der Schein des Wesens ist ($U_1 = U_2$!) das Wesen, welches sich sich selber negativ entgegensetzt.
Daß dieser Übergang so einfach zustande gebracht werden, kann, ist von Hegel verborgen worden. Er erklärt, daß die bestimmende Reflexion die Einheit der setzenden und der äußeren sei (20,2,2). Der Analyse der äußeren Reflexion räumt er einen eigenen Abschnitt ein. Wer die Absicht hat, die Triplizität auch in der äußeren Einteilung seines Werkes streng zu wahren, hat Grund, so zu verfahren. Gibt es bessere Gründe?
Wenn die Analyse der Rolle der Bedeutungsidentifikation richtig ist, so kann die äußere Reflexion nur interpretiert werden, wenn man sie als noch unvollkommene Verständigung über diese Identifikation beschreibt. Der Text gibt hinreichend Anlaß dafür. Zunächst scheint es zwar, als betone die äußere Reflexion ganz einseitig den Aspekt der setzenden, demzufolge das Wesen sich in sich selber ein Negatives entgegensetze, also das Moment des ›Voraus‹ in der voraussetzenden Reflexion (16,5,6/7). Von diesem Moment war aber längst gezeigt, daß es nur im Setzen zustande kommt. Wird also zum Gedankengang der ›setzenden Reflexion‹ nichts hinzugefügt, so kann auch die ›äußere Reflexion‹ nicht mehr als eine Anmerkung sein. In ihr würde dargelegt, was sich ergibt, wenn die Reflexion beim Voraussetzen ihre eigene setzende Tätigkeit vergessen macht.
Am Eingang der ›äußeren Reflexion‹ steht aber zumindest ein Satz, der, wenn auch unklar, mehr sagt: »Aber die äußerliche oder reale Reflexion setzt sich als aufgehoben, als das Negative ihrer voraus« (17,1,4/5). Daß dieser Satz Neues ankündigt, liegt einzig an dem reflexiven »sich« und der Beziehung des erläuternden »als« auf es. So sagt er nicht nur, daß die Reflexion, indem sie sich aufhebt, sich ein Unmittelbares voraussetzt und zur äußeren wird, wenn sie darauf besteht und ihr Setzen vorgibt. Er sagt, daß die äußere Reflexion *sich selber* als Unmittelbares zur Voraussetzung hat.

Nur nach der Bedeutungsverschiebung kann man aber so sprechen. Denn nur nach ihr läßt sich sagen, die Reflexion sei verdoppelt, als das Unmittelbare und als die Vermittlung, und sie sei in deren Beziehung aufeinander auf sich selber bezogen.

Wieso ist aber diese Reflexion ›äußerlich‹ zu nennen, wo sie doch gerade den Begriff der bestimmenden ausmachen soll? Das eigentliche Problem ist nicht das ihrer Differenz zur voraussetzenden, sondern zur bestimmenden Reflexion. Hegel kann diese Differenz nur in einen Mangel setzen, einen Mangel in der Art und Weise, in der in der äußeren Reflexion die schon geschehene Identifikation von U_1 mit U_2 verstanden wird. Die äußere Reflexion ist diejenige Reflexion, die das Unmittelbare als ein solches vorausgesetzt hat, das nicht ebenso unmittelbar aufgehoben werden kann. So hat sie eine Distanz zwischen sich und dem Unmittelbaren eingerichtet. Gleichwohl erlaubt sie noch nicht, es explizit zu machen, daß diese Selbständigkeit des Unmittelbaren das Gegenstück zu ihrer eigenen Selbständigkeit ist, so daß in Wahrheit dieselbe Selbständigkeit zweimal auftritt und damit auch in der äußeren Reflexion in Beziehung zu sich steht. Die äußere Reflexion ist deshalb äußere, weil dieser Sachverhalt in ihr ebenso wie das Unmittelbare nur vorausgesetzt, nicht gesetzt ist. Zur bestimmenden wird sie, wenn ihre Einschränkung aufgehoben wird.

Hegel selbst sieht nun aber einen anderen Übergang (18,1,12 ff.): Wenn die äußere Reflexion, die ein Unmittelbares voraussetzt, auch berücksichtigt, daß ihr Voraussetzen ein Setzen ist, wird die Unabhängigkeit des Unmittelbaren gegenüber der Reflexion wieder zurückgenommen. Das Unmittelbare war nur als das Andere der Reflexion bestimmt. Wird diese Differenz aufgehoben, so wird damit auch das Anderssein des Anderen aufgehoben. Darin geht die Reflexion mit dem Unmittelbaren zusammen, und es zeigt sich, daß das Unmittelbare selber Reflexion ist.

Dieses Argument ist nicht überzeugend, – es sei denn, daß die Identifikation der beiden Bedeutungen von Unmittelbarkeit zuvor schon geschehen und in ihm vorausgesetzt ist. Es sagt nicht mehr, als was schon im Nachweis der Wechselimplikation von Setzen und Voraussetzen erreicht war. Deshalb kann es auch nicht mehr bewirken als die Unmittelbarkeit, die in der äußeren Reflexion nur vorausgesetzt war, der Reflexion als ihr *Produkt* zusprechen. Nur wenn Unmittelbarkeit grundsätzlich schon als Selbstbeziehung gefaßt ist, kann der Nachweis, daß zwischen Voraussetzung und Reflexion kein äußeres Verhältnis besteht, dazu veranlassen, in Voraussetzung und in Reflexion dieselbe Selbstbeziehung anzunehmen. Ohne diese Prämisse kann Hegel nicht durch einen Fortschritt im Gedanken von der setzenden zur äußeren Reflexion kommen. Sein Text benutzt sie auch gleich am Anfang, wie gezeigt worden ist.

Mit Rücksicht auf die Sache, die als ›äußere Reflexion‹ bekannt ist, wäre es sinnvoll, diese Prämisse zu akzeptieren. Die setzende Reflexion mag man sich als eine endlose Reflexionsbewegung vorstellen, in der jeder Gedanke, ehe er sich konsolidiert und in seinem eigenen Kontext geprüft ist, im Bewußtsein seiner Voraussetzungen zerschmilzt. Wendet man die Struktur vom Spekulativen ins Phänomenale, so erlaubt sie es, die Evidenzen zu verstehen, die im Dauerzwang zu absoluter Rechtfertigung herrschen. Zu diesem Zwang verdirbt die Forderung nach ›kritischer Reflexion‹, wenn sie übersieht, daß kritisieren auch heißt, sich auf Sachzusammenhänge einzulassen. Solchem Reflektieren ist die Reflexion, die äußerlich bleibt, in Wahrheit überlegen. Sie räumt dem Vorausgesetzten eigenes Recht ein und befreit damit auf der anderen Seite auch die Reflexion aus der Ambivalenz, sich ständig zugleich von sich und vom Unmittelbaren abstoßen zu müssen, – eine Ambivalenz, in der es nirgends zur Bestimmtheit kommen kann. Aber sie ist doch nicht die vollendete Reflexion. Vollendet ist sie, wo das Unmittelbare in seinem eigenen Zusammenhang gelassen wird und gleichwohl der Reflexion, die sich selber verstanden hat, nicht mehr fremd entgegenkommt.

Damit ist die Selbständigkeit der äußeren Reflexion sowohl gegenüber der setzenden als auch gegenüber der bestimmenden gesichert. Ohne Antwort ist aber noch die Frage, wie die äußere Reflexion im systematischen Gang eingeführt werden kann. Setzt sie nämlich die Bedeutungsidentifikation voraus, so müßte gesagt werden, wieso sie deren Verständnis zugleich ermäßigen und in wichtigen Zügen verfehlen kann. Hegel bietet dazu keine Mittel an. Doch als Gerüst für den Aufbau des Übergangs von der setzenden über die äußere zur bestimmenden Reflexion kann nun folgende Gedankensequenz vorgeschlagen werden: a. Die Reflexion negiert sich und setzt Unmittelbares sowohl als ihr Produkt als auch als ihre Voraussetzung, – Unmittelbares, das ebensowohl negiert ist (setzende Reflexion). b. Dieses Unmittelbare ist die Reflexion selber, als sich entgegengesetzt (Bedeutungsidentifikation). c. In einseitiger Auffassung, die nur die nunmehr fix gewordene Entgegensetzung beachtet, führt dieser Gedanke zum Begriff der äußeren Reflexion. d. Aber dieser Begriff führt selber zurück zur Einsicht a, daß das Vorausgesetzte ebensowohl Gesetztsein ist. Dies Gesetztsein ist nun aber In-sich-Reflektiertsein. Damit hat sich die bestimmende Reflexion ergeben. In ihr sind die Entgegensetzung gegen das Unmittelbare und dessen Reflexion in sich gleichermaßen gedacht.

In der bestimmenden Reflexion tritt die Reflexion in sich zweimal auf. Beide Auftritte stehen in der Differenz von unmittelbar und vermittelt, später von positiv und negativ zueinander. Dieser Unterschied entspricht dem Unterschied der Seinskategorie, der sich also in gewisser Weise im Wesen wiederhergestellt hat (U-N). Zugleich ist er aber wesentlich modifiziert. Denn die Relata jeder Beziehung enthalten auch den Begriff der ganzen Beziehung in sich, und zwar nicht nur als ihre Voraussetzung, sondern als ihre eigene Struktur. Es kann deshalb gesagt werden, daß die Relata die Relation ebenso zu reproduzieren erlauben, wie sie selbst nur durch die Relation bestehen.

Ihre Beziehung zueinander ist nicht vollständig gleichgewichtig. Denn immer muß ausgegangen werden von der sich negierenden Negation. Sie setzt das Unmittelbare, und sie setzt es sich voraus. Aber es muß selber ebenso als Reflexion gesetzt werden. Als in sich reflektiert ist das Unmittelbare aber nicht nur das Negative der Reflexion. Es ist gesetzt als unabhängig von seinem Gesetztsein, als *bloß* auf sich selber bezogen. Nun ist aber auch seine eigene Selbstbeziehung negierende Selbstbeziehung. Denn sie ist ebendieselbe Selbstbeziehung, die die Reflexion ist. Somit hebt es sich in sich selber auf und setzt sein Gegenteil, die Reflexion, – bestätigt also deren Beziehung auf sie, welche die Reflexion selber zunächst negiert hatte. Aufheben kann es sich aber auch wieder nur, insofern es zugleich als Fürsichsein gesetzt ist.

Es macht die Reflexion zu einem Bestimmten. Denn sie ist nun das Gegenteil der Reflexion in sich im Moment ihrer Unmittelbarkeit, – man kann auch sagen deren Nichtsein, sofern sie nämlich sich negierende Negation ist. Dadurch wird auch das Unmittelbare ein Bestimmtes, – was es aber auch ohnedies wäre. Denn es war zuvor schon Bestimmtes; jene Unmittelbarkeit, welche die Reflexion setzte, als sie sich selber aufhob, somit auch wieder ihr entgegensetzte, sofern sie im Sichaufheben zugleich setzende war.

So erscheint die bestimmende Reflexion schließlich als Reflexionsbestimmtheit, nämlich als Relation zweier, deren Beziehung aufeinander aussieht wie ein elementares Faktum der Vernunft selber. Der Ursprung der Relation in der Selbstbeziehung der Reflexion ist verborgen. So scheint die Relation unhintergehbarer Anfang aller Theorie zu sein. Doch nur, wenn man ihren Ursprung in der Reflexion im Auge hat, kann man verstehen, wieso jedes der Relata nicht nur von der

Relation abhängig ist, sondern hinreichende Möglichkeit bietet, die ganze Relation aus seiner eigenen Bedeutung zu rekonstruieren. Die Relata der Reflexionsbestimmungen haben eigentlich gar keine Bedeutung, die sich von der Relation als ganzer konsequent unterscheiden ließe. Andererseits ist die Relation gewiß auch nicht ohne Relata zu denken. Beides erklärt sich daraus, daß die Relation samt ihren Relata nichts anderes ist als der voll bestimmte Begriff der Reflexion selber. –

Der Gedanke von der bestimmenden Reflexion bedarf nicht im gleichen Maße der Kommentierung wie die Schritte, aus denen er folgt. Denn Hegel hat ihn in klaren Sätzen erläutert und entwickelt. Dieser Abschnitt seiner Logik gehört zum Eindrucksvollsten, was er geschrieben hat. In ihm erreicht die Logik einen Höhepunkt, der die folgenden Kapitel der Wesenslogik durchaus beherrscht.

Es könnte gezeigt werden, daß die Argumente dieser Kapitel nicht autonom sind. Die Logik der Reflexion läßt sich aus einfachen Elementen entfalten, im Grunde allein aus a. dem Gedanken der negierten Negation, b. der zusätzlichen Prämisse, daß die Aufhebung der Negation ein positives Resultat hat, und c. der Bedeutungsverschiebung im Begriff der Unmittelbarkeit. In der Folge kann aber nicht mehr so verfahren werden. Die Struktur des Argumentes muß sich verändern. Während bisher der Begriff des Wesens eigentlich erst eingeführt und vollständig gemacht wurde, stellt sich nun die andere Aufgabe, seine divergierenden Momente kohärent zu machen. Nun muß die Einheit des Wesens in der Entgegensetzung zwischen ihm selbst und dem Unmittelbaren gedacht werden, das doch ebenso es selber ist. Solche Versuche werden andere Argumente verwenden müssen, als die es sind, die zum vollständigen Begriff des Wesens als bestimmende Reflexion führten. Es wäre wichtig, sie zu analysieren, ihr Verhältnis zu denen anzugeben, durch die der Gedanke der negierten Negation zum vollständigen Begriff des Wesens

wurde, und die Stellen zu markieren, an denen neue Bedeutungsverschiebungen stattfinden. Der analytische Kommentar zur Logik der Reflexion soll hier aber nicht weitergeführt werden.
Als methodischer Beitrag zur Hegelinterpretation hat dieser Kommentar ergeben, daß der Text der Logik durchaus mit Hegels eigenen Ideen und Ansprüchen verglichen werden kann. Der Zustand, in den Hegel sein Hauptwerk bringen konnte, weicht nicht wenig von dem idealen ab. Hegel hat selbst gemeint, daß er weit vom Ziel entfernt sei. Man kann sich davon überzeugen, daß diese Selbstkritik nicht in den Verdacht kommen darf, nur Ausrede und Camouflage des wahren Sachverhalts zu sein, daß nämlich die Sache selbst notwendigerweise undeutlich sei und möglich überhaupt nur als Dichtung mit Worten und Begriffsrudimenten. Ein solches Gebilde lasse sich gar nicht kritisieren. Dieser Verdacht vergißt sogar, daß man seit geraumer Zeit auch die Struktur von Dichtungen so gut verstehen kann, daß immanente Kritik möglich wird. Im übrigen hat sich aber gezigt, daß die Sequenz der Gedanken und Argumente in der Logik weder bloße Assoziation noch Resultat einer persönlichen Divination ist, auf die der nicht Initiierte nur durch Unterwerfung, durch Abkehr oder mit überanstrengter Imitation antworten kann. Bisher ist allerdings kaum versucht worden, in die Feinstruktur der Logik einzudringen, und das heißt, im Kommentar Alternativen für das Verständnis des Textsinnes zu entwickeln und zwischen ihnen mit Argumenten zu entscheiden.[6] Die Geschichte des Hegelianismus, der keine kleine Zahl bedeutender Köpfe für sich gewann, aber niemandem die Logik verständlich machen konnte, ist ein überzeugender Beweis für die extreme Schwierigkeit dieser Aufgabe.
Zu völliger Klarheit über sein Verfahren hätte Hegel selber

---

6 Der erste (wichtige) Kommentar zu einem Teil der *Logik* ist nicht analytisch im Sinne von argumentierend, sondern erläuternd. Vgl. Peter Rohs, *Form und Grund*, in: *Hegelstudien*, Beiheft 6, 1969.

nicht kommen und führen können, wenn er auch weitere Jahrzehnte an sie gewendet hätte. Auch dann hätte er den Vorgang der Bedeutungsverschiebung und der Bedeutungsidentifikation nicht ausreichend beschrieben, – wenigstens nicht, ohne sich noch ein weiteres methodisches Instrumentarium neu zu erarbeiten. Erst ein halbes Jahrhundert später hat man begonnen, es auszubilden, stets ohne merkliche Beziehung zu Hegel und in der Regel seiner Nachwirkung entgegen. Die Bedeutungstheorie hatte jedem direkten Zugriff zur metaphysischen Wahrheit als Kritik entgegenzutreten. Dennoch bietet Hegels Logik genügend Anlaß, als Begriffskritik und Theorie der Aufeinanderfolge von Bedeutungssystemen gewürdigt zu werden. Auf die Frage, in welchem besonderen Sinne sie es ist, wird später noch eingegangen.

Zu einem Teil lassen sich die Mängel im Text, der die Logik der Reflexion darstellt, aus dem Umstand erklären, daß Hegel versuchte, weil er über Eigenart und Gewicht der Bedeutungsidentifikation nicht im klaren war, ihre Rolle im Argument möglichst zu reduzieren. So erwies sich, daß sie in der Analyse der äußeren Reflexion faktisch vorausgesetzt ist. Implizit ist sie auch von Hegel als Voraussetzung anerkannt. Dennoch versuchte er, die Identifikation erst aus der äußeren Reflexion im Übergang zur bestimmten zu gewinnen. Man muß Mängel dieser Art von anderen wie etwa denen in der Darstellung der setzenden Reflexion unterscheiden, die eher aus übermäßiger Komprimierung des Arguments im Interesse rhythmischer Darstellung eines spekulativen Gedankens herkommen.

Die Substanz muß als Subjekt bestimmt werden. Dieser Satz und die beiden Postulate, die er impliziert, formulieren vollständig das Programm der Logik: Subjektivität muß so gedacht werden, daß die Bedeutung von Substanz in ihr wiedergefunden werden kann. Zweierlei muß also geleistet werden:

1. Zum einen ist zu zeigen, daß in der Selbstbeziehung der

Subjektivität jedes der beiden Relata die ganze Beziehung einschließt, und zwar so, daß man auch sagen kann, daß diese Beziehung den Begriff eines jeden der Relata vollständig ausmacht. Im Subjekt, dem ›Ich‹, stehen nicht zwei Verschiedene in Beziehung zu sich. Dasjenige, welches in Beziehung steht, und das, zu dem es in Beziehung steht, sind beide die ganze Beziehung. Ich ist gleich Ich, faßt sich als mit sich identisch und ist auch gar nichts als dasjenige, was mit sich identisch ist.

Dieser Nachweis ist mit der Entwicklung des Begriffs der Reflexion gegeben, sobald die Bedeutungsidentifikation erfolgt ist. Infolge ihrer kann gesagt werden, daß eines sich von sich unterscheidet und in der Entgegensetzung gegen sich sich nur zu sich selber verhält. Es und das Andere seiner sind gleichermaßen es selber. Damit ist zugleich auch der eigentliche Charakter dessen bestimmt, was absolute Negativität heißt. Alles Reden über Dialektik, bestimmte Negation und Einheit der Gegensätze, das diese Struktur nicht im vollen Bewußtsein ihrer Bedeutung erreicht und zu handhaben weiß, hat mit dem wenig zu tun, was Hegel eigentümlich ist und was ihm selber das Wesentliche war. »Der Unterschied ist das Ganze und sein eigenes Moment [...] Dies ist als die wesentliche Natur der Reflexion und als bestimmter Urgrund aller Tätigkeit und Selbstbewegung zu betrachten« (33,2,12 ff.).

2. Nun soll aber, zum anderen, durch die Logik auch gezeigt werden, daß in dieser Subjektivität das festgehalten werden kann, was für die Rede von ›Substanz‹ charakteristisch ist. Das Subjekt, das sich zu sich als zu einem Anderen verhält, muß auch eines sein, das sich als Bestimmtes unter anderen und somit als ein Besonderes, von der Allgemeinheit seiner Selbstbeziehung Unterschiedenes kennt. Gesetzt, daß es sinnvoll ist, vom Subjekt als Singular zu reden, seinen Begriff also als Prinzip einer monistischen Ontologie zu verwenden, dann kann auch dieses Subjekt nicht alle Besonderheit in seiner Selbstbeziehung auflösen. Es muß ihr Möglichkeit zu

eigener Entwicklung geben und gerade so in ihr sein eigenes Selbstverhältnis herstellen und bewahren. Nur dann ist das Subjekt in seiner Selbstbeziehung immer noch, was zunächst die Substanz war: letzte Grundlage von Attributen.

Diesen Gedanken vom sich selber spezifizierenden Subjekt hat die Logik der Reflexion nur vorbereitet, nicht schon erreicht. Er ist vorbereitet, weil sich in der Selbstbeziehung ein Unterschied ergab, der als Bestimmtheit der Reflexion durch ein ihr Anderes gedeutet werden kann, das doch auch wiederum nur sie selber ist. Doch dieser Unterschied läßt sich noch nicht zu einer Spezifikation ausarbeiten. Denn im Wesen bleibt er, was das Wesen selber war: Schein. Ist das Unmittelbare als Beziehung auf sich gesetzt, so ist seine Beziehung zur Reflexion als dem, das ihr noch immer entgegengesetzt ist, verschwunden. Ist aber das Unmittelbare als das Andere der Reflexion bestimmt, so kann es seinen Unterschied gegen sie erst gar nicht befestigen. So wie die Reflexion in ihrer Bestimmtheit sowohl die ganze Beziehung und damit selbstgenügsam als auch nur das Andere des Setzens ist, so ist auch dies Setzen entweder in seinem Produkt verschwunden, oder es hält dies Produkt als *bloßes* Gesetztsein in vollständiger Abhängigkeit von sich. Alle folgenden Stufen, zu denen sich der Begriff des Wesens entwickeln läßt, sind nur ebenso viele Versuche, von der Instabilität im Gleichgewicht dieser beiden Momente, von ihrem bloßen ›sowohl als auch‹ loszukommen. Es ist Hegels Meinung, daß dies nur in der Logik des Begriffs gelingen kann. Man muß also fragen, ob dieses Buch der Logik einen originären Gang hat, der ebenso elementar beginnt wie die Logik des Wesens in der Entfaltung des Begriffs der negierten Negation zur bestimmenden Reflexion. Die Alternative dazu wäre, daß alle folgenden Analysen, samt ihren Erweiterungen und Verschiebungen der Bedeutungen ihrer Terme, vom Begriff des Wesens als von einer Voraussetzung dependieren, die ausgezeichnet und basal ist und auf die stets – implizit oder explizit – zurückgegangen werden muß. Diese Frage beantworten hieße die Logik insgesamt zu rekonstruieren und die Stelle zu bestimmen, welche die Analyse der Reflexion in ihr hat. Das kann hier nur in Thesen geschehen. Zuvor ist aber noch über methodische Aspekte der Reflexionslogik selber zu sprechen.

III. Methode und Aufbau der Logik

Der Begriff des Wesens war nur über eine Bedeutungsverschiebung zu erreichen. Sie ist von besonderer Art. Bedeutungen haben Grade von Bestimmtheit. Auf mindestens zweierlei Weise können sie zu größerer Bestimmtheit kommen. 1. Ihr Verhältnis zu immer mehr anderen Bedeutungen kann nach Nähe und Ferne, Vereinbarkeit und Unvereinbarkeit und anderen Gesichtspunkten aufgeklärt werden. 2. Man kann bisher unbekannte Charaktere auffinden, die der Bedeutung als solcher zugesprochen werden müssen. Was ›Gold‹ meint, zum Beispiel, wurde bestimmter, als es vom benachbarten Platin zu unterscheiden war, aber auch, als die Eigenschaft, auch in extremen Verhältnissesn nicht zu oxydieren, interessant und Element in seiner Begriffsbestimmung wurde. In beiden Fällen kann der Weg von Unbestimmtheit zur Bestimmtheit nicht als Weg vom Vagen zum Eindeutigen beschrieben werden. Denn vage ist ein Begriff nur dann, wenn es unmöglich ist, in signifikanten Fällen, in denen sein Gebrauch in Frage steht, zu sagen, ob er angewendet werden kann oder ob nicht. Seitdem es Prüfsteine für Gold gab, war der Begriff ›Gold‹ nicht mehr vage, – zumindest nicht in seiner wichtigsten Verwendungsweise.[7]

In einem ersten und einfachen Sinne kann man jede Bestimmung einer Bedeutung schon eine ›Bedeutungsverschiebung‹

[7] Vgl. Max Black, *Vagueness*, in: *Language and Philosophy*, Ithaca 1952, S. 23 ff.; William Alston, *Philosophy of Language*, Englewood Cliffs 1964; R. Swinburne, *Vagueness, Inexactness and Imprecision*, in: *British Journal for the Philosophy of Science* 19, 1969, 281 ff.; H. F.

nennen. Bedeutungsverschiebung liegt dann vor, wenn ein Begriff nicht mehr in genau der gleichen Weise gebraucht werden kann wie zuvor. Das ist auch der Fall, wenn eine Bedeutung sich bloß in Relation zu anderen fortbestimmt. Es lassen sich dann nämlich Fälle denken, in denen der Begriff in einer Weise gebraucht werden konnte, die mit den Bedeutungselementen unvereinbar gewesen wäre, die durch die Fortbestimmung zu den bisherigen hinzukamen. Gold etwa konnte vor der Fortbestimmung als schwerstes Metall in nächster Nachbarschaft zum Silber beschrieben werden, – nicht so nach der Fortbestimmung.

In der Entwicklung von Wissen und Sprache geschehen solche Bedeutungsverschiebungen unablässig und in großer Zahl. Es gibt aber auch seltenere Bedeutungsveränderungen; und sie sind Verschiebungen in einem anderen Sinne. In ihnen werden Gegebenheiten, die zuvor aus dem Anwendungsbereich eines Begriffes kraft seiner Bedeutung ausgeschlossen waren, zu Anwendungsfällen von ihm, möglicherweise sogar zu ausgezeichneten. So sind zum Beispiel ›Wolke‹ und ›Menge sehr kleiner Wassertropfen‹ im alltäglichen Wissen voneinander verschieden. Es hat sich aber gezeigt, daß Wolken eben solche Mengen sind. Darum ist es auch sinnvoll, die Bedeutung von ›Wolke‹, in der Wolken als kontinuierliche Gebilde, nicht als Menge, vorgestellt sind, durch die Bedeutung ›Menge von sehr kleinen Wassertropfen‹ zu ersetzen.

Ein anderes Beispiel ist die Bedeutungsverschiebung im Begriff ›Erde‹, der einmal wesentlich durch seinen Gegensatz zum Begriff ›Stern‹ bestimmt war, nun aber etwas meint, das zur Klasse der Sterne gehört. In beiden Beispielen wird ein Begriff durch Bedeutungsverschiebung in die Klasse derer einbezogen, deren Begriff er zunächst entgegengesetzt war.

Fulda hat in einem interessanten Vortrag auf einer Tagung im Juli 1971 unter anderem zu zeigen versucht, daß man aus der Bestimmung vager Gedanken die Entstehung der allgemeinen Einteilungen der Logik verständlich machen kann.

Unter seltenen Umständen kann es auch geschehen, daß die Referenten eines Begriffes, die einer Klasse von Objekten entgegengesetzt worden waren, durch Bedeutungsverschiebungen zu den *einzigen* Referenten dieser Klasse werden. Beispiele dafür sind einige Bedeutungswandlungen im Begriff der Freiheit. Wenn zunächst die Freien die sind, die nicht vom Willen anderer abhängig und somit die, die keine Sklaven sind, so kann sich in veränderter Perspektive zeigen, daß allein den Sklaven das Prädikat, frei zu sein, wirklich zukommt. Eine solche Bedeutungsverschiebung kann man eine ›radikale‹ nennen.

Alle diese Beispiele sind Fälle von Bedeutungswandel in empirischen Begriffen. Bei Theorien, in denen Begriffe durch implizite Definitionen eingeführt werden können, findet sich noch ein anderer Fall von Bedeutungsverschiebung. Seine Eigenart ist schwerer zu kennzeichnen. Man wird aber sagen können, daß ganze Theorien ebenso aufeinander folgen können wie Bedeutungen, die schon in einzelnen Sätzen ohne Theorielast zu gebrauchen sind. Ein Begriff in einer Theorie T_2 ersetzt dann die Bedeutung eines Begriffes C in der Theorie T_1, die ihm vorausgeht, wenn er a. in T_2 formale Eigenschaften hat, die denen, die C in T_1 hat, ähnlich sind, und wenn er b. die Fälle, in denen C in T_1 gebraucht wurde, innerhalb von T_2 zu beschreiben erlaubt. Diese Kriterien können sehr viel genauer entwickelt werden.[8] Sie geben dann auch Anlaß zu Kontroversen, welche die gegenwärtige Situation in der Wissenschaftstheorie weitgehend beherrschen.[9] Auch in rudimentärer Fassung reichen sie aber

---

[8] Ich verweise auf die Diskussion, die sich im Anschluß an einen Aufsatz von Arthur Fine im *Journal of Philosophy*, Vol. 64, S. 231 ff., vor allem im *British Journal for the Philosophy of Science* entwickelt hat. Vgl. aber auch Mary Hesse, *Fine's Criteria of Meaning Change*, in: *Journal of Philosophy*, Januar 1968.

[9] Im Zusammenhang mit der Kritik an den radikalen Theorien vom Bedeutungswandel theoretischer Begriffe, die vor allem von Thomas Kuhn und Feyerabend vertreten werden, und deren Verteidigung gegen diese

aus, Fälle von Bedeutungsverschiebungen in Theorien von der Verwandlung von bloßen Wortbedeutungen zu unterscheiden. Im Sinne der theoretischen Bedeutungsverschiebung folgt etwa der relativistische Begriff der Materie auf den Materiebegriff Newtons. Im selben Sinne verspricht die Neurologie, den philosophisch-psychologischen Begriff der Wahrnehmung durch einen Begriff von Erregungszuständen von Zellen zu ersetzen. Man hat solche Begriffe, die theoretischen Bedeutungsverschiebungen entstammen, Nachfolgerbegriffe genannt.[10]

Will man nun den Charakter der Bedeutungsverschiebung am Anfang der Reflexionslogik fassen, so ist zunächst zu sagen, daß sie sowohl die Eigenschaften der theoretischen als auch die der radikalen Verschiebung hat. Denn sie spricht Unmittelbarkeit dem zu, was ihr zuvor entgegengesetzt war, und sie gewinnt auch die Negation der Negation als den zunächst *einzigen* Fall von Unmittelbarkeit. Es ist weiter auch klar, daß die Begriffe der Reflexionslogik weder ostensiv noch deskriptiv gewonnen werden und daß sie somit theoretische Begriffe sind, wenn auch in einem Sinne, der von dem einer erfahrungswissenschaftlichen Theorie abweicht.

Man kann die Begriffe, die Hegel auf jeweils einer Stufe der Entwicklung seiner Logik analysiert, als Kern einer möglichen Ontologie auffassen. Sie sind nicht in Beziehung auf Erfahrungsgegebenheiten eingeführt. Sie können aber in der Beschreibung von Erfahrungen angewendet werden. Und es ist

---

Kritik. (Literatur bei Jerzy Giedymin, *The Paradox of Meaning Variance*, in: *British Journal for the Philosophy of Science* 21, 1970).

10 Der Begriff wurde von Sellars eingeführt und von Feigl akzeptiert. Vgl. Feigl, *The Mental and the Physical*, Postscript 1967, S. 141/2. Die Diskussion über die Möglichkeit, Bewußtseinszustände mit Gehirnzuständen zu identifizieren, ist beinahe nichts anderes als eine Diskussion über die Verwendung des Begriffs der Identität unter nicht-analytischen Bedingungen. Sie findet also im selben Zusammenhang wie die in Anm. 8 genannte Diskussion statt. Eine Verbindung zwischen beiden ist aber bisher nicht zustande gekommen.

dann möglich, die in der Logik behandelten Grundzüge durch Modifikationen und durch Kombination mit anderen Begriffen zu erweitern.[11] Wenn die Methode der Logik überhaupt sinnvoll zu machen und wenn ihr Programm auszuarbeiten wäre, so könnte sie garantieren, daß eine solche Ontologie in sich homogen und in Beziehung auf ihre Alternativen richtig geortet ist. Und sie könnte angeben, was jeweils zum invariablen Kern einer Ontologie zu gehören hat und wann eine Ontologie nicht nur ergänzt und verfeinert, sondern durch eine ganz andere ersetzt worden ist. Hegel selbst meinte, daß die Logik der Reflexion den Kern jener Ontologie untersucht, die Leibniz im Auge hatte.

Die Besonderheit der Bedeutungsverschiebung, aus der sie sich ergibt, ist als ›radikal‹ und ›theoretisch‹ noch nicht vollständig ermittelt. Theoretische Nachfolgerbegriffe ersetzen ihre Vorgänger komplett und haben innerhalb T_2 durchaus Exklusivrecht. Sie schließen den Gebrauch der Prädikate aus, die im Vorgängerbegriff gedacht waren, der T_1 angehörte. Gerade das trifft nicht zu für den Fall der Bedeutungsverschiebung zur Reflexionslogik. Denn hier ist die Bedeutungsverschiebung nicht nur die Voraussetzung dafür, daß der Begriff des Wesens als Nachfolger von ›Sein‹ eingeführt werden kann. *Sie wird zugleich zu einem Bestandteil von dessen eigener Bedeutung.* Denn im voll entwickelten Begriff des Wesens wird ›Unmittelbarkeit‹ eben nicht nur der Selbstbeziehung der Negation zugesprochen. Auch ihr Produkt ist Unmittelbarkeit, und zwar in genau demselben Sinne, in dem Unmittelbarkeit in der Vorgängertheorie der Wesenslogik der Ver-

[11] Das Problem der Kombinierbarkeit der in der Logik entwickelten Begriffe ist von Hegel nirgends behandelt worden. Dennoch setzt er in den Realphilosophien ständig voraus, daß sie, und zwar in geregelter Form, kombiniert werden können. Dies Problem ist übrigens nur das vielleicht wichtigste unter vielen, die sich noch stellen, wenn die Probleme des logischen Progresses aufgeklärt sind. Im Unterschied zur Logik als Grundtheorie und der Metatheorie, die ihre Methodenprobleme erörtert, lassen sie sich als Probleme logischer Sekundärtheorie klassifizieren.

mittlung entgegengesetzt worden war. So tritt also Unmittelbarkeit im Wesensbegriff zweimal auf, – einmal in der Bedeutung, die sich durch die Verschiebung ergab, zum anderen in der ursprünglichen Bedeutung von ›Unmittelbarkeit‹ vor der Verschiebung, – nur so, daß der Auftritt dieser Bedeutung im Wesensbegriff vom Auftritt der ›Unmittelbarkeit‹ in der verschobenen Bedeutung abhängig ist. Denn der Fall von U_1 ist gegeben, *weil* die Negation negiert und somit der Fall von U_2 gegeben ist.

Diese Abhängigkeit besteht nur insofern, als die Reflexionslogik als Nachfolgertheorie der Seinslogik auftritt. Geht man einfach nur von der negierten Negation aus, dann ergibt sich zwar Unmittelbarkeit, die ebenso aufgehoben und vermittelt ist. Wie gezeigt wurde, ergibt sich aber nicht, daß diese Unmittelbarkeit identisch mit der Reflexionsstruktur ist und daß aus diesem Grunde der negierten Negation selbst das Prädikat, unmittelbar zu sein, zugesprochen werden muß. Dann allerdings ergäbe sich auch gar nicht der volle und autonome Begriff des Wesens. Daß $U_1 = U_2$, ist nicht ein Resultat der bloßen Analyse der negierten Negation und ihres Setzens. Es gehört zu den *Voraussetzungen* dieser Analyse, wenn anders sie den Begriff der bestimmenden Reflexion ergeben soll. In der Regel gibt Hegel zwar seinem Argument einen anderen Anschein. Untersucht man aber seinen Text genauer, besonders die Rolle der Einleitung in die Wesenslogik mittels der Analyse des Scheines, so stellt sich der wahre Sachverhalt heraus. Die Bedeutungsverschiebung ist also nicht etwa deshalb ein Teil der Wesenslogik, weil sie in einem ihrer Theoreme begründet ist, sondern deshalb, weil sie als ein Postulat fungiert, aufgrund dessen allein diese Logik in eine selbständige Entwicklung kommt.

Auch in dieser Funktion geht sie aber der Reflexionslogik nicht nur voraus, gleichsam wie eine ihrer historischen Bedingungen im Prozeß der Theoriegeschichte. Sie gehört zu ihr. Anders könnte auch gar nicht ›Unmittelbarkeit‹ *innerhalb* der Wesensstruktur in zweierlei Bedeutung und doch als Bezeichnung desselben Wesens, als Gesetztsein und als Reflektiertsein, auftreten.

Die für Hegels Dialektik typischen Inkonsistenzen ergeben sich nicht erst dadurch, daß Unmittelbarkeit in der Wesensstruktur zweimal vorkommt, – mit der Selbstbeziehung identisch und ihr entgegengesezt. Auch schon darin, daß die Unmittelbarkeit zur selben Zeit als nur gesetzt und als durchaus vorausgesetzt gedacht werden muß, ist eine solche Inkonsistenz gelegen. Wohl aber ergibt sich die Inkonsistenz, die für die Wesenslogik eigentümlich ist, durch die Bedeutungsverschiebung, die in sie integriert wurde.

Ist eine Theorie oder ein Theoriekern schlechtweg inkonsistent, so verliert er schon dadurch jede bestimmte Bedeutung. Denn aus Inkonsistenzen ergeben sich widersprüchliche Sätze mit gleichem Wahrheitsanspruch, aus denen sich dann Beliebiges folgern läßt. Es muß deshalb versucht werden, die Inkonsistenz zu beherrschen. Das kann dadurch geschehen, daß sie eigenen Regeln unterworfen wird, die es ausschließen, daß von den inkonsistenten Begriffen innerhalb der Theorie *beliebig* Gebrauch gemacht wird. Eine solche Regel wird anzugeben haben, unter welchen Bedingungen von der Ununterschiedenheit der beiden Bedeutungen und unter welchen von ihrem Unterschied auszugehen ist. Dann ergeben sich zwar immer noch widersprüchliche Sätze. Sie ergeben sich aber so, daß es sinnvoll ist, sich in ihrem Kontext nach Regeln zu bewegen, und zu weiteren Sätzen fortzuschreiten. Sollte sich erweisen, daß es unvermeidbar ist, in der Dimension einer Theorie möglicher Ontologien so zu verfahren, so wäre damit auch das Verfahren Hegels gerechtfertigt, das er spekulative Logik nennt. Die allgemeinen Probleme, die sich bei der Analyse dieses Verfahrens – zahlreich und komplex – ergeben, sind hier nicht abzuhandeln.[12]

---

12 Vgl. zuletzt Andries Sarlemijn, *Hegelsche Dialektik*, Berlin 1971.

Gleichwohl muß die Untersuchung in einen weiteren Zusammenhang gebracht werden. Denn es bleibt weiter aufzuklären, unter welchen Bedingungen jene Bedeutungsidentifikation erfolgt, die aus der negierten Negation allererst jene spekulative Grundstruktur macht, die Hegel auf dem Weg zum Gedanken der Subjektivität der Substanz voranbringt. Ist einmal erkannt, daß sie einer Bedeutungsidentifikation zu verdanken ist, so ist damit auch schon gesichert, daß sie sich nicht mit der Konsequenz einer logischen Deduktion aus irgendwelchen Prämissen ergeben kann. Denn die Art und Weise, in der eine Bedeutungsverschiebung erfolgt, kann niemals durch Deduktion erzwungen werden. Zwar können die Umstände, unter denen eine Bedeutungsverschiebung zu veranlassen ist, durch eine Regel festgelegt werden. Diese Regel hat aber nicht den Status einer Prämisse oder einer Deduktionsregel. Eher ist sie einem methodischen Konstruktionsprinzip beim Aufbau von Theorien zu vergleichen.

Die Bedeutungsverschiebung zum Wesensbegriff ist motiviert durch die Situation, die sich am Ausgang der Seinslogik ergeben hatte. Hegel meint, er habe dort gezeigt, die Voraussetzungen, aufgrund deren der Begriff der absoluten Indifferenz eingeführt worden war, seien in dessen Analyse entfallen, – damit aber auch die Voraussetzung der Logik des Seins insgesamt: Die Indifferenz und die in ihr indifferent gesetzten Bestimmtheiten lassen sich nicht mehr weiter als äußerlich gegeneinander festhalten, – so als habe jede auch noch ein Sein für sich. Somit muß die Indifferenz nicht nur als indifferent gegen ihre Bestimmtheiten, sondern ebenso als indifferent gegen sich selbst gedacht werden. Diese Wendung zeigt an, in welcher Richtung man eine Begriffsstruktur suchen muß, welche den Zusammenhang stabil zu machen erlaubt, der unter dem Titel ›Indifferenz‹ gefaßt werden sollte, sich unter ihm aber nicht stabilisieren ließ: Gesucht ist nach einem Begriff, der als Indifferenz gegen sich beschrieben werden kann, – in dem aber auch die in die Differenz schon eingebrachten Momente wieder erreicht und in dem sie interpretiert werden.

Irrig wäre es zu meinen, daß ›Indifferenz gegen sich selber‹ schlechtweg derselbe Gedanke sei wie ›negierte Negation‹. Denn im Gedanken der Indifferenz ist immer auch Bestimmtheit mitgemeint. Nur in Beziehung auf sie kann von Indifferenz die Rede sein, nämlich als Nichtbestand von Differenz, somit von Bestimmtheit. Auch die Indifferenz, die sich selbst entgegengesetzt wird, muß also als eine bestimmte gedacht werden, solange ›Indifferenz gegen sich‹ noch nicht in den Gedanken der negierten Negation übersetzt ist. Im Unterschied zu ihr ist nämlich die negierte Negation, ganz abstrakt genommen, gar nichts als das Aufheben jeglicher Bestimmtheit, als die Beseitigung jeglichen Denkens, – jeder Behauptung und jeder Bestreitung. Darum kann aber auch die negierte Negation nur in einer Perspektive, die schon die der bestimmenden Reflexion ist, als Nachfolgerbegriff der Indifferenz auftreten.

Dieser Begriff muß freilich nicht erst von weit her geholt oder ganz neu entwickelt werden. Im Gange der Seinslogik wurde er stets benutzt und offenbar benötigt. Es ist aber wichtig, sich klarzumachen, daß er dort nicht Gegenstand der Analyse war. Er diente lediglich dazu, die Relationen hervorzuheben und zu bezeichnen, die sich in den einzelnen Kategorien des Seins intern ergeben hatten. Keine dieser Relationen war *allein* durch die Negation der Negation konstruiert worden. Stets gab es besondere Voraussetzungen. Deren Existenz läßt sich daran erkennen, daß die Negation eines Negativen niemals nur das Korrelat der Negation ergab, sondern stets ein in einem spezifischeren Sinne unmittelbar Bestimmtes, – etwa Qualität unter Qualitäten, ein anderes Eins, bestimmte Quantität.[13]

---

13 Vgl. Reiner Wiehl, *Platos Ontologie in Hegels Logik des Seins,* in: *Hegelstudien* 3, 1965, S. 178.

Dieser Umstand läßt sich aus Hegels formuliertem Grundsatz erklären, demzufolge die Negation stets ein Resultat hat. Besser ist aber die Erklärung mittels der Struktur, die in der Logik der Reflexion bekanntgemacht wurde: Die negierte Negation produziert sich eine Voraussetzung; und in dieser Voraussetzung setzt sie sich ferner auch sich selber voraus. Sieht man vom Gesichtspunkt dieser Analyse aus auf die Logik des Seins zurück, so wird verständlich, wieso die Explikationsmittel einerseits wirklich geeignet waren, einen Gedankenfortschritt begrifflich zu artikulieren, – aber auch, wieso sie ihn nicht vollständig fassen konnten. Was in der verstandenen Reflexion die Voraussetzung ihrer durch sich selber ist, muß in der Seinslogik als Korrespondenz zwischen den Explikationsmitteln und der Begriffskorrelation erscheinen, die nicht restlos in der Begriffsstruktur der Explikationsmittel aufgeht.

Die vollständige Analyse der Explikationsmittel hat aber Voraussetzungen in der Entwicklung dieser Korrespondenz im Sein bis zur Einsicht in die Mängel, die innerhalb ihrer grundsätzlich nicht behoben werden können. Erst nachdem die Indifferenz erreicht und in die Aporie entwickelt wurde, sieht Hegel die Möglichkeit, die negierte Negation als Nachfolgerbegriff einer seinslogischen Kategorie einzuführen, somit als Thema, nicht als Operationsregel seiner Logik.

Aus ihrer Vorgeschichte als methodisches Instrument haben sich aber doch zwei Kriterien ergeben, unter denen die negierte Negation nunmehr zu entwickeln ist:

1. Sie muß erstens als eine Operation genommen werden, die ein Resultat hat. Unter dieser Bedingung fungiert sie schon in der ganzen Logik des Seins als Explikationsmittel. Dort wurde dies Postulat aber auch noch dadurch gerechtfertigt, daß es die interne Verfassung von Bedeutungen aufzuhellen vermochte, die in allgemeinem Gebrauch sind. Auch entsprach es nur der Entwicklungsgeschichte dieser Bedeutung, die sich nach Hegels Meinung jedem Denkenden unwiderstehlich auf-

drängt, der Elemente einer Bedeutung in stabile Beziehung zueinander zu bringen versucht.

2. Die negierte Negation muß nicht nur irgendein Resultat haben. Sie muß es *in einer Weise* haben, die sie zum Nachfolger des Begriffs der Indifferenz macht. Nun wird aber die gesamte Situation der Bedeutungsanalyse dadurch verändert, daß eine Operationsregel zum Thema der Untersuchung wird. Es ist deshalb sinnvoll, die negierte Negation nicht nur als Nachfolger der Indifferenz anzusehen. Sie ist zugleich eine Struktur, welche die ganze bisherige Bedeutungssequenz ablöst und eine neue Folge von Bedeutungsstrukturen einleitet, deren Entwicklungsrichtung vorerst noch unabsehbar ist. Deshalb ist es erlaubt, sie zugleich als Nachfolger der Struktur des Seins im allgemeinen einzuführen. Auch dies hat Hegel im Sinn, wenn er die Wesenslogik mit der Maxime beginnt, das Wesen müsse zunächst unmittelbar genommen werden, so daß es den Gegensatz des Seins noch an ihm hat.

In diesem Kontext erfolgt die Bedeutungsverschiebung. Sie ist die Voraussetzung dafür, daß die negierte Negation überhaupt zum Nachfolger von Sein und Indifferenz werden kann. Ohne die Identifikation $U_1 = U_2$ würde sie keine Bestimmtheit ergeben, ohne sie würde sie auch nicht aus ihrer eigenen Struktur heraus weiterzuentwickeln sein. Im besten Falle würde sie der Inkonsistenz, die Hegel in der Indifferenz fand, einen anderen Ausdruck geben. Sie bliebe abhängig von dem, dem sie nachfolgen sollte, und fiele bald in es zurück.

So hat also die Identifikation $U_1 = U_2$ zwar keine logische, wohl aber diejenige Notwendigkeit, die sich aus der Verfassung eines jeden Prozesses der Fortbestimmung von Bedeutungen ergibt, – in der Sprachgeschichte ebenso wie in der Geschichte der Entwicklung wissenschaftlicher Theorien, wenn diese nur ihrem eigenen Gesetz gehorchen und nicht, wie zumeist, von externen Faktoren beeinflußt oder sogar gesteuert sind: Das nachfolgende Bedeutungssystem muß ebenso gehaltvoll und applikabel sein wie das, das es ersetzt.

Es soll auch kohärenter sein und die Lücken füllen, die sein Vorgänger bei der Beschreibung und Erklärung von Wirklichem offenließ. Die zweite Forderung ist für Hegels Theorie der Sequenz von Ontologiekernen unerheblich, – aufgrund der Annahme, daß diese Sequenz von Beobachtung grundsätzlich unabhängig ist. Im übrigen folgt sie den gleichen Regeln.[14]

Daß dem der äußere Anschein und zum guten Teil auch Hegels Selbstverständnis entgegenstehen, hat seinen Grund aber doch in der Besonderheit der Bedeutungssequenz seiner Logik, von empirischen Gegebenheiten ganz unabhängig sein und nur interne Relationen von Begriffen untersuchen zu

14 In dieser Konfrontation habe ich von der Theorie von Wilfried Sellars gelernt.
Das Kapitel ›Fürsichsein‹ in der Seinslogik enthält Passagen, die durchaus mit Hilfe der Begriffe ›Setzen‹ und ›Voraussetzen‹ aufgebaut sind (I,159,2; 162,2,4 ff.; auch 167/8). Hegel leitet in dieses Kapitel auch so ein, daß es schwierig wird, die Dynamik seiner Entwicklung von der des Wesens zu unterscheiden (I,147,1,16 ff.).
Daraus ergibt sich die Interpretationsaufgabe, das Verhältnis des Fürsichseins zum Wesen aufzuklären. Durch folgende Beobachtung wird diese Aufgabe noch kompliziert: *Hegel hat die Terminologie der bestimmenden Reflexion erst in der zweiten Auflage in das Kapitel ›Fürsichsein‹ eingearbeitet.* Alle Abschnitte, die Reflexionsterme enthalten, fehlen in der ersten Auflage entweder gänzlich, oder sie sind umgeschrieben worden, vornehmlich um der Einführung dieser Terme willen.
Das könnte zu der Vermutung führen, Hegel habe zur Zeit der Neufassung der Logik die Strukturen der Reflexion in das Fürsichsein übertragen wollen; wir wüßten nicht, welche Folgerungen er daraus bei der Analyse der Reflexion ziehen wollte, für die es eine zweite Auflage nicht gibt. Ließe sich diese Vermutung erhärten, so wäre sie tödlich für die hier vertretenen Thesen.
Doch läßt sich zeigen, daß Hegel selber darauf bedacht war, den Unterschied zum Wesen festzuhalten. In der Übersicht der zweiten Auflage über seinen Gedankengang (154,2,9 ff.) sagt er, daß im Fürsichsein die Momente auseinandertreten, weil am Fürsichsein die Form der Unmittelbarkeit insofern gewahrt wird, als jedes Moment als eine eigene, seiende Bestimmung zu setzen ist.
In welcher Beziehung aber logische Explikationsform und Unmittelbarkeit der Momente im rekonstruierten ›Fürsichsein‹ zu einander stehen, das

sollen. In solchem Falle ist die Beziehung des Nachfolgers zum Vorgänger extrem eng. Neue Gegebenheiten sind nicht zu integrieren. So bleiben als Aufgaben nur höhere Bestimmtheit der Begriffe und die Beseitigung von Inkonsistenzen. Deshalb wird auch bei radikalen Verschiebungen von Bedeutungen und bei der Produktion von Ideen, die ihren Vorgängern ganz entgegengesetzt zu sein scheinen, in den internen Relationen der Bedeutungselemente zueinander eine Grundstruktur gewahrt bleiben. Diese Grundstruktur ist für Hegel die der bestimmten Negation. Sie wird sich – mit mancherlei Einschränkungen oder Erweiterungen – anwenden lassen, welcher Ontologiekern auch immer analysiert wird. In der Logik der Reflexion ist sie selber Gegenstand der Analyse.

Dieses Kapitel der Logik ist also nicht eines unter vielen. Sollte man darum vermuten, daß es der eigentliche Schlüssel für die ganze Logik ist? In den letzten Jahren wurde von Zeit zu Zeit nach solchen Schlüsseln gesucht[15], – nach einer einfachen logischen Operation, die den Abschnitten der Logik supponiert werden könnte, um so den Fortschritt verständlich zu machen, der nach Hegels Versicherung in ihnen stattfindet, der aber für den Leser oft nur schwer zu identifizieren ist.

Wer einen Schlüssel finden will, muß sich allerdings über Hegels häufige Bekundungen hinwegsetzen, die Logik wechsele ihre Methode in ihren drei Disziplinen. Die Ergebnisse der

auszumachen, bleibt eine der erheblichsten Schwierigkeiten für das Verständnis der Seinslogik. Man muß fragen, ob es Hegel gelungen ist, die Explikationsmittel der ersten Auflage vollständig durch Reflexionsterme zu ersetzen, obgleich er nicht alle Passagen umgeschrieben hat. Gelang es ihm nicht, so wird man die Reflexionsterminologie als eine Erläuterung früherer Explikationsmittel verstehen müssen, also als eine Art von Explikation zweiter Stufe, oder festzustellen haben, daß in dem Kapitel eine ambivalente Situation herrscht. Sie würde den Wunsch Hegels noch verständlicher machen, die Zeit zu vielen weiteren Umarbeitungen zu haben.

15 Insbesondere in den Hegelarbeiten von Gotthard Günther und bei Wolfgang Albrecht, *Hegels Gottesbeweis*, Berlin 1958.

Logikinterpretationen im Hinblick auf Schlüssel bestätigen aber Hegels Bekundungen gegen die Interpreten: Es ist niemandem gelungen, mit Hilfe eines Schlüssels eine Mechanik zu erschließen, sie dem Text der Logik zu unterstellen und so zu einleuchtenden Interpretationen zu kommen. Die Logik hat kein Geheimnis, das es nötig machte, den Sinn des gedruckten Textes auf einen verborgenen Sinn in seiner Tiefe hin zu dechiffrieren. Das heißt nicht, sie gebe keine Methodenprobleme auf. Das tut sie offenbar in hohem Maße. Nur sind sie von anderer Art.

Die negierte Negation kann aus zwei Gründen kein Schlüssel zur Rekonstruktion der ganzen Logik sein: Nimmt man sie rein nur als formale Operation, so hat sie überhaupt kein Ergebnis. Fügt man das Postulat hinzu, ihr Ergebnis solle nicht gleich Null sein, so erlaubt sie nur dann, etwas zu setzen, wenn man schon weiß, was das Gegenteil dessen ist, das negiert wurde. Man kann es nicht durch Anwendung der Negation ermitteln. Es muß sich im Prozeß der Bedeutungsentwicklung ergeben.[16] Wird nun die Negation der Negation im Sinne des Begriffs vom Wesen gefaßt, so hat sie allerdings als solche schon ein Resultat, – den abstrakten Begriff dessen, was ganz ohne negative Beziehung zu denken ist: Unmittelbarkeit (U_1). Damit die negierte Negation eine selbstgenügsame Struktur bleibt, muß auch noch die Bedeutungsidentifikation vollzogen werden. In ihrer vollständigen Form kann die doppelte Negation aber gewiß nicht der ganzen Logik supponiert werden. *Es zeigt sich, daß sie selber vielmehr die Seinslogik voraussetzt*, die alternativelos dazu motiviert, die Bedeutungsidentifikation zu vollziehen, und die sie in diesem Sinne notwendig macht. So ergibt sich ein interessantes Resultat, das die eigentümliche Stellung der Reflexionslogik bezeichnet: Die Struktur, die in der ganzen Logik als methodische Operationsregel fungiert, läßt sich selber nur analysieren,

---

16 Nicht aus Anlaß der Negation, sondern in der Regel ihr voraus bei der Etablierung der Korrelation.

wenn sie im Zusammenhang der Logik durch motivierte Bedeutungsidentifikation eingeführt worden ist. Die Voraussetzung der ganzen Logik hat selber deren ersten Teil zur Voraussetzung.

Dieser Satz ist nicht billiger Tiefsinn oder eine für Hegels Programm vernichtende Absurdität, – dann jedenfalls nicht, wenn sich in der Logik Bedeutungen fortbestimmen, nicht nur Implikationen von Prämissen zeigen. Geht man von einem elementaren, noch höchst unbestimmten Bedeutungssystem aus, so werden sich in ihm interne Relationen finden lassen, die mit den Mitteln, die das Bedeutungssystem selbst anbietet, nicht werden beschrieben werden können. In einer Theorie der Sequenz von Ontologiekernen sollen sie aber beschrieben werden. Dabei wird man Mittel benutzen müssen, die zunächst ganz unanalysiert bleiben. Es ist nicht sinnlos anzunehmen, daß im Fortgang der Sequenz eine Stufe erreicht wird, auf der nunmehr auch diese Mittel zu beschreiben sind. Daß die Mittel, die nun beschrieben werden, allgemein verwendet werden konnten, wird wenigstens zum Teil dadurch verständlich, daß sie nun als Nachfolger der ganzen Struktur der Seinslogik zum Thema werden, die zuvor Gegenstand der Beschreibung war. Daß sie nicht früher beschrieben werden konnten, ergibt sich daraus, daß sie als Nachfolger erst auftreten können, wenn sie um weitere Elemente ergänzt und somit zu einer autonomen, nicht nur einer methodischen Struktur gemacht wurden.

In der Logik der Reflexion ist ein Ontologiekern zum ersten Mal zugleich Methodenbegriff der Theorie jener Bedeutungssequenz, innerhalb deren er sich ergeben hat. Man weiß, daß Hegel gerade an dieser Selbstbeziehung seiner Theorie interessiert war. Es ist auch gar nicht zu bestreiten, daß eine *letzte* Theorie nur unter Einschluß solcher Selbstbeziehung definiert und konzipiert werden kann.[17] Die Frage, wie sich die reale

---

[17] Vgl. Frederic B. Fitch, *Symbolic Logic*, New York 1952, S. 217 ff.; ders., *Universal Metalanguages for Philosophy*, in: *Review of Metaphy-*

Möglichkeit einer solchen Theorie sichern läßt, gehört zu den Problemen, von denen hier abzusehen ist. –

Aber hier kann noch – in einer formalen Skizze – angegeben werden, welche Stellung die Reflexionslogik im Ganzen ihres Kontextes einnimmt. Hegel meint, der Anfang der Bedeutungssequenz der Logik mache ein Begriffspaar, das sich noch gar nicht explizieren läßt, über das also auch nur negativ, als über eines gesprochen werden kann, das nicht zu charakterisieren ist. In der Sache hat er es schon als unbezogene Zweiheit von Negation und Unmittelbarkeit konzipiert. Weil sie unbezogen sind, sollen sie auch ununterscheidbar sein. Sie ergeben sich, wenn man nach dem Einfachsten in der Bedeutungsfolge, dem gänzlich Unbestimmten sucht. In der Theorie sind sie aber nur festzuhalten, wenn die Methode des Festhaltens und die festgehaltene Sache von ganz verschiedener Struktur sind.

Auch in den folgenden Schritten bleibt die Methode der Sache gegenüber in Differenz, und zwar in dreifachem Sinne: 1. Als Theorie der Bedeutungswandlung kann die Methode ohnehin nicht in ihrer Sache aufgehen. 2. Aber auch die logischen Strukturen, auf die hin die behandelte Sache beschrieben wird und die den Übergang von Extrem zu Extrem in einem Ontologiekern leiten, fassen den beschriebenen Sachverhalt nicht vollständig. Stets bleibt ein Bedeutungsüberschuß, der nur realisiert, aber nicht durch formales Operieren erzwungen werden kann. 3. Der Methode bleibt auch ein Spielraum, die Richtung zu bestimmen, in der Versuche gemacht werden sollen, die jeweils verbliebenen Inkonsistenzen zu stabilisieren und einen Ontologiekern von höherer Bestimmtheit als Nachfolger zu gewinnen. Diese Versuche geschehen zwar nicht beliebig, sondern sind von der analysierten Sache motiviert. Analytisch erzwungen sind sie aber nicht.

sics, 1964, S. 396 ff.; sowie die Beiträge in R. L. Martin (ed.), *The Paradox of the Liar*, New Haven 1970.

Im Gang der Seinslogik wird der Spielraum für solche Versuche immer weiter eingeengt. Darüber hinaus ist im Fürsichsein eine Struktur erreicht, die es notwendig zu machen scheint, den ganzen logischen Bestand, der in der Reflexion entwickelt werden wird, zu ihrer Beschreibung aufzubieten. Daß sie dennoch nicht mit ihm identisch ist, zeigt vor allem das Ergebnis. In ihm läßt sich nicht festhalten, was allein durch die Bedeutungsidentifikation im Wesen gesichert werden könnte. Die Unmittelbarkeit tritt in der Differenz zur Vermittlung erneut hervor, der Gebrauch der Methode in der Differenz zur Sache ist fortzusetzen.

Der Übergang zum Wesen wurde ausführlich untersucht. Wäre im Übergang die Methode nicht von der Sache verschieden, so wäre er niemals zuwege zu bringen. Die Bedeutungsidentifikation läßt sich nur als Fortgang im Sinne dessen verstehen und begründen, was zuvor schon zustande gekommen war. Im Sinne der Deduktion gibt es für sie keinen Beweis. Ist aber die Identifikation erfolgt und das Axiom der Wesenslogik etabliert, das sich aus ihr ergibt, so wird der Fortschritt der Logik immanent. Der Unterschied zwischen der Logik als Theorie und ihrem Thema bleibt zwar bestehen; doch die Differenz zwischen dem Thema und den Explikationsmitteln der Theorie verschwindet. Zur Explikation steht nunmehr nur die Relation zwischen Vermittlung und Unmittelbarkeit an, die reine Struktur der negierten Negation. Sie ist Thema der Logik in dem Teil, der hier analysiert wurde.

Aber auch der Begriff der negierten Negation treibt bald in eine Lage, in der er sich einer stabilen Auffassung entzieht und in der Inkonsistenzen entstehen. Es erweist sich also als notwendig, die Differenz zwischen Theorie und Sache wieder eintreten zu lassen. Neue Gedanken müssen sich ergeben. In ihnen müßte das ›Zugleich‹ von Vermittlung und Unmittelbarkeit im Wesen durch eine bestimmte Relation ersetzt werden. So ist etwa das Verhältnis des Grundes ein Begriff vom Wesen, insofern es Scheinen ist, also ein Begriff, der den Charakter dessen bezeichnet, was in der Logik der Reflexion geschah. Das bedeutet aber, daß sich nach dem Abschluß der Reflexionslogik auch die Differenz zwischen Methode und Thema in einem veränderten Sinne wiederherstellt. *Die Inadaequanz zwischen Thema und Explikationsmittel bezeichnet von nun an immer auch einen Mangel in der Verständigung über das Explikationsmittel selber.* Der vollständige Begriff von dem Zusammenhang steht noch aus, in dem die doppelte Negation Resultate haben kann.

Erst nachdem sie die Reflexion untersucht hat, kann die Logik deshalb Aussicht darauf machen, auch die Grundzüge ihrer selbst als Wissenschaft noch in ihrem eigenen Gange zu erreichen und festzustellen. Denn dafür ist natürlich vorauszusetzen, daß sie ihre Explikationsmittel schon zum Thema hat, auch daß sie sie in einen Zusammenhang bringen kann, der die Mittel noch umgreift und der sie auch kontinuierlich als Thema weiterer Bestimmung festhält. Vom variablen Gebrauch von Regeln kann nur gesprochen werden, wenn die Regeln selbst bereits bekannt und festgehalten sind.

Selbst die Logik des Begriffs bleibt in diesem Sinne insgesamt auf die Reflexionslogik bezogen. Im Urteil hat sie zwar einen neuen Anhalt für eine Entwicklung nach eigenen Regeln. Hegel versteht bekanntlich die Copula grundsätzlich als Behauptung der Identität. Darum ist er imstande, sie als Forderung der Angleichung der Modi des Begriffs aufzufassen, die im Urteil in geordneter Folge die Stelle der Bedingung und die des Bedingten besetzen. Weil sie ein eigenes Kriterium der spekulativen Entwicklung besitzt, konnte die Urteilslogik als geheimer Motor des ganzen logischen Prozesses angesehen werden.[18] Dann muß man aber ignorieren, daß schon die Weise, in der Hegel ›Allgemeinheit‹ und ›Besonderheit‹ definiert, ganz unverständlich ist, wenn man in diesen Gedanken nicht mitdächte, daß sie die Instabilität der bloßen

18 Vgl. die Arbeit von W. Albrecht, zit. Anm. 15.

Reflexionsstruktur korrigieren. Hegel hatte sich früh davon überzeugt, daß Phänomene des Lebens und des Geistes den Gebrauch solcher Gedanken verlangen. Für die Bedeutungsentwicklung der Logik ist das aber ohne Belang. In ihr erscheinen Allgemeinheit und Besonderheit lediglich als Gedanken von einem Zusammenhang von Vermittlung und Unmittelbarkeit, der vom ›zugleich‹ von Setzen und Voraussetzen im Wesen freigekommen ist. So nur geben sie dann auch eine Möglichkeit her, die Methode der Logik als Theorie zu beschreiben. Denn diese Wissenschaft soll ja gewiß nicht sein, wofür die Phänomenologie noch ›das Wahre‹ selber hält: ein Taumel, in dem kein Glied nicht trunken ist. Sie ist Kenntnisnahme der Bedeutungsentwicklung von Grundgedanken über das, was der Fall ist; und sie folgt dieser Entwicklung, indem sie von Grundregeln variablen Gebrauch macht, der im Begriff der Methode grundsätzlich verstanden werden sollte. Dieser Begriff der Logik ist noch nicht der Begriff der Philosophie; aber er ist der Grundriß zu ihm.

So läßt sich die Logik als eine Bedeutungsentwicklung verstehen, die am Ende noch verständlich macht, wieso sie verstanden werden kann. Ist das der Fall, so kann man ihr Ende nicht als die Manifestation eines Prinzips verstehen, vor dem alles Vorhergehende zu einem Vorläufigen und in Wahrheit von ihm Abhängigen würde. Denn wenn das Ende der Begriff des Fortgangs zu Bestimmtheit ist, so bestätigt es ja auch die Unbestimmtheit des Anfanges. Von ihm ist auszugehen. Und es gibt keine Bestimmtheit, in welcher der Anfang einfach wegfiele. Denn auch das Ende, der am besten bestimmte Gedanke, leitet sich von dem Faktum her, daß der Anfang gemacht wurde. In der Sequenz der Ontologiekerne ist er daher sogar ein *absolutes* Faktum. Aus dem Interesse, als letzte Ontologie die des Subjektes, des substantialen Subjektes zu erreichen, hat Hegel diesen Sachverhalt gern verdeckt.[19]

19 Vgl. die Untersuchungen über die Evidenz, aufgrund deren Hegels Denken in Gang kam, in Beitrag I.

Dennoch ist er schon mit der methodischen Verfassung seiner Fundamentaltheorie gegeben.

Daraus könnte man die Konsequenz ziehen, daß das Faktum des Anfangs seinerseits zum Prinzip gesteigert werden muß. Dann wäre zu sagen, daß der logische Prozeß von einer ihm unverfügbaren Voraussetzung dependiert, die sich in der Unmittelbarkeit des Anfangs geltend macht und die nie wieder eingeholt werden kann. Für einen solchen Versuch spricht viel.[20] Gegen ihn muß sich aber schließlich doch Hegels Grundprinzip durchsetzen, – das Prinzip von der Subjektivität in der Gestalt der These, daß der Prozeß selbst das Absolute sei. Denn ein unverfügbarer Grund des Anfanges könnte in gar keiner Weise die Folge verständlich machen, die aus ihm hervorgeht. Ist sie Bedeutungsentwicklung, so kann man sie nur in Beziehung auf einen Anfang denken, der schon erfolgt ist, – nicht aber aus dem, was etwa in diesem Anfang sich aussprechen oder ausdrücken mag. Gibt es einen Grund, so ist er im Anfang nicht mehr als in der Sequenz selber zu finden, somit auch in jenen Regeln, die zunächst nur Methode, schließlich selber Thema in der Entwicklung der Sequenz sind. Ist das Subjekt bedingt, so sind seine Bedingungen nicht in seiner Genese, sondern in seinem Prozeß zu suchen.[21]

In Hegels Bewußtsein war der Gedanke des Subjektes gleich dem einer selbstgenügsamen Selbstbeziehung aus eigenem Grund. Für ihn waren Vorstellungen von internen Bedingungen dieser Selbstbeziehung a priori abwegig. Als Problem galt ihm nur, wie solche Subjektivität dem Begriff der Substanz abgewonnen werden könne oder wie – umgekehrt – in diese Selbstbeziehung Bestimmtheit zu bringen sei. Die Theorie der Ontologiekerne hat er in der Absicht ausgearbeitet, dieses Problem zu lösen. Früh schon war er überzeugt davon, das Bewußtsein seiner Zeitgenossen werde notwendig beirrt blei-

---

20 Text III dieses Bandes hat sich noch nicht konsequent genug aus dieser Perspektive befreit.

21 Vgl. Dieter Henrich, *Fichtes ursprüngliche Einsicht*, Frankfurt 1966.

ben, solange die Lösung noch auf sich warten läßt. Nicht Bedeutungstheorie, sondern Ontologie substantialer Subjektivität hat er in seiner Logik bezweckt.

Ist die Logik als selbstbezogene Bedeutungsfolge und zugleich als Sequenz von Ontologiekernen in ontologischer Absicht beschrieben, so müßte noch entschieden werden, ob und in welchem Sinne sie eine definitive Ontologie überhaupt freisetzen kann. Hegels Logik steht zweideutig zwischen beiden Programmen. Die Analyse, die hier abgebrochen werden soll, hat sich so eng an den Gang der Logik angeschlossen, wie es heute eben noch möglich ist. So hat sie diese Zweideutigkeit nicht beseitigt. Wer meint, daß sich in ihr nur ein aparter Abweg Hegels selber bloßstellt, sollte die weitere Entwicklung der Bedeutungstheorie beachten. Sobald sie Ansprüche von der Universalität der Hegelschen erhebt, kann sie sich nicht mehr gegen ontologische Perspektiven abschirmen. Die Beispiele von Peirce und Heidegger sprechen beredt dafür. Unter denen, die in solche Zweideutigkeit kamen, war Hegels Theorie die letzte nicht.

Weist nun aber der Prozeß, in dem sich Bedeutungen fortbestimmen, Selbstbeziehung auf, so scheinen sich daraus auch Konsequenzen für den Inhalt der Ontologie zu ergeben, die er etwa als die definitive aus sich freisetzt: Sie wird als wirklich eine Struktur behaupten, die der des Bedeutungsprozesses zumindest analog ist. Dann müßte aber auch gesagt werden, daß der Methodenbegriff Hegelscher Dialektik von der Wirklichkeit des Geistes nicht abzuscheiden ist. Der Schnitt, der dazu ansetzte, sie voneinander zu trennen, wäre also abgeglitten.[22]

---

22 Vgl. Text VI dieses Bandes.

Hegels Theorie über den Zufall

1 Der Begriff des Zufalls in der Logik

Seit das philosophische Denken begann, systematische Form zu gewinnen, ist ihm im Problem der Kontingenz eine theoretische Grundfrage gestellt. Der spekulative Idealismus hat ihre Bedeutung aber noch gesteigert. Für ein System, das sich im Besitze eines absoluten Wissens glaubt, scheint die Auskunft unmöglich geworden zu sein, daß der innere Grund des Soseins der Dinge und der Faktizität der Welt nicht eingesehen werden kann. In ihm darf das Denken nicht in der Entgegensetzung gegen ein opakes, unverständliches Gegebenes gehalten werden, sondern muß jedes, auch das scheinbar geringste Seiende als ein notwendiges einsichtig machen, und zwar aus sich selbst heraus, also a priori. Mit diesem Anspruch wäre das Urteil über den spekulativen Idealismus gesprochen. Wenn er die zumindest praktisch unermeßliche Individualität des Wirklichen bestreiten und sich über das »individuum est ineffabile«, diese Grundeinsicht schon der formalen Logik, hinwegsetzen muß, so kann er nur als der selbstherrliche und selbstvergessene Versuch eines seine Grenzen verleugnenden Denkens eingeschätzt werden.

Seit Traugott Krug an die Wissenschaftslehre die Forderung richtete, seine Schreibfeder a priori zu konstruieren, und seit dann der späte Schelling gegen Hegel die Aufgabe der positiven Philosophie so formulierte, daß sie ausgehend vom logisch nicht deduzierbaren Faktum der Welt in den außerweltlichen Grund seines Daseins zu fragen habe, ist es allgemeine, mehr oder weniger zugestandene Überzeugung, daß das Unternehmen des Idealismus an der Erfahrung der Kontingenz schon gescheitert sei, ehe seine Ausführung begonnen habe. Man sagt etwa so: Die Mannigfaltigkeit des Seienden ist für das erkennende Subjekt nur vorgegeben. Es darf zwar hoffen, in der Analyse von Erscheinungen voranzudringen; nie aber wird es gelingen, sie ganz in Begriffsstrukturen zu übersetzen. Der Idealismus als absoluter aber ist genötigt, alles Konkrete aus dem Begriff abzuleiten. Er unterzieht sich einer unlösbaren Aufgabe. Als prominente Zeugen dieser Auffassung seien hier nur Emil Lask, Jonas Cohn[1], Theodor Häring und Nicolai Hartmann genannt.

Härings Hegelbuch ist in der Interpretation des Aufsatzes gegen Krug ein Zeugnis der Verlegenheit gegenüber der idealistischen Theorie der Individualität. Häring, der bekanntlich die dialektische Methode als eine nicht diskursive »Zusammenschau« von Momenten in einem Ganzen auffaßt, hat die Stellen bemerkt, in denen Hegel ein Recht des Zufalles annimmt. Er vermag sie aber nicht mit dem allgemeinen Postulat des Idealismus zu vereinen. »All dem widerspricht zweifellos grundsätzlich, daß Hegel sonst gerade seine Ehre darein setzt, alle, gerade auch räumliche und zeitliche Bestimmtheiten, wenn auch als untergeordnete Momente, doch irgendwie im Ganzen (mindestens prinzipiell) begreifen zu können; mindestens ihren allgemeinen Typen nach, grundsätzlich aber auch in ihren weiteren Unterteilungen.«[2] Solche stammelnd eingestandene Unsicherheit eines Hegelianers ist gewiß nicht in der Lage, der längst allgemein gewordenen Vorent-

---

[1] In seiner Arbeit über *Fichtes Idealismus und die Geschichte* (Ges. Schr. Bd. I, Tübingen 1923), unterstellt Lask es als erwiesen, daß Hegel einen »emanatistischen Idealismus« vertrete. Dieser »verkennt überhaupt das Vorhandensein und die Unvermeidlichkeit des Zufallsbegriffes« (s. S. 103). Er entwickelt eine Theorie, in der »durch die dialektische Eigenbewegung der Begriff selbst so verfeinert werden (soll), daß er fähig wird, auch das Einzelne und Kleinste mit in den dialektischen Prozeß hineinzuziehen« (s. S. 84).

Auch Jonas Cohn in seiner ausgezeichneten *Theorie der Dialektik*, (Leipzig 1923, S. 41) meint, daß dieser Fehler Hegels nur dann zu vermeiden sei, wenn man die Vernünftigkeit des Wirklichen (mit dem Neukantianismus) als Aufgabe setze. S. a. Wilhelm Dilthey, *W. W.* VII, S. 101.

[2] *Hegel, sein Wollen und sein Werk*, Bd. II., S. 319.

scheidung über den Idealismus als Theorie gefährlich zu werden.

Nicolai Hartmann[3] sieht darin die Grunddifferenz zwischen Hegel und Aristoteles, daß letzterer, ebenso wie Platon, die begrifflich erfaßbare Wesensstruktur des Seienden mit der τελευταία διαφορά abschließen läßt. Die Differenzierung des Wesens kann nicht bis zum konkret Wirklichen durchgeführt werden. Hegel hingegen habe dadurch, daß er die Materie zu einem Momente des Logischen mache, einen absoluten Apriorismus postuliert. Die Sache habe ihn allerdings verhindert, ihn wirklich durchzuführen. Besonders in der Geschichtsphilosophie müsse er die Realität einer »unwirklichen Wirklichkeit«, eines »Schuttes des Daseins« anerkennen, der dialektisch nicht aufzulösen sei. Hartmanns Formulierung, daß also »das Problem nicht bewältigt sei«, ist nur ein freundlicher Ausdruck für die These, daß Hegels Theorie in der Durchführung mit sich selbst in Widerspruch kommt.

In direktem Gegensatz mit der Meinung auch dieser vier Autoren soll im folgenden gezeigt werden, daß der spekulative Idealismus Hegels zwar die Notwendigkeit des Ganzen des Seienden behauptet, daß er aber dennoch so wenig beansprucht, alles Individuelle deduzieren zu können, daß er vielmehr die einzige philosophische Theorie ist, *die den Begriff des absoluten Zufalls kennt*. Durch die Konstruktion des Zufalles als eines Momentes der Subjektivität, des εἶδος selbst, sichert sich Hegel vor der Konsequenz, die ihm als unvermeidliche in der Literatur unterstellt wird. Und man muß in dieser Theorie, welche die Grundlage dessen ausmacht, was Hegels ›Ethik‹ heißen kann, mehr sehen als den listigen Einfall einer hybriden Metaphysik.

Unsere Überlegungen gliedern sich gemäß dem doppelten Sinn der Frage nach der Kontingenz in zwei Gänge. Zunächst wird der Zufall als die Zufälligkeit von bestimmtem, inner-

---

[3] *Aristoteles und Hegel,* in: *Beiträge zur Philosophie des Deutschen Idealismus,* 3. Band, Heft 1, 1923, S. 18 ff.

weltlich Seienden thematisch (1.–3.), der zweite Teil wendet sich dem Problem der Kontingenz des Seienden im Ganzen zu (4.).

Die Kontingenztheorie hat in Hegels Entwicklung eine eigene Geschichte. In den ersten *Jenaer* Jahren fehlt ihm noch der Begriff des notwendigen Zufalls. In diesen Jahren wurde aber die Rezension der Werke Krugs mit ihrer Replik auf die Deduktionsforderung der Schreibfeder geschrieben. Wenn man nur diesen Text benutzt und unterstellt, seine Gedanken seien auch noch für das ausgebildete System von 1813/14 verbindlich, muß man zu einem negativen Urteil gelangen. Obwohl Fichte und auch Schelling an bestimmten Stellen in ihre Systementwürfe eine nicht deduzierbare Mannigfaltigkeit von Gegebenheiten aufgenommen hatten, kann Hegel die Aufgabe, die Krug dem Idealismus gestellt hat, nämlich die, eine konkrete materiale Vorstellung, wie etwa die seiner Schreibfeder, zu deduzieren, nur verkleinern, nicht geradezu mit einem Hinweis auf den Zufall im Seienden abweisen. So gewinnt man denn bei der Lektüre der Rezension auch alsbald den Eindruck, daß er in seinem spöttischen und vermeintlich überlegen polemisierenden Ton eine Unsicherheit gegenüber dem Problem selbst verbirgt. Er leugnet nicht entschieden die Möglichkeit, Krugs Schreibfeder als ein Moment im Ganzen der absoluten Idee zu konstruieren. Er ereifert sich nur über die Prätention, an einem so unwesentlichen Seienden Recht oder Unrecht des idealistischen Anliegens sich entscheiden zu lassen, in dem es darum geht, »einmal wieder Gott als den alleinigen Grund von allem an die Spitze der Philosophie zu stellen«[4]. Wenn er schon nicht ausdrücklich sagt, daß es möglich sei, am Ende aller Spekulation zur Ableitung der Krugschen Schreibfeder voranzuschreiten, so ist es doch offensichtlich, daß er keine begrifflichen Mittel besitzt,

---

4 *Wie der gemeine Menschenverstand die Philosophie nehme,* in: W. W. I, S. 200.

diese Forderung definitiv entweder abzutun oder zu befriedigen.

In viel späterer Zeit, nachdem er den Begriff des absoluten Zufalls in die Dialektik der Idee selbst eingeführt hat, ist Hegel noch einmal in einer Anmerkung zur *Enzyklopädie* (§ 250) auf Krugs Schreibfeder zurückgekommen. Er sah sich offenbar veranlaßt, seinen allgemein bekannt gewordenen, jedoch unklaren Aufsatz von ehedem zu interpretieren. Das tut er nun, indem er sein Verfahren so darstellt, als habe er nur in polemischer Absicht, nämlich um die Geringfügigkeit und Ignoranz der Krugschen Forderung zu demonstrieren, Krug ganz am Ende der Wissenschaft Hoffnung auf Deduktion seiner Schreibfeder gemacht. Aber natürlich sei diese Forderung durch nichts gerechtfertigt und jene Hoffnung sei eitel. Denn im Seienden gebe es absolut unverständliche Zufälligkeiten »und das Ungehörigste sei es, von dem Begriffe zu verlangen, er solle dergleichen Zufälligkeiten begreifen«. Diese prätendierte Überlegenheit in der Begriffsbildung ist aber in der Krugrezension de facto gar nicht gegeben, und es wäre ehrlicher und auch belehrender gewesen, offen einzugestehen, daß in ihr der Begriff des absoluten Zufalls noch nicht begründet gewesen ist und daß man deshalb jene Hoffnung aus Verlegenheit hat machen müssen.

Es ist hier nicht der Ort zu untersuchen, auf welchem Wege Hegel dahin gelangt ist, die Kontingenz in den Begriff des Wesens selbst aufzunehmen. In der Phänomenologie ist dieser Schritt getan, in der großen Logik ist er ausgearbeitet. Wir müssen aber nach Grund und Recht dieser erst spät gewonnenen Entschiedenheit fragen.

Der konkrete Gang dieser Begründung setzt Einsicht in den Gesamtzusammenhang der Logik und ihrer Methode voraus und kann nur aus ihm beurteilt werden. Formal und im allgemeinen kann man ihn so skizzieren: Hegel erläutert das Unternehmen seiner Logik als einen Versuch, die Kategorien des Erkennens in ihrer Notwendigkeit aufzuzeigen und das

Recht, sie anzuwenden, zu prüfen, ohne aber dabei, wie Kant und Fichte es taten, bereits den Begriff des Subjektes vorauszusetzen. Das Ich wurde in der Transzendentalphilosophie so genommen, als könne die Vorstellung von ihm für eine unmittelbare Evidenz gelten. Hegel wendet gegen dies Verfahren ein, daß das Ich doch als Prinzip der Konstruktion immer schon selbst durch Kategorien (Einheit, Einfachheit und Spontaneität usw.) definiert werden muß, die dann ihrerseits der Kritik entbehren. Will man in der Theorie der Erkenntnis wirklich ohne Voraussetzungen verfahren, so muß man zu einer ganz abstrakten Untersuchung der Kategorien kommen, in der noch kein Begriff und schon gar keine Vorstellung von einem Seienden, etwa des Ich, vorausgesetzt wird. Eine solche absolute Prüfung der Grundbegriffe kann nur in einer Entwicklung ihrer als reiner Gedanken auseinander geschehen.

Im Zusammenhang dieser Bewegung (es ist die Dialektik) werden nun auch die Modalitätsbegriffe als besondere Formen einer Beziehung von Innerem und Äußerem abgehandelt.[5] Zufälligkeit ist die Weise, in der Möglichkeit als realisierte gesetzt ist. Etwas, das nur möglicherweise existiert, ist, wenn es wirklich ins Dasein tritt, mit Rücksicht auf diese bloße Möglichkeit zufälligerweise wirklich geworden. Also ist das wirklich gewordene Mögliche insofern zufällig, als der Bereich des Möglichen den des Realisierten umgreift. Die Wirklichkeit hat aber wiederum einen eigenen selbst wirklichen Bereich ihrer Möglichkeit, den ihrer Bedingtheit, aus dem sie hervortritt, wenn er vollständig gesetzt ist. In Beziehung auf die Bedingungen, die selbst schon wirklich sind, ist das im ersten Sinne Zufällige notwendig. Aber die Bedingungen sind an ihnen selbst wiederum gesetzte mögliche, also auch bloß zufällige. Jene Notwendigkeit ist also immer nur eine relative. Prinzipiell ist die Zufälligkeit des Gesetzten

[5] *Wissenschaft der Logik*, ed. Lasson 1934 II, S. 169 ff.

durch sie keineswegs aufgehoben. Den Begriff der Bedingung einzuführen, war aber gerade dadurch gefordert, daß ein Grund für die Verwirklichung des Möglichen angenommen werden muß. Der Regressus der Bedingtheiten führt nicht zu realer Notwendigkeit. Also muß dieser Begriff einer wirklich begründenden Notwendigkeit so gedacht werden, daß in ihm das Setzen der eigenen Bedingungen impliziert ist.[6] Das wirklich gewordene Mögliche ist nicht zufällig, sondern notwendig, weil es sich selbst seine eigenen Bedingungen setzt. Damit ist der Begriff der Zufälligkeit durch diese höhere Kategorie aufgehoben.

Man könnte nun in der Tat meinen, daß dadurch der Begriff des Zufalls seine Bedeutung in der Realität verloren hat, die ja von Hegel als die der absoluten Idee mit Hilfe des Begriffs der unbedingten Notwendigkeit definiert ist. Was zunächst Zufall zu sein schien, erwiese sich in Wahrheit als Notwendigkeit. Und die Analyse der Modalitätenkategorien in der *Jenenser Logik* ist auch so zu verstehen. Doch in der *Logik* von 1813 ist der Gedanke ein anderer: Die Notwendigkeit setzt sich wohl selbst die Bedingungen, *aber sie setzt sie als zufällige*. Als notwendig erweist sich eine Wirklichkeit gerade darin, daß sie aus jeder beliebigen Bedingtheit hervorgeht; und so sind die Bedingungen, die solche Notwendigkeit sich selbst setzt, ebenfalls je beliebige, willkürliche. Hegel legt nahe, sich die Notwendigkeit historisch durch die Νέμεσις oder die Δίκη anschaulich zu machen, die Macht hat über alles Seiende, was immer es sei. Die Notwendigkeit kann gerade deshalb gleichgültig sein dagegen, welche besonderen Dinge an ihr zugrunde gehen, weil schon, ehe sie ge-

---

[6] Leibniz vermochte sich von dem Argument des kosmologischen Gottesbeweises nicht zu überzeugen, daß nur ein erstes Glied in der Reihe der Ursachen das Sein von Bedingtem verständlich mache. Die Reihe sei als unendlich anzusehen und ihr zureichender Grund in ein notwendiges Wesen außerhalb der Reihe zu setzen, in dem sie »eminent« existiere. – Hegel hat den transzendenten Grund der unendlichen Reihe in sie selbst zurückgenommen.

setzt sind, es gewiß ist, daß sie ihr nicht widerstehen können.[7]

Daß überhaupt Bestimmtes ist, ist für den Begriff der Notwendigkeit allerdings selbst notwendig. Und wenn sie nicht bloß bedingte Beziehung Zufälliger und so selbst zufällig sein soll, sondern reale Notwendigkeit, so muß man in der Tat annehmen, daß sie Selbstsetzen ihrer vorausgesetzten Bedingungen ist. Diese Struktur findet sich in der *Logik* in anderen Gestalten noch des öfteren. In ihr sind Zufall und Notwendigkeit analytisch verbunden. Nur wenn es ein absolut Zufälliges gibt, ist Notwendigkeit denkbar. Das bestimmte Bedingende ist in Beziehung auf das Notwendige eben deshalb absolut zufällig, weil der Zufall selbst für es notwendig ist.[8]

Zunächst gewinnt diese logische Deduktion ihre Bedeutung für das Verständnis des Seienden in der Theorie vom Übergang der absoluten Idee in die Natur. Den reinen Gedankenbestimmungen fehlt noch die Verwirklichung, obzwar keine Wirklichkeit gedacht werden kann, die nicht eine ihrer Struktur gemäße Existenz hätte. (Unter Wirklichkeit ist hier Dasein in Raum und Zeit zu verstehen.) Daß solches Dasein ist, muß aus der Theorie der Logik als notwendig gezeigt werden, wenn in ihr ein absolutes Wissen vermittelt werden soll. Hegels Versuch, den Übergang des Begriffes in die Na-

[7] Während Νέμεσις und Δίκη aber nicht eigentlich ἀρχή des Seienden sind, hat Hegel die Möglichkeit, sich den Doppelsinn der Formel »zu Grunde gehen« nutzbar zu machen. Das kontingente Seiende, das der allgemeinen Notwendigkeit nicht zu widerstehen vermag, geht, indem es an ihr »zu Grunde« geht, »zu seinem Grund« zurück, der es allererst gesetzt hat; nach dem Schema seines eigenen Systems, in dem der Anfang erst vom Ende her möglich und verständlich wird, obschon dies Ende nur die Entwicklung des im Anfang Gelegenen ist.

[8] Nicht etwa verschwindet alles Zufällige in einem notwendigen Prozeß, in dem alles, auch das Kleinste nicht anders sein kann (μὴ ἐνδεχόμενον ἄλλως ἔχειν), nach Hegels Theorie ist der Zufall selbst schlechthin notwendig, – kraft der Notwendigkeit des Begriffes muß Zufall in der Welt sein.

tur zu konstruieren, beruht auf dem Gedanken, daß die am Ende der Entwicklung der reinen Gedankenbestimmungen erreichte Idee insofern selbst noch mit einer Einseitigkeit behaftet ist, als sie alle in ihr aufgehobenen Momente des Gedankens in der Form der Einheit, der Allgemeinheit enthält. Als absolute Idee mangelt ihr damit noch das Moment der Besonderheit, das begrifflich der Einheit entgegensteht. So ist ihre Absolutheit noch unvollkommen. Sie ist erst dann realisiert, wenn durch sie selbst die Gedankenbestimmungen aus der unruhigen Bewegung, in der sie in die Einheit der Idee zurücklaufen, entnommen werden, um unter der Form der Besonderheit eigens gesetzt zu sein. Diese abstrakte Konsequenz liegt der These Hegels zugrunde, daß die Idee ihre Bestimmungen frei aus sich entlasse und ihnen ein besonderes Dasein gewähre. Diese in solchem Sinne außer sich gekommene Idee ist die Natur. Aus ihr als der zerstreuten Selbständigkeit der Gedankenbestimmungen soll dann die Idee als Geist in einer der logischen Entwicklung analogen Stufenfolge wiederum in sich gehen. An ihrem Ende ist sie verwirklicht. Sie ist in der Einheit von Einheit und Besonderheit herausgetreten, wodurch der letzte Abschluß der Gedankenbewegung erreicht ist.

2. Der Zufall in der Natur

Es ist gewiß unstatthaft, die Richtigkeit dieser Deduktionen einfach vorauszusetzen. Mit Rücksicht auf das Verständnis der Ethik Hegels kommt es aber darauf an zu sehen, daß es immanent eine unvermeidliche Folgerung ist, der Kategorie der Zufälligkeit, die, zwar als aufgehobene, doch ein Moment in der Folge der Gedankenbestimmungen ist, in der Natur ein eigenes Feld einzuräumen, in der ja alle Kategorien aus dem Prozeß ihrer Entfaltung auseinander freigelassen sind. In der Natur und den natürlichen Formen des

Geistes ist also ein Bereich des absoluten Zufalles durch die Idee selbst aufgeschlossen. »Ob nun schon die Zufälligkeit der bisherigen Erörterung zufolge nur ein einseitiges Moment der Wirklichkeit und deshalb mit dieser selbst nicht zu verwechseln ist, so gebührt derselben doch als einer Form der Idee überhaupt auch in der gegenständlichen Welt ihr Recht. Dies gilt zunächst von der Natur, auf deren Oberfläche sozusagen die Zufälligkeit ihr freies Ergehen hat, welches denn auch als solches anzuerkennen ist, ohne die der Philosophie bisweilen irrigerweise zugeschriebene Prätention, darin ein nur-so-und-nicht-anders-sein-können finden zu wollen.«[9]

Natur ist gewiß mehr als der Bereich des blinden Zufalls und der Willkür. Sie ist ein Moment der Idee selbst, und so ist Notwendigkeit in ihr. Deshalb sollte man aber nicht versuchen, alle ihre Produkte als »vernünftige« aufzufassen. Der Zufall hat in ihr sein Recht, und zwar nicht nur als periphere, momentane Unregelmäßigkeit, sondern im Gegenteil in dem »ruhigen Ergehen seines Freigelassenseins« in besonderen

---

[9] *Enzyklopädie*, ed. Bolland 1906, § 145, Zusatz. Vgl. Schelling, W. W. ed. Schröter IV, S. 268: »Das Irrationale und Zufällige, das in der Formation der Wesen, besonders der organischen, mit dem Notwendigen sich verbunden zeigt, beweist, daß es nicht bloß eine geometrische Notwendigkeit ist, die hier gewirkt hat, sondern daß Freiheit, Geist und Eigenwille mit im Spiel waren.«

Man kann in dieser Theorie eine Idee von der Schöpfung Gottes wiedererkennen, in der Gott die Natur nicht in alle Einzelheiten vorbildet und sie einem ständigen Reglement unterwirft, sondern ihr die Freiheit gewährt, die sein eigenes Wesen ist. Solch aufgeklärter Deismus spricht zum Beispiel auch in Schillers Marquis Posa: »Sehen Sie sich um in seiner herrlichen Natur! Auf Freiheit ist sie gegründet und wie reich ist sie durch Freiheit! Er, der große Schöpfer, wirft in einen Tropfen Tau den Wurm und läßt noch in den toten Räumen der Verwesung die Willkür sich ergötzen.« Die Vielgestaltigkeit der individuellen Natur, die über die Allgemeinheit des εἶδος hinausreicht, wird hier auf die geistige Macht der Freiheit zurückgeführt, in direktem Gegensatz zum antik-mittelalterlichen Aristotelismus, der in ihr die dem Geistigen wesensfremde ὕλη wirksam sah.

Gattungen und Arten[10]: »Der Natur, weil sie das Außersichsein des Begriffes ist, ist es freigegeben, in dieser Verschiedenheit sich zu ergehen.« So gibt es »etliche und sechzig Arten von Papageien, hundertundsiebenunddreißig Arten von Veronika usf.«. Sie aufzuzählen scheint Hegel eben deshalb eine geistlose und langweilige Beschäftigung zu sein, weil in solcher Mannigfaltigkeit »kein Geist« ist. Aus dieser Theorie kann man nun auch die freilich erstaunliche Folgerung ziehen, daß in der Natur sogar Verstöße vorkommen können gegen die Gedankenbestimmungen selbst, die doch εἶδος und οὐσία alles Seienden sein sollen.

Weil in der Natur die Kategorien sich frei ergehen, also nicht in die Einheit des Gedankenzusammenhanges festgehalten sind, können einseitige und somit unwahre Existenzen entstehen, können Momente des Gedankens über andere im Seienden unberechtigte Übermacht gewinnen. Das nicht hindern zu können, ist für Hegel »die Ohnmacht der Natur«; er meint, daß man sich nur mit dieser Annahme jene Übergangsformen und Mißbildungen verständlich machen kann, die zwischen und unter den Gattungen des Natürlichen vorkommen. Allein aus diesem Gedanken ist auch eine Anekdote zu verstehen, die wegen ihrer scheinbar vernichtenden Wirkung auf die Konsequenz des Systems häufig polemisch ausgewertet wird. Jeder, der sich mit Hegel vertraut machen will, wird ihr in der Literatur begegnen. Und sie ist schon geeignet, ein Interesse, das aus sachlichem Ernst kommt, zurückzustoßen, da sie, wie es scheint, das Maximum an Verstiegenheit offenbart, das in der Philosophie denkbar ist. Und doch, dieser erste Eindruck, so verständlich er ist, verstellt doch nur die durchaus vernünftigen Motive Hegels. Wenn Hegel einem ihn kritisierenden Studenten entgegnete, es sei »um so schlimmer für die Natur«, wenn sich in Südamerika eine Pflanzenart findet, die seinem Begriff der Pflanze nicht entspricht, so war es ihm nicht um ein schockierendes Bonmot

10 *Logik,* a.a.O. II., S. 247.

zu tun. Auch haben gutwillige Interpreten darin zu Unrecht einen Verzicht auf die Naturphilosophie oder souveräne Selbstironie gesehen. Trocken und bestimmt wollte Hegel dem beflissenen Opponenten erklären, daß er an solch unwahren Erscheinungen gänzlich uninteressiert sei und daß sie so wenig wie Krugs Schreibfeder Beachtung verdienen, da sie dem schlechthin Kontingenten in der Natur zugehören. Der Opponent habe sich offenbar noch nicht ausreichend mit seinem System vertraut gemacht und dessen Bestimmung des Verhältnisses von Begriff und Natur übersehen. Der Zufall, nicht das Zufällige sei notwendig, und damit sei das bestimmte Zufällige kein Gegenstand eines substanziellen Interesses. Der geringere Rang der Natur im Ganzen des Seienden zeige sich auch darin, daß in ihr solche uninteressante Erscheinungen möglich und sogar notwendig sind.[11]

Aus diesem abstrakten Gang der Begründung sind nun die zahlreichen, über alle Werke verstreuten Stellen zu verstehen, in denen Hegel von einem zufälligen, einem unwirklichen Sein spricht. Sieht man das logische Fundament solcher Bemerkungen nicht, so muß man entweder eine tödliche Inkonsequenz oder ein bewußt nur vorläufiges Sprechen in ihnen vermuten – beides zu Unrecht. Vielmehr wird in ihnen der aus der Logik vorausgesetzte Begriff eines absoluten Zufalls im Seienden angewendet. »Sagen wir, die allgemeine Vernunft vollführe sich, so ist es um das empirisch Einzelne freilich nicht zu tun, denn das kann besser und schlechter sein, weil hier der Zufall, die Besonderheit, ihr ungeheures Recht auszuüben vom Begriffe die Macht erhält.«[12] Auch sub specie aeternitatis, also in einem Schellingschen Gott der

---

[11] Durch eine Stelle in der *Enzyklopädie* wird diese Interpretation belegt: »Wenn dagegen die Natur die Verkehrtheit begeht, einige Menschen zu schaffen, die vor Scham erbleichen und vor Furcht erröten, so darf die Wissenschaft sich durch solche Inkonsequenzen der Natur nicht verhindern lassen, das Gegenteil dieser Unregelmäßigkeiten als Gesetz anzuerkennen« (§ 401, Zusatz, ed. Bolland 1906, S. 826).

[12] *Philosophie der Weltgeschichte*, ed. Lasson 1930, Bd. I, S. 54.

Indifferenz, fällt dieser Zufall nicht hinweg. Kein Verstand ist denkbar, der ihn seinem Inhalt nach in den reinen Begriff auflösen könnte. In solchem Sinne ist der Zufall ein absoluter.

Trotz dieses ungeheuren Rechtes ist das Zufällige aber doch deshalb, weil Zufall nur einseitiges Moment in der Notwendigkeit ist, äußerliche, sogar haltlose Existenz. Er kann nicht der Notwendigkeit Widerstand leisten, die in der einheitlichen Struktur der begrifflichen Entwicklung liegt.[13] Für Hegels Vorgänger Fichte ist der absolute Zufall zugleich die Bedingung des Selbstwerdens, so daß das Selbst in seinem Beisichsein notwendig auf ihn bezogen ist und in seinem Erkennen als unendliches Streben der Überwindung der Kontingenz genommen werden muß. Nach Hegel verdient das jeweils Zufällige keine Fichtesche Leidenschaft des Erkennens, des Überwindenwollens. Nicht im unendlichen Drang, das Kontingente in Begriffe aufzulösen, sondern gerade im Verzicht auf solches Begreifen liegt die richtige Haltung des Subjektes dem Zufall gegenüber, der als die frei entlassene Natürlichkeit durch die Idee schon überwunden und damit als gleichgültig gesetzt ist.

Will man das Verhältnis dieser Überlegungen und ihrer Begrifflichkeit zum Kausalitätsprinzip empirischer Forschung bestimmen, so ist zunächst zu bedenken: Wenn Hegel von Kontingenz handelt, so ist nicht primär Undeterminiertheit gemeint. Vielmehr hat man sich an die aristotelische Differenzierung des εἶδος zu erinnern, deren unterste Stufe nicht das jeweils einzelne Seiende, sondern die immer noch allgemeine δευτέρα οὐσία des τί ἦν εἶναι ist, die also begrifflich nicht notwendiges Seiendes freiläßt. Der Frage, warum hier die Differenzierung ein Ende nimmt, hat Aristoteles wenig Be-

---

13 So teilten ja auch schon nach dem Bewußtsein der frühen griechischen Philosophie Δίκη und Περσέφονη gleichgültig gegen die besonderen Qualitäten und Interessen eines Seienden allem, was ist, das Maß und die Dauer seines Daseins zu.

achtung geschenkt. Und es war eine die Entwicklung der Spekulation bestimmende Einsicht, daß sie beantwortet werden mußte. In den individuellen Ideen des Plotin, der haecceitas des Duns Scotus und in der nominalistischen und suarezianischen essentia-Theorie wurde die οὐσία bis zum Einzelding spezifiziert. Man kann Hegels Kontingenzlehre in diesem Zusammenhang als eine Erneuerung des Aristoteles verstehen. Obwohl Hegel den allerdings paradoxen Anspruch erhebt, z. B. Napoleon und Afrika aus dem Prozeß des Wesens zu deduzieren, so gilt ihm doch ein gleiches durchaus nicht für alles konkret Wirkliche. Napoleon ist ihm im Gegensatz zu Krugs Schreibfeder eine οὐσία für sich, wie dem Aristotelismus Götter und Engel.

Hegel hat, unter der Bedingung der Existenz der modernen Naturforschung, Aristotelische Ontologie nicht kritiklos wieder aufgenommen. Durch eine Kritik der Grundlagen empirisch erklärender Wissenschaft versuchte er zu zeigen, daß sie nur voraussetzungsreichere und von wechselnden Perspektiven abhängige, also nicht ›wahre‹ Erkenntnis vermitteln könne. Er macht sich dabei die Resultate des Kantianismus zunutze, entwickelt sie in zum Teil sehr produktiver Weise weiter und wendet sie erstmals auf den Bereich der historischen Wissenschaften an. Dabei nimmt er einen guten Teil der Versuche von Rickert und Cohen vorweg. Ein erstes Stück aus dieser Kritik ist uns schon in dem Hinweis auf den endlosen Regreß der Bedingungen bekannt geworden, den Hegel noch durch den auf die Unermeßlichkeit ihrer Anzahl ergänzt, womit er der Theorie des »heterogenen Kontinuum« von Rickert nahekommt. Es ist eine eigene Aufgabe, diese ganz unabhängig von einer Theorie des absoluten Wissens interessante und bedeutsame Seite des Hegelschen Systems zu entfalten. Der Hinweis darauf, daß sie vorhanden ist, mag es erleichtern, sich problematisch weiter auf Hegels Kontingenztheorie einzulassen.[14]

14 Bemerkenswerterweise wird in der marxistischen Hegelinterpretation

3. Der Zufall im Leben des Geistes

Denn trotz seiner Haltlosigkeit und Gleichgültigkeit kommt dem Zufälligen im Ganzen der Hegelschen Spekulation mehr als nur beiläufige Bedeutung zu. Daß solcher Zufall ist, ist Konstitutionsprinzip auch für diejenigen Phänomene, in denen der Geist aus dem natürlichen Sein zu sich selbst als Einheit zurückfindet. So ist zum Beispiel die Schönheit in Natur und Kunst als das Scheinen der Idee nur unter Voraussetzung des Zufallsbegriffes verständlich.[15] Denn während im natürlichen kontingenten Seienden durch das Recht des Zufalles die Elemente in Regellosigkeit nebeneinanderstehen, ist das Kunstwerk wesentlich dies, daß an den an sich zufälligen, nur auf sich bezogenen Teilen die Macht der Notwendigkeit zum Scheinen kommt, so daß sie gerade in ihrem zunächst zufälligen Sein den Anschein des Nichtandersseinkönnens gewinnen, in dem die Einheit der Idee durch die Kontingenz des Äußerlichen anschaulich durchbricht. Die an sich zufälligen Worte der Sprache bilden so im Gedicht das Gefüge, in dem sie anschaulich die Einheit von Bedeutung darzustellen vermögen, die der Begriff als solcher gegenüber jedem zufälligen Sein ist.

Analog zu dieser formalen Struktur des Kunstwerkes ist auch sein Gegenstand die von aller Äußerlichkeit befreite Idee, etwa das Wesen eines Individuums in einem Porträt. »Indem

---

der Versuch gemacht, die unbedingte Geltung des Kausalprinzipes mit der Realität von Zufall in der Welt zu vereinen. So hat schon Engels in seiner *Dialektik der Natur* (Dietz-Verlag, Berlin 1955, S. 231–235) im Anschluß an Hegel über »Zufälligkeit und Notwendigkeit« gehandelt. Auf ihn berufen sich die russischen Autoren, zuletzt S. F. Anissimow, *Die Wechselbeziehungen der Kategorien des Gesetzes, der Kausalität, der Notwendigkeit und der Zufälligkeit*, in: *Voprosy Filosofii*, 1955. Das Argument, Zufall und Unbestimmtheit seien objektive Eigenschaften der Materie, wird oft in der Diskussion von Problemen der neuesten Physik gebraucht und hat schon Eingang in die Tagespresse gefunden.

15 *Die Idee und das Ideal*, ed. Lasson, 1931, S. 38.

die Kunst das in dem sonstigen Dasein von der Zufälligkeit und Äußerlichkeit Befleckte zu dieser Harmonie mit seinem wahren Begriffe zurückführt, wirft sie alles, was in der Erscheinung demselben nicht entspricht, bei Seite und bringt erst durch diese Reinigung das Ideal hervor.«[16] Das Schöne in der Natur erreicht deshalb niemals ideale Schönheit, da Natur, als der Bereich der Äußerlichkeit, immer von der Zufälligkeit gezeichnet bleibt und nur die »Ahnung der Idee« in sich birgt. Gäbe es nicht das zufällig Seiende, so würde die Kunstschönheit, die eine Form der Überwindung der Kontingenz ist, ihre ausgezeichnete Stellung in Hegels Ästhetik einbüßen.

Insbesondere aber im *moralischen* Bereich ist die negative Beziehung auf das Zufällige eine Seite der wesentlichen Leistung der sittlichen Subjektivität. Daß ich in meinem unmittelbaren Sein durch zufällige Umstände mich bestimmt weiß, ist kraft der natürlichen Seite meiner Existenz notwendig. In seiner praktischen Wissenschaftslehre hat Fichte der Entgegensetzung gegen diese Äußerlichkeit eine unendliche Wichtigkeit gegeben. Sittliche Tat ist es, ungeordnete natürliche Triebe und Neigungen zurückzudrängen und unter den vernünftigen Anspruch zu formieren, eine für das endliche Wesen nur im Unendlichen realisierbare Aufgabe. Entsprechend der veränderten theoretischen Situation bei Hegel[17] ist für ihn die sittliche Leistung gerade die, den Zufall zu erkennen, ihn gewähren zu lassen, und den Willen dadurch, daß er dem an sich Zufälligen keine wesentliche Bedeutung gibt, in der eigentlichen Sphäre des Notwendigen zu beheimaten. So wendet Hegel gegen die Askese des Klosters, gegen das (vermeintliche) Kantische »Zurückdrängen der Neigung aus Pflicht« und gegen das Gefühl des Unglücks in der schönen Seele über ihre natürliche Wirklichkeit ein, sie gäben einem an sich Nichtigen durch die Energie ihrer Entgegensetzung

16 *Vorlesungen über die Aesthetik,* ed. Hotho, Bd. II, S. 216.
17 S. o. S. 168/69.

allererst eine absolute Bedeutung. So ist z. B. das Bewußtsein sich seiner als eines besonderen in den tierischen Funktionen bewußt. »Diese, statt unbefangen als etwas, das an und für sich nichtig ist und keine Wichtigkeit und Wesenheit für den Geist erlangen kann, getan zu werden, da sie (bei jenen) es sind, in welchen sich der Feind in seiner eigentümlichen Gestalt zeigt, sind sie vielmehr Gegenstand des ernstlichen Bemühens und werden gerade zum Wichtigsten.«[18] Das heißt aber, sie werden gerade nicht als das genommen, was sie sind, als je nur zufällig Bestimmtes.[19]

Nicht nur in dem auf Äußerliches bezogenen, auch im höheren sittlichen Sein muß der Zufall ohne Entgegensetzung ausgeschlossen werden. So ist es z. B. das Wesen der Ehe, sich die Freiheit von der Zufälligkeit der Neigung zu versprechen. Mit diesem Versprechen tritt sie in ihre eigene Notwendigkeit ein, in der sie aber ohne Entgegensetzung gegen Neigungen lebt. Nach dem ethischen Prinzip Hegels ist sie die Entäußerung des Ich an einen es übergreifenden und es integrierenden substantiellen Zusammenhang, in dem es allein wahrhaft Ich werden kann. Also kann sie weder die absolute Legitimation der bestehenden Neigung, die an sich unmöglich ist, noch auch ihre gewaltsame Bändigung sein, die gerade dem Zufälligen den Rang eines Wesentlichen verleihen müßte, von dem man nie frei würde. In der Freundschaft ist es ebenfalls als zufällig

---

18 *Phänomenologie des Geistes*, ed. Hoffmeister, S. 168.
19 Fichte und Hegel verbindet die Überzeugung, daß die Tatsache der zufälligen Bestimmtheit unseres Lebens nicht durch die Berufung auf ein Geschaffensein durch Gott verstellt werden sollte. Es ist zwar ein schöner Zug der Frömmigkeit, in allen Begebenheiten göttliche Geschenke, Prüfungen und Fügungen zu erblicken. Doch ist der Glaube entschiedener ohne diese Erbauung gewährende Überzeugung. Daß »denen, die Gott lieben, alle Dinge zum besten dienen«, bedeutet vielmehr, daß sie die Freiheit besitzen, dem Zufall anheimzustellen, was unwesentlich ist, um den Wechsel von Glück und Geschick nur zum Anlaß werden zu lassen, sich allein im wesentlichen Dasein zu sammeln. In diesem und manchem anderen Sinne ist Hegel der protestantischen Theologie des folgenden Jahrhunderts vorausgegangen.

anzuerkennen, daß ich diesem bestimmten Menschen unter diesen Bedingungen begegnet bin. Der Gedanke an eine Vorherbestimmung verstellt das Wesen der sittlichen Leistung, den Zufall sein zu lassen und in einer von ihm mitbestimmten Situation die Notwendigkeit des sittlichen Lebens zu vollziehen.

Wichtig für das Verständnis von Hegels Ethik ist es nun zu sehen, daß, so wie die Freigabe des Zufälligen als eine sittliche Leistung gefordert ist, so auch der Protest gegen den Zufall die Subjektivität aus ihr selbst als Versuchung ankommt. Es ist wiederum ein Moment in der Entwicklung der Idee, daß sich das Selbst auf seine Besonderheit versteifen kann und je schon sich versteift hat. Das Selbstbewußtsein ist zunächst Reflexion auf sich und vertieft sich so in seine es auszeichnenden Eigenheiten, auch in die besonderen widrigen Schicksale seiner Situation. Es geht in sich und sperrt sich gegen die sittliche Notwendigkeit, den Zufall einfach nur Zufall sein zu lassen. So murrt der Mensch über einen »unglücklichen Zufall«, der ihn betrifft, und hält ihm die Besonderheit seiner Individualität entgegen, wenn er sagt, »daß gerade mir dies geschehen mußte«. Nachdem er ihn bestanden hat, offenbart sich im Stolz auf sein Abenteuer oder im Renommieren mit dem Außergewöhnlichen seines Schicksals ein Selbstverständnis gleicher Art. In solchem Tun liegt eine wenn auch vorläufige höhere Wahrheit; es hat einen Grund im Wesen des endlichen Geistes. Denn wahrhafte Sittlichkeit kann nur im Ablassen vom je Besonderen sich begründen, so wie der abstrakte Begriff der Notwendigkeit sich nur im Selbstsetzen des Zufälligen konstituieren kann. Das Zurückgehen des Ich in seine natürliche Besonderheit ist Eitelkeit.[20] Die Überwindung der Eitelkeit aber ist die Annahme der Besonderheit, und zwar so, daß sie zugleich als die unwesentliche gesetzt ist, daß ihr keine Macht über den

---

20 Eitelkeit ist hier im Sinne der vanitas der christlichen Lehre das substanzlose Wesen dessen, der sein ganzes Herz an ein Nichtiges hängt.

sittlichen Willen zukommt. Sie ist als die zu überwindende notwendiges Moment in der Sittlichkeit. So ist Sittlichkeit nicht nur wie bei Fichte die Entgegensetzung gegen sie, die sich im unendlichen Streben realisiert, sondern gerade das Aufheben der Entgegensetzung. Aus diesem Wechselverhältnis zwischen Eitelkeit und Selbstaufgabe interpretiert Hegel alle sittlichen Phänomene. Auch das Wesen des historischen Prozesses wird in der Geschichtsphilosophie aus diesem Kampf des Geistes gegen sich selbst verstanden. »Bewußtsein und Willen sind zunächst in ihr unmittelbares natürliches Leben versenkt: Gegenstand und Zweck ist ihnen zunächst die natürliche Bestimmung selbst als solche, die dadurch, daß es der Geist ist, der sie beseelt, selbst von unendlichem Ansprache ist.«[21] »So ist der Geist in ihm selbst sich entgegen. Was der Geist will, ist, seinen eigenen Begriff erreichen; aber er selbst verdeckt sich denselben, ist stolz und voll von Genuß in dieser Entfremdung seiner selbst.«[22]

Diese Idee von der Sittlichkeit hat Hegel bereits sehr früh besessen. Sie ist als der Grundzug seines Denkens schon dort zu erkennen, wo er noch nicht eine eigene theoretische Konstruktion der Realität anstrebt. In ihr offenbart sich ein alle Romantik übersteigendes Weltverständnis, in dem auch der Tapferkeit ein hoher Rang zukommt. Schon in den ersten Niederschriften (1793), die wir von Hegel besitzen, tritt sie uns in der Forderung entgegen, daß wir lernen müssen, uns mehr von Natur und Schicksal abhängig zu wissen.[23] In der Polemik gegen Kants Lehre von der Glückswürdigkeit des Guten finden wir sie bald wieder (ab 1795). Zunächst freilich

[21] Wenn nicht die Energie des Selbstbewußtseins sich mit den natürlichen Bestimmungen verbindet, erreichen sie nicht die Kraft des Anspruches, den sie gerade im menschlichen Leben anmelden. So ist das Klagen des Tieres nur der Ausdruck seines Schmerzes, der Aufschrei des Menschen offenbart aber zugleich den Trotz des Geistes, dessen Wille, Grund seiner selbst zu sein, auch sein natürliches Dasein festhält und so in ihm getroffen wird.
[22] *Philosophie der Weltgeschichte*, a.a.O., S. 132.
[23] *Hegels theologische Jugendschriften*, ed. Nohl 1907, S. 29/46, 55.

besteht zwischen dieser Tugend und dem Ideal der Versöhnung des Selbst mit seinem Anderen in der Einheit des Lebens und der Erhebung zu Gott, zwischen dem stoischen und dem neuplatonischen Element in seiner Philosophie des Geistes, eine Inhomogeneität und somit eine Spannung. Für eine kurze Zeit, in der Gemeinschaft mit Schelling, ist diese Spannung zugunsten des ἕν-πάντα-Ideales aufgehoben worden, in dem es möglich schien, das Schicksal, als eine bloß äußerlicher Reflexion entsprungene Vorstellung, ganz in die Versöhnung des Geistes mit der Wirklichkeit aufzuheben. Bald aber stand die ursprüngliche Auffassung Hegels wieder im Vordergrund, in der die Tugend des amor fati und der Tapferkeit so wenig der versöhnenden Erhebung zu Gott widersprechen, daß sie, im Ablassen vom Kontingenten, geradezu eine ihrer Bedingungen sind. Nicht nur die theoretische Einsicht in die Unmöglichkeit, alles Konkrete zu deduzieren, die durch den Einwand Krugs gefördert worden sein mag, hat also die Revision der rein negativen Kontingenztheorie von 1802 erzwungen. Ihr Zusammenhang mit der Grundlegung der Ethik hat uns Gründe für sie sichtbar werden lassen, die in den Ursprung des Systems selbst reichen, durch das Hegel zunächst die Begriffe zum Verständnis der in den Jugendschriften in den Blick gebrachten sittlich-religiösen Wirklichkeit des Menschen erarbeiten wollte. Dieser Zusammenhang ermöglicht es also auch dem, der sich von der theoretischen Schlüssigkeit der späteren Spekulation nicht überzeugen kann, sie als den berechtigten Versuch einer begrifflichen Selbstinterpretation des sittlichen Bewußtseins zu nehmen: Der gegensatzlose Verzicht auf das Kontingente ist dem sittlichen Bewußtsein als unbedingter Anspruch zugemutet. Im vollendeten Entsprechen muß das Zufällige freigegeben und als unwesentlich gesetzt sein. Wenn das Bewußtsein die theoretischen Implikationen einer solchen Setzung ausdrücklich reflektiert, so muß es formal die Beziehung des an sich seienden Prinzips des Guten zum kontingenten Seienden durch den Begriff der absoluten Notwendigkeit denken, den Hegel in seiner Logik entwickelt hat. Auf seine logische Form gebracht wäre das ein Verfahren, statt aus einer theoretisch evidenten Bedingung ihre praktische Konsequenz zu folgern, die Konsequenz selbst als evident zu setzen und von ihr auf die Bedingung zu schließen. Da die Konsequenz eine praktische ist, würde die Bedingung dann auch nur praktisch gewiß sein können. Sie hätte den Charakter einer sittlich notwendigen Annahme, die in einem der Kantischen Postulatenlehre analogen Verfahren begründet worden wäre. Man könnte in ihr auf die Deduktionen von Hegels Naturphilosophie verzichten, sich also in bessere Übereinstimmung mit der Naturwissenschaft bringen. Die Grundstruktur der Idee bliebe aber gewahrt.

In solcher Darstellung würde sich Hegels System wohl größerer Wertschätzung erfreuen können. Man muß aber sehen, daß diese Interpretation nur dann geleistet werden kann, wenn der Begriff des absoluten Zufalls als ein notwendiges Moment der Idee erkannt wird. So ist auch der Blick für das Bedeutsame der Ethik Hegels durch die falsche Vormeinung verstellt, der Idealismus müsse das Phänomen der Kontingenz im innerweltlich Seienden leugnen.

Exkurs: Das, was diese Ethik zu einer besonderen, eigenständigen macht, wird am besten im Vergleich mit der stoischen Position heraustreten. Denn zu ihr hat sich eine deutliche Analogie ergeben, die den überraschen muß, der Hegels Polemik gegen die Stoa und deren moderne Form im Kantianismus kennt. Es scheint, daß das »Freiwerden von Eitelkeit«, die Freigabe des Kontingenten ganz der stoischen Adiaphorie, der Indifferenz den körperlichen und äußerlichen Dingen gegenüber gliche, und das sogar in der radikalen Form, die ihr Ariston gegeben hatte. Ihm war die Adiaphorie zum Ideal des ἀγαθὸς βίος schlechthin geworden.

Diese stoische Lehre unterscheidet sich von der Fichtes dadurch, daß das sittliche Bewußtsein in dem Zustand der

Gleichgültigkeit nicht negativ auf das Äußere bezogen ist, um es niederzuhalten oder zu formieren. Im Gegensatz zu Fichtes energischem Charakter hat sich der stoische Weise nach Ariston, und auch nach der späten römischen Tradition, aus allem Äußeren ganz zu sich zurückzuziehen und sich im ὁμολογουμένως ζῆν in die rein innerlich erfahrene Allgemeinheit des logos zu konzentrieren. Das Äußerliche ist zwar zu tun, und auch auf möglichst geschickte Weise. Wert und Wichtigkeit aber kommt ihm nicht zu. Das Selbst in seinem Zentrum hat sich aus ihm ganz zurückgezogen und ist so für jeden seinem äußerlichen Dasein verhängnisvollen Schritt des fatum unerreichbar.

Das scheint alles ganz im Sinne Hegels gesprochen. Hat sich die Macht der stoischen Tradition auch im scheinbar ganz Anderen durchgesetzt? Es ist jedoch die Differenz zur Stoa ebenso deutlich aufzuweisen, wie die Verbindung mit ihr. Sie wird von Hegel selbst in seiner philosophiehistorischen Vorlesung angedeutet. Die Adiaphorie als telos postuliert zwar die Aufgabe der Einzelheit, die Befreiung des Menschen zum Allgemeinen. Wer aber seine Aufmerksamkeit diesem Allgemeinen zuwendet, bemerkt sofort, daß es wiederum nur die abstrakte Einzelheit ist. Der jeweils einzelne Mensch gelangt in ihr in seine innere Freiheit und Übereinstimmung mit sich. Der logos aber, aus dem diese Innerlichkeit und Allgemeinheit gehaltvoll bestimmt werden sollte, bleibt ganz formal und ohne wahren Gehalt. Das führt dazu, daß der stoische Weise zwar unter das Ideal der Adiaphorie, der Abkehr vom Äußerlichen gestellt ist, es aber doch nicht ohne ständige Entgegensetzung gegen die Äußerlichkeit, also in Wahrheit gar nicht realisieren kann. Denn es mangelt ihm die inhaltliche Erfüllung des Guten, auf das er in der Adiaphorie als auf etwas Positives hinsehen könnte. So muß er sich auf seine abstrakte Einzelheit versteifen. Hegel ist der Ansicht, daß, obzwar die stoische Negierung der Äußerlichkeit ein wesentlicher Zug des Sittlichen ist, dann, wenn es bei dieser reinen einzelnen Innerlichkeit bleibt, ebenso nur ein Sichversteifen, also Eitelkeit vorliegt, wie bei dem, der auf Äußerliches eitel ist, wenn auch eine abstraktere, die sich vor zufälliger Verletzung sicher wissen kann. Ein Wille, der nur auf seiner Freiheit besteht, wird in solche Eitelkeit gedrängt. »Dem stoischen Bewußtsein ist es nicht um seine Einzelheit zu tun, aber es kommt doch nicht über diese Einzelheit hinaus.«[24]

Das Sittliche fordert in doppeltem Sinne den Akt der Entäußerung. Einmal muß das reine Selbst aus der zerstreuten Lebendigkeit der Welt aufstehen, ihm muß das nur Zufällige gleichgültig sein. Dann aber muß dies reine Selbst ebenfalls die Fähigkeit der Entäußerung haben, eine Notwendigkeit des Allgemeinen vollziehen, die nicht mehr bloß am abstrakten Ich festhält. Für Hegel sind deshalb die Tugenden der Entgegensetzung nur in der Einheit mit denen einer Entäußerung zu vollenden. Selbstbeherrschung und Tapferkeit müssen mit Opfermut und Gemeinsinn gepaart sein, wenn sie nicht zur Selbstbespiegelung und selbstgefälligen Asketik werden sollen. Diese Einheit, in der es nicht mehr um die abstrakte Freiheit des jeweiligen Subjektes geht, sondern in der es in einem an sich gültigen Zweck oder Zusammenhang versunken ist, entspricht ganz dem, was in der christlichen Tradition Liebe heißt. Und nicht zufällig ist dies auch das moralphilosophische Grundwort des ersten Hegelschen Systementwurfes. Sittliche Phänomene wie Freundschaft und Ehe lassen sich aber im stoischen Schema nicht unterbringen, wenngleich Zenon und Panaitios sie in der Art der Popularphilosophen oftmals rühmen.

Hegel hat ein ganzes System solcher substantiellen Zwecke und Beziehungen in seiner Rechtsphilosophie entfaltet. Ihr oberster ist ihm der Staat. Auch das stoische Ideal der abstrakten Freiheit weist er auf Platons Ethik hin, die das Maß des Geltenden in der Politeia sah. Doch über den Inhalt und

---

24 *Vorlesungen über die Geschichte der Philosophie*, II, S. 466.

die Begründung des Substantiellen, in das sich die Subjektivität entäußern soll, muß man mit Hegel nicht einer Meinung sein.

4. Die Notwendigkeit des Seinsganzen und die Kontingenz des Seienden

Um den Zusammenhang ganz übersehen zu können, der Hegels Kontingenztheorie mit seiner Darstellung der Sittlichkeit verbindet, ist daran zu erinnern, daß absolute Kontingenz von innerweltlich Seiendem in einem Ganzen des Seins herrschen soll, das als solches schlechthin notwendig ist. Der theoretische Sinn auch dieser These, die für eine äußerliche Betrachtung der ersten zu widersprechen scheint, muß noch in den Gedankengang einbezogen werden.

Der späte Schelling hat bekanntlich gegen Hegel eingewendet, daß die Totalität der im dialektischen Prozeß entwickelten Bestimmungen bloß die Bedeutung eines Gedachten habe und daß unter Mißachtung der alten Unterscheidung zwischen gedachter Wesenheit und reeller Existenz von ihm die Frage nach dem »Daß« des Seienden und des Denkens selbst unbeantwortet gelassen werde. Auch die Subjektivität der idealistischen Spekulation, die alles Gegenständliche in sich eingeschlossen hat und deren Begriff von allen »dinglichen« Elementen befreit ist, müsse die Frage nach der Faktizität ihres Selbstvollzuges stellen.

Doch diese Reflexion reicht nicht aus, um sich von Hegels Prinzip loszuwinden. In entscheidendem Sinne verfehlt es seine Intention. Denn die Unterscheidung von Wesenheit und Existenz als eine Realdistinktion, die absolute Bedeutung hat, ist im Idealismus selbst Gegenstand einer radikalen Kritik geworden, einer Kritik, die nur das Ende einer in der Neuzeit seit der Scholastik des Franziscus Suarez angelegten Konsequenz ist.

Am leichtesten kann man sie durch einen Rückgriff auf Kants Deduktion der Modalkategorien erläutern. Die Modalität als der vierte Quadrant der Kategorientafel ist definiert durch das Verhältnis des Setzens eines Gegebenen zum Bewußtsein; sie ergibt keine inhaltlichen Bestimmtheiten eines Seienden. Notwendigkeit meint durch die Bedingungen des Denkens selbst Gefordertsein, Wirklichkeit im Zusammenhang der Erfahrung Gegebensein, Möglichkeit den Bedingungen des Begegnens von Gegenständen nicht Widersprechen. Man braucht nur darauf zu reflektieren, daß schon im Kantischen Verständnis der Unterschied der wesentlichen Notwendigkeit zum faktischen Gegebensein von der selbst nur faktischen Subjekt-Objekt-Beziehung abhängt, um zu sehen, daß das Denken den vermeintlich absoluten Modalunterschied, der in der Schellingschen Frage nach dem »quod est« impliziert ist, als einen nur relativen setzen muß. So ist auch im intellectus archetypus, in einem Verstande, der die Dinge in ihrem Entstehen unmittelbar gegenwärtig hat, der Modalunterschied haltlos. In ihm kann die Differenz von Denken und Sein nicht angenommen werden, weil er selbst schaffender Intellekt ist. Sein an ihm selbst ist, was es ist. Nach Kant darf ich streng genommen nicht einmal sagen, es sei notwendig, da dieser Terminus Bedeutung nur hat im Unterschied zu möglicher, zufälliger Wirklichkeit. Er kann nur auf dem Standpunkt des endlichen Geistes angewendet werden.

So ist es nicht einmal nötig, auf Hegels konkrete Ableitung der Begriffe des Daseins, der Existenz und der Wirklichkeit aus den Begriffen des Seins und des Wesens einzugehen[25], um zu sehen, daß dieser Unterschied, den Schelling ganz selbstverständlich gegen Hegel vorbringt, von diesem nicht als letzte Wahrheit anerkannt werden kann. Denn es war eines der Ziele von Hegels Logik, das Kantische Prinzip des Selbstbewußtseins, das bei ihm als einfache Vorstellung genommen

---

25 *Logik*, a.a.O. I, S. 93 ff.; II, S. 97 ff., 162 ff.

wird, begrifflich definierbar zu machen. Hält man fest, daß der Modalunterschied unter der Bedingung des schon vorausgesetzten Ich steht, so folgt daraus, daß ihm keine absolute Geltung zukommen kann, die man wieder gegen das Ganze dieser Reflexion ausspielen dürfte. Das Ganze, in dessen Bereich auch der Kontingenz, der zufälligen Wirklichkeit, ein Recht eingeräumt wurde, trägt die ontologische Differenz, den Unterschied zwischen Wesen und Dasein, ebenfalls nur als ein Moment in sich, ist also an sich selbst in dem angegebenen Sinne absolut-notwendig.

Aber hat sich der Idealismus damit nicht in eine neue Unmöglichkeit verstiegen? Ist hier nicht der Sinn des Begriffes der Wirklichkeit verkannt, der unbeschadet dessen, daß er in der Tat ein Begriff ist, gerade unbegriffen Wirkliches meint? Kann die Frage nach dem Grunde angesichts der Ganzheit des Seins wirklich verstummen? Ist es nicht vielmehr eine phänomenal bodenlose und spekulativ unbefriedigende Behauptung, die Ganzheit des Seienden sei an ihr selbst notwendig? Um davon abzustehen, diese Frage mit behenden Antworten zu entscheiden, ist wiederum die Übersicht über Hegels Logik als eines Ganzen entbehrlich. Die Grundstruktur des Sachverhaltes ›Sittlichkeit‹ zwingt die geläufige Meinung, die distinctio realis sei eine unerschütterliche Evidenz, zur kritischen Selbstprüfung.

Die Weise, in der sich die modal indifferente intelligible Welt nach Kant im endlichen Bewußtsein anmeldet, ist das Faktum des Sittengesetzes. In ihm ist aber die ontologische Differenz zu einem Moment herabgesetzt, so wie es auch für die bloß theoretische Idee der intelligiblen Welt galt. Die Unbedingtheit seines Anspruches kommt gerade dadurch zum Ausdruck, daß es als diese beanspruchende Bedeutung sich als Bedeutung (als Wesen) und als Existenz zugleich umfaßt.

Die Sittlichkeit fordert Verwirklichung, jedoch so, daß die Verweigerung zugleich eine spezifische Form dieses Wirklichkeitswerdens ist. In ihr verwirklicht sich die Sittlichkeit als

Schuld. So wird in der Schuld die Unbedingtheit schlechthin und damit die modale Indifferenz des Sittlichen allererst erfahren. Dies geschieht in der Einsicht, daß Sittlichkeit in sich letztbegründet ist. Es ist nicht nur sinnlos, nach dem Seinsgrund der Sittlichkeit zu fragen, um zu erkunden, wieso ihr Anspruch ergeht, sondern diese Frage ist im sittlichen Bewußtsein auch de facto hinfällig geworden. Konsequent hinter die Sittlichkeit zurückfragen bedeutet, die Absolutheit ihrer Geltung für bedingt halten und sie somit gerade negieren. Solche Negation wird nach dem vorigen wieder als Schuld erfahren, ist also im sittlichen Bewußtsein je schon aufgehoben.

Mit diesem allgemein bekannten, offen zutage liegenden Sachverhalt ist doch eines der Grundprobleme der Philosophie gestellt. Man muß nur das, was das natürliche Selbstverständnis schon immer in ihm denkt, auch in der theoretischen Analyse festhalten. Es widerspricht zwar nicht der Evidenz des theoretischen Wissens, wohl aber der Unbedingtheit des sittlichen Anspruches, ihn auf irgendwelche anderen, ihn erst hervorbringenden Gründe zurückzuführen. Deshalb kann Gott uns das Gute nur darum, wie man sagt, »ins Herz gesenkt« haben, weil es für ihn selbst schlechthin Gültigkeit besitzt, nicht aber kann das Gute nur darum gut sein, weil es den Göttern gefällt. Das hat schon Platon gezeigt. Und in seiner Ideenlehre ist die erste Antwort auf diese Einsicht zum bewegenden Moment der europäischen Philosophie geworden. Kant hat seinen Gedanken wieder ganz in das Zentrum seiner Philosophie gestellt und ihm die ursprüngliche Strahlkraft zurückgegeben. Auch Hegels System, worin es sich auch immer von Platon und Kant unterscheiden mag, ist von dieser Einsicht durchleuchtet.

Kant hatte das Denken als einen Akt der Spontaneität beschrieben, in dem die Vernunft, in einem Entwurfe, auch die Idee der Sittlichkeit hervorbringt, die durch das Faktum der Achtung vor dieser Idee für den konkreten Menschen in ihre

Gültigkeit eingesetzt wird. Hegel konstruierte im Gegensatz dazu das Denken als einen Akt des Zusehens, in dem die einzelne Subjektivität, von ihren zufälligen Einfällen und Vorstellungen absehend, den Gang der reinen Begriffsbestimmungen in sich »gewähren läßt« und sich so aus ihrer Einzelheit zur Allgemeinheit erhebt.

Solche Allgemeinheit, die (wie für Kant) unübersteigbar und unüberfragbar sein muß, ist auch das Sittliche, die Strukturen seiner Idealität, z. B. Freundschaft, Recht, Staat, die Aufgabe der Besonderheit verlangen und also die Tugenden der Entgegensetzung einschließen. Jede Frage nach einem Grunde der Sittlichkeit, auch die Schellings, muß mit diesem Phänomen in Widerspruch kommen. Der Begriff einer im Subjekt gegenwärtigen grundlosen, unbedingten, sich selbst verwirklichenden Wesensstruktur ist also im sittlichen Bewußtsein als ein reeller erfahren.[26]

Sehen wir von diesem Standpunkt auf Hegels Kontingenztheorie zurück, so treten in ihr die beiden Momente des Kontingenzproblems, die wir in unseren beiden Gängen getrennt voneinander abgehandelt hatten, zu einer sinnvollen Einheit zusammen: Wenn wir seine Lehre von der Notwendigkeit des Seinsganzen unter dem Gesichtspunkt der Sittlichkeit betrachten und sie verstehen als einen begrifflichen Ausdruck für die Struktur des sittlichen Phänomens, so macht es keine Schwierigkeiten mehr, die Kontingenz des Seienden mit der Notwendigkeit des beanspruchenden Seins zu vereinen. Hegels Auffassung des Sittlichen war ja die, daß die Unbedingtheit des Notwendigen gerade in der Leistung der Freigabe des Zufälligen sich manifestiert. Unter die unbedingte sittliche Notwendigkeit sich stellen heißt Aufgabe des Besonde-

---

[26] Die scholastisch-thomistische Philosophie würde mit Aristoteles (*Met.* Λ, 6.) von dieser Bestimmung zu der des überweltlichen ens a se fortschreiten (s. zuletzt C. Nink, *Philosophische Gotteslehre*, 1948, S. 78 u. a.; R. Garrigou-Lagrange, *Dieu . . .*, 5. Aufl., 1950, Bd. I S. 270 ff.). Auf die Problematik dieses Übergangs soll hier nicht eingegangen werden.

ren, Freisein von Eitelkeit, Freigabe des nur Zufälligen als des Unwichtigen, auch im eigenen natürlichen Sein, sei es eigenes Glück, sei es Krankheit und Tod. Das Seinlassen des kontingenten Seienden geschieht hier aus der Notwendigkeit des Seins. Für das sittliche Bewußtsein sind die Begriffe der Notwendigkeit und des Zufälligen so vermittelt, daß Hegels Konstruktion, die als Theorie problematisch sein mag, in der Ethik und als theoretische Voraussetzung des sittlichen Bewußtseins selbst einen guten Sinn gewinnt. Sie macht es uns allererst möglich, zum einen das Verhältnis des einzelnen Subjektes zur Allgemeinheit des Sittlichen begrifflich zu bestimmen und zum anderen die Gesamtheit des Seienden so zu denken, daß man in ihr Sittlichkeit als möglich annehmen kann.

Der Vorteil der Einheitlichkeit, der mit der so verstandenen Hegelschen Position gegeben ist, wird sofort deutlich, wenn man sie mit der theoretischen Philosophie der Stoa vergleicht. In deren Lehre von einem alles bestimmenden Weltgeschehen, der εἱμαρμένη, blieb weder für den Raum der Kontingenz, den die Freiheit als solche fordert[27], noch für die Annahme bloß zufälliger Ereignisse, die nicht durch die Würde, Mittel des Absoluten zu sein, geheiligt werden dürfen, eine Möglichkeit offen. Spekulation und Ethik, die dort unvereinbar nebeneinanderstehen, sind bei Hegel gediegene Einheit.

Aber wird nicht in der Konsequenz des Versuches, den Anspruch des absoluten Wissens auf die Idee des Guten zu beschränken und zu einer begrifflichen Explikation der sittlichen Erfahrung herabzusetzen, der eigentliche Sinn von Hegels Idealismus verfälscht? Es ist zuzugeben, daß, was das Theoretische anlangt, damit freilich auf eine Interpretation seiner Logik gezielt wird, die sich auf das kritische, das skeptische Element in ihr beschränkt. Wenn aber das Denken die

[27] Diese Seite der Kontingenztheorie, die eine neue Entwicklung des Problems fordern würde, bleibt hier ausgespart.

Unschuld der Selbstgewißheit verloren hat, eine beweisbare Einsicht in das Sein des Seienden erlangen zu können, so kann noch immer dies die Aufgabe einer prima philosophia sein: das Sein so zu denken, daß die Unbedingtheit der Sittlichkeit in ihm gewahrt bleibt. Platon und Kant können je auf ihre Weise Vorbild in solchem Bemühen sein.

Karl Marx als Schüler Hegels

Die Absicht dieses Aufsatzes ist eine historische. Er soll dazu beitragen, die Beziehungen des Marxismus zu Hegel zu klären. Von der Aufgabe, die Weise zu kritisieren, in der Marx an das System Hegels angeknüpft hat, sieht er ganz ab. Dazu wäre es nötig, auf Hegel selbst einzugehen, und das würde die für einen kurzen Text ohnehin schwierige Problematik bis zur Verwirrung komplizieren.
Als anerkannt gilt: Es ist unmöglich, das Werk von Karl Marx zu verstehen, ohne sein Verhältnis zu Hegel zu bestimmen. Zu einer Zeit, als er sich davon keine günstige Wirkung versprechen konnte, hat er selbst bekannt, Schüler Hegels zu sein, und ihn einen ›großen Denker‹ genannt. Die Bemerkung von Engels entspricht der Wahrheit, daß er und Marx fast *die einzigen* gewesen seien, die an der von Hegel entdeckten Methode der Wissenschaft festgehalten haben in einer Periode, die sich ganz von Hegel entfernt hatte. Deshalb war auch der ursprünglich politische Versuch, im letzten Jahrzehnt des vergangenen Jahrhunderts unternommen, die sozialistische Partei auf eine andere Grundlage als die der marxistischen Revolutionstheorie zu stellen, mit dem Unternehmen verbunden, die hegelianischen Implikationen des Marxismus zu kritisieren.
Ebenso ausgemacht ist es aber, daß das Problem, Marx in eine bestimmte Beziehung zu Hegel zu bringen, noch eine andere Seite hat. Noch mehr als seine Schülerschaft liegt nämlich seine Entgegensetzung gegen Hegel offen zutage. So hat es in der Geschichte der Interpretation von Marx auch nicht an Stimmen gefehlt, die dem Marxismus im Namen Hegels das Recht einer Berufung auf ihn bestritten. Sie erklärten ihm, er sei, in unsauberer Gestalt, schon genau das, wozu ihn die reformistische Kritik erst umwandeln wollte, nämlich

Empirismus, wenn auch ein von dogmatischer Vormeinung gesteuerter. In diesen beiden Formen der Kritik sind Momente aus Marxens Selbstauslegung übernommen. Gewöhnlich werden sie zusammengebracht mit Hilfe eines Bildes, das von ihm selbst gebraucht worden ist: Man sagt, Marx habe eine ›Umkehrung‹ der Theorie Hegels vollzogen.

Hegel selbst hatte einmal davon gesprochen, daß dem natürlichen Bewußtsein, das zur philosophischen Wissenschaft nicht vorbereitet und bereit ist, deren Gehalt als verkehrte Welt erscheine. Um die Wahrheit und die richtige Perspektive dieser Welt einzusehen, müsse es gelehrt und genötigt werden, sich auf den Kopf zu stellen, – das heißt für Hegel auf das reine Denken. Marx hingegen meint, der verrückte Anblick der Wahrheit, den die Philosophie dem natürlichen Bewußtsein bietet, sei nicht durch dessen Verstellung, sondern durch eine Verrückung der Philosophie selbst zu erklären. Und deshalb werde ihre Wahrheit nur dann einleuchten, wenn man die Philosophie und ihre Methode aus dem Kopfstand in ihre rechte Stellung ›umstülpe‹. Nicht auf dem Kopf, das heißt für Marx mit den Beinen auf der Erde stehen. Angewendet auf Hegels Philosophie meint er damit, daß sie den rechten Gehalt, nämlich die vernünftige Analyse der Wirklichkeit, und die rechte Form, nämlich das dialektische Verfahren, in einer unförmigen und unwirklichen Gestalt entwickelt habe. Es komme nun darauf an, den wahren Grund beider in der Erfahrung aufzusuchen.

Diese Rede von der Umkehrung der Hegelschen Philosophie, eine Rede, die selbst die Sprache Hegels spricht, darf nicht für mehr gelten als für ein Bild und die Anzeige eines Problems. In ihr ist noch nicht zu erkennen, ob überhaupt und wie sich Hegel als einer solchen Umkehrung zugänglich erweist und welche Züge seine Lehre annimmt, wenn sie auf verkehrter Grundlage aufruht. In ihr wird weiter, und dies vor allem, noch nicht zu verstehen gegeben, kraft welcher Notwendigkeit sie sich dieser Umkehrung unterziehen muß und in welchem Sinn sie nachher noch als Theorie in der Nachfolge Hegels zu erkennen ist. Seit Jahrzehnten wollen die Interpreten des Werkes von Karl Marx dies verständlich machen, ohne aber bisher dabei zu einem Ende gekommen zu sein.

In neuerer Zeit hat diese Aufgabe, die zunächst eine systematische ist, einen neuen, den biographischen Aspekt erhalten. Das, was Marx die Umkehrung Hegels nannte, ist nämlich nicht das Resultat einer Forschung, die ihren Ursprung in der Konfrontation mit Sachverhalten der Erfahrung hat. Sie ist der Prozeß der Entwicklung eines Werkes, das in ständiger Beziehung auf die Probleme zustande gekommen ist, die Marx von Hegel vorgegeben waren. Der junge Marx, formal Student der Berliner juristischen, in Wahrheit aber der philosophischen Fakultät, hat sich zunächst gegen Hegels Einfluß gewehrt. Dies System schien ihm monumental und grotesk zugleich zu sein. Dennoch war es die Erfahrung seiner Studienzeit, daß jeder Versuch, ihm zu entrinnen, ihn immer fester an es kettete, so daß er es schließlich als die ›jetzige Weltphilosophie‹ anerkennen mußte (8).[1] Seine Erfahrung verband ihn mit der Überzeugung derer, die selbst noch Hörer Hegels gewesen und denen seine Lehre nicht Monument einer schon vergehenden, sondern Aufgabe einer neuen Welt gewesen war. Der Schritt über Hegel hinaus konnte nicht an ihm vorbei, sondern nur durch ihn hindurch und auf seinen Grund zur Wahrheit führen, von der Marx und seine Freunde allerdings meinten, daß sie noch ausstehe.

Der Weg, dessen Anfang durch diese Erfahrung bezeichnet ist, gliedert sich deutlich in zwei Abschnitte. Und die Marxismusinterpretation in Ost und West ist damit befaßt, sie gegeneinander abzusetzen. Der zweite beginnt mit dem kommunistischen Manifest, dem frühesten Dokument der im Inhalt und auch im Stil voll entfalteten Lehre. Der erste

---

[1] Zahlen in Klammern beziehen sich im Folgenden auf die Seitenzahlen von Karl Marx, *Die Frühschriften*, Stuttgart 1953, Paragraphen in Klammern auf Hegels Rechtsphilosophie.

schließt die verschiedenen Phasen der Auseinandersetzung mit Hegels Weltphilosophie ein, während der zweite durch ein beiläufiges und oftmals ironisch-distanziertes Verhältnis zu Hegel gekennzeichnet ist, das Marx nur noch gelegentlich auf ihn als auf seinen Lehrer Bezug nehmen läßt.

Nun gibt es zwei Klassen von Interpretationen, die sich darin unterscheiden, wie sie das Verhältnis der beiden Wegabschnitte von Marxens philosophischer Entwicklung beurteilen. Die orthodoxe Darstellung des Ostens beruft sich auf Selbstzeugnisse, die besagen, daß die erste Wegstrecke für Marx nur Selbstverständigung und Befreiung von fossilen Resten idealistischer Begrifflichkeit gewesen sei, eine Befreiung zur Wissenschaft, die zwar von Hegel wesentliches übernommen habe, aber aus dem Zusammenhang mit ihm grundsätzlich herausgetreten sei. Nur der zweite Wegabschnitt habe Dokumente genuin marxistischen Denkens hervorgebracht. Dagegen wollen viele im Westen erschienene Interpretationen zeigen, daß Marxens eigentliche Motive in den Manuskripten seiner ersten Entwicklungsphase aufgesucht werden müssen. Die späteren Publikationen seien teils nur die ökonomische Ausarbeitung einer inzwischen halb vergessenen Theorie, — teils aber, sofern sie offenbar vom frühen Werk abweichen, seien sie Mißverständnisse und Simplifizierungen, die vor allem von Engels verschuldet worden sind. Sie müßten rückgängig gemacht werden, wenn man die marxistische Philosophie in einer besseren Gestalt als in der Versteinerung einer Parteidoktrin sehen und verwirklichen will. Rückgang auf den jungen Marx, das ist in dieser letzten, durchaus politisch gemeinten Absicht die Forderung der marxistischen Opposition gegen Lenin und den Stalinismus, das ist die Parole von Ernst Bloch und seinen Schülern, der französischen Marxisten außerhalb der Partei und vieler polnischer, ungarischer und jugoslawischer Intellektueller.

Bei dem Versuch, in ein nicht von politischen Fragen befangenes Verhältnis zum Problem der Entwicklung von Karl

Marx einzutreten, zeigt es sich nun, daß beide Interpretationen den wahren Sachverhalt verzeichnen. Beide kommen sie nicht aus, ohne in diesem Entwicklungsgang einen Bruch anzunehmen. Auf der einen Seite wird er dargestellt als eine Entdeckung, welche die Schülerschaft zu Hegel beendet, auf der anderen als ein Abfall oder doch als eine größere Entfernung von zuvor schon erreichter Einsicht. Es ist nicht schwer, den unhistorischen Charakter beider Interpretationen zu erkennen. Gerade die Theorien bedeutender Köpfe von der Konsequenz, die auch Karl Marx eignet, lassen sich stets nur dann durchsichtig machen, wenn man zu keinem Zeitpunkt absieht von dem Ausgang, den sie genommen haben. Auch die Unzulänglichkeiten und offenen Probleme, die in ihnen verblieben sind und im Falle von Marx verbleiben müssen, können allein aus dieser Beziehung aufgeklärt werden. In ihr wird die Kontinuität einer Entwicklung und die historische Dimension eines Werkes sichtbar, das selbst schon Geschichte gemacht hat.

Es soll und kann nicht bestritten werden, daß sich in Marxens Denken und in seinem Verhältnis zu Hegel eine wesentliche Wandlung vollzogen hat. Es wird aber bestritten werden müssen, daß sie den Charakter eines Umbruches hat. Daraus folgt einmal, daß es unzulässig ist, von der Beziehung der Theorie, die heute dialektischer Materialismus heißt, auf Hegel als auf ihren Ausgang zu abstrahieren. Von ihr abzusehen bemüht sich die Marxinterpretation der östlichen Parteien. Daraus folgt weiter, daß es keine überzeugende Möglichkeit gibt, dieser Theorie eine Lehre des jungen Marx entgegenzusetzen.

Daß Marx nur als Schüler von Hegel zu interpretieren ist, kann, wie sich von selbst versteht, nicht heißen, er sei im Grunde Nachfolger und Adept geblieben. Das Bild von der ›Umkehrung‹ der Hegelschen Philosophie hat, als Anzeige, seinen Wahrheitswert. Aber Schülerschaft besagt mehr als Nachfolge. Der Schüler eignet sich die Meinung des Lehrers nicht an, indem er sich in ihr bewegen und sie imitieren lernt. Ein Lehrer ist uns der, der Antwort gibt auf unsere eigenen Fragen und der uns befähigt, sie besser zu stellen. Ohne ihn hätten wir nicht so gefragt, wie wir es nun tun. Der gute Schüler stellt aber Fragen, die der Lehrer selbst sich nicht vorgelegt hat. In ihnen macht er das Ganze dessen zum Problem, was ihm als Wahrheit gelehrt worden ist. So ist einer Schüler gerade dann, wenn er der Lehre nicht folgt, sofern nur seine ›Unfolgsamkeit‹ daraus entsteht, daß er dem Lehrer begegnet ist. Der gute Schüler ist gegen den Lehrer er selbst, aber nichts ohne ihn. Nicht anders und mehr noch als für Katheder und Schulbank gilt dies für den Traditionszusammenhang der Philosophie, es gilt auch für das Verhältnis von Marx zu seinem Lehrer Hegel.

Die *These,* die in diesem Text, wenigstens in einem Umriß, begründet werden soll, kann deshalb so formuliert werden: Zwar gibt es eine Wandlung im Entwicklungsgang von Karl Marx. Nichtsdestoweniger ist sein Weg in ungebrochener Kontinuität derselbe geblieben, so sehr, daß jene Wandlung und ihr Resultat als die Konsequenz seines Beginns verstanden werden müssen. Nun ist aber dieser Beginn durch zwei Momente bestimmt: Durch einen Einwand gegen Hegel und durch das unbeirrbare Festhalten an einem hegelschen Gedanken. Jener Einwand entspricht dem Bild von der Umkehrung, dieses Festhalten dem, daß sie eine Umkehrung der Philosophie *Hegels* ist. Mit dem einen ist Marx in die Reihe der Kritiker Hegels getreten, mit dem anderen ist er dennoch einer seiner konsequentesten Schüler geblieben. Unter seinen Freunden, die Hegel überwinden wollten, war Marx der beste Hegelianer. Frühe Abweichungen von der späten Lehre sind der Folgerichtigkeit seines Weges zum Opfer gefallen.

Marx' Einwand gegen Hegel enthält in seiner ursprünglichen Form noch nichts für ihn Spezifisches. Er besagt: Das System der Philosophie hat Hegel wohl abgeschlossen. Es ist ihm wirklich gelungen, das Ganze dessen, was ist, in Begriffe zu übersetzen und in Verstehen aufzulösen, den Gedanken von der Notwendigkeit der Vernunft als Grund der Welt zu fassen. Damit ist die bisherige Philosophie in ihr Ende gekommen. Marx meint aber, es bleibe noch eine Einseitigkeit zurück, wenn die Philosophie das Vernünftige in der Wirklichkeit nur in der Gestalt des Begriffes faßt. Wenn Hegel sagt, die Vernunft im Seienden komme in der Philosophie zu ihrer eigentlichen Existenz, so ist damit zugleich zugegeben, daß sie solches Bewußtsein wohl im Begriff der Wissenschaft, nicht aber in der Wirklichkeit selbst besitzt. Das Vernünftige muß also noch durch die Philosophie verwirklicht werden.

Nun wird mit diesem Einwand gegen Hegels Lehre von der Versöhnung des Bewußtseins und der Wirklichkeit eine Differenz gekehrt, von der Hegel geglaubt hatte, es sei sein eigentliches Verdienst, sie überwunden zu haben. Karl Marx ist sich darüber wohl im klaren gewesen. *Seine Kritik an Hegel geschieht im Namen von dessen eigenem Prinzip.* Es aufgeben würde heißen, hinter seine Leistung zurückfallen. Diese Leistung ist der Gedanke der Vermittlung der Gegensätze zur Einheit, der Vermittlung vor allem auch des Gegensatzes von Begriff und Wirklichkeit. Das Grundargument der ursprünglichen marxistischen Kritik ist, daß diese Vermittlung in Wahrheit nicht zu erreichen ist zwischen einer bestehenden Wirklichkeit und einer nur theoretischen Philosophie. Hegel überwinden wollen bedeutet für sie, eine Kritik an der Einseitigkeit des theoretischen Begriffs durchzuführen, ohne das Prinzip der Einheit von Begriff und Wirklichkeit preiszugeben. Denn es erreicht zu haben, macht das unverlierbare Verdienst von Hegels Weltphilosophie aus.

Karl Marx steht also schon am Beginn seines Weges vor der Aufgabe, zwei Gedanken fugenlos miteinander zu verbinden: Die Einsicht in das Ungenügen der nur theoretischen Form von Hegels Philosophie mit der Einsicht, dennoch Philosophie und Welt, Begriff und Wirklichkeit in einer Einheit von jener Struktur zu denken, die zum ersten Male von Hegel entwickelt worden ist. Bald sollte es sich als sehr schwierig erweisen, diese Aufgabe zu lösen. Es bestehen nicht wenige Gründe für die Vermutung, daß sie unlösbar ist. Aber es ist die Leistung von Karl Marx als Denker, daß er an ihr festgehalten hat und daß er es verstand, sie energischer als seine Freunde in ihre Konsequenzen zu entfalten.

Fragt man sich, was eigentlich das Spezifische des *philosophischen*[2] Gehalts der marxistischen Theorie sei, so wird man als Antwort geben müssen: Die Verbindung dieser beiden Probleme. Marx hat in den Jahren bis zum Erscheinen der *Deutsch-Französischen Jahrbücher* eine Reihe wesentlicher Anregungen erhalten. Wenn man seine Pariser Manuskripte in ihre Elemente auflöst, so findet sich unter ihnen nicht eines, das nicht einem anderen seiner Weggefährten zugeschrieben werden müßte. Aber es wäre doch falsch, Marx einen Eklektizismus vorzuwerfen. Denn es ist gerade das Eigentümliche seines Versuches, daß er in eine innere Verbindung bringt, was bei den anderen nur als isolierter Gedanke erschienen war. So wenig es Hegels Bedeutung mindert, daß in seinem Werk Fichte und Schelling zusammengebracht worden sind, so wenig läßt sich Karl Marx auf Bruno Bauer, Ludwig Feuerbach und Moses Heß reduzieren.

Die Verbindung der beiden Probleme, Aufhebung des reinen Begriffs und Bewahrung der Einheit von Begriff und Wirklichkeit, machen Marxens kritische Schülerschaft gegenüber Hegel aus. Sie soll nun zunächst näher dargestellt werden in ihrer Auswirkung auf die vier Stufen der Entwicklung seiner Gedanken, die allesamt Konsequenzen aus seiner anfänglichen Problemstellung sind. Dann soll der Sinn der Rede von

[2] Zur philosophischen Entwicklung von Marx, von der hier *allein* die Rede ist, finden sich besonders bemerkenswerte Untersuchungen bei Konrad Bekker, *Marx' philosophische Entwicklung, sein Verhältnis zu Hegel*, Diss. Basel 1940, und bei Auguste Cornu, *Karl Marx und Friedrich Engels*, Bd. 1., Berlin 1954 (franz. Paris 1955).

der Umkehrung an einem Beispiel der reifen Hegelkritik von Marx erläutert werden.

Die Stufen in der Entwicklung des Theoretikers Marx lassen sich nicht immer zeitlich, wohl aber logisch eindeutig voneinander unterscheiden. In der Orientierung an unserer These ist es darüberhinaus möglich, ein Gesetz anzugeben, unter dem der Fortschritt von dem jeweils einen zum anderen Standpunkt steht. Es lautet so: Marx hat auf allen Stufen seiner Entwicklung einen neuen Gedanken aufgenommen. Er hat ihn sich deshalb zu eigen gemacht, weil er ein Element zur Lösung seines Ausgangsproblems enthielt. Aber er hat zugleich und unmittelbar gegen jeden von ihnen zweierlei ins Spiel gebracht: Zum einen das Prinzip der Einheit von Wirklichkeit und Begriff, zum anderen alle die Gedanken, welche er zuvor schon aus anderer Quelle entnommen und gegen Hegel zur Geltung gebracht hatte. Im frühen Werk von Marx wird immer der neue Gedanke zum Moment in einem Ganzen durch eine doppelte Umdeutung: Er wird in Verbindung gebracht mit Hegels Identitätsprinzip und mit dem Inbegriff der bisherigen linken Hegelkritik. Von ihr wird gesagt, sie habe an jenem Prinzip fälschlich nicht festgehalten. Das ist im Einzelnen aufzuzeigen.

a. Als Mitglied des Berliner Doktorclubs bewegte sich Marx im Umkreis der kritischen Philosophie von Bruno Bauer. In ihr haben sich die Gesichtspunkte der Religionskritik von Strauß und der Philosophie der Tat des polnischen Grafen Cieszkowski vereinigt. Es war Bauers Meinung, daß Hegels Werk sich vollenden wird, wenn es nicht nur die Welt vernünftig interpretiert, sondern die Notwendigkeit selbst ins Werk setzt, daß die Welt vernünftig werde. In der Aktion, die die Welt verändert, gibt die Theorie ihre Reinheit auf und ist als Tat Vernunft und Wirklichkeit in einem. Die angemessene Form solcher Tat ist aber die *Kritik*, zunächst die Kritik der Religion, dann der bestehenden Verhältnisse im preußischen Staat, der seiner Bestimmung ohne die Praxis der Philosophie nicht gerecht werden kann. »Ohne durch das Feuer der Kritik gegangen zu sein, wird nichts in die neue Welt, die nahe herbeigekommen ist, eingehen können.«[3]

Marx hat immer an dem Gedanken festgehalten, die Philosophie vollende sich erst in der Praxis. Am eindringlichsten formuliert findet sie sich aber schon in seiner Dissertation. »Die Philosophie, die zur Welt sich erweitert hat, [wendet] sich gegen die erscheinende Welt. So jetzt die Hegelsche.« (12/3) »Begeistert mit dem Trieb, sich zu verwirklichen, tritt (sie) in Spannung gegen anderes [...]. Was innerliches Licht war, wird zur verzehrenden Flamme.« (17) »Allein die Praxis der Philosophie ist selbst theoretisch. Es ist die Kritik, die die einzelne Existenz am Wesen [...] mißt.« (16) Und noch in den Thesen über Feuerbach heißt es, die Philosophie müsse die Welt verändern als revolutionäre, und das heißt als praktisch-kritische Tätigkeit (339).

Dennoch hat Marx der Kritik Bauers zu keiner Zeit bescheinigt, eine zureichende Verwandlung des Problems von Hegel zu sein. Denn für sich allein genommen führt sie in einen Widerspruch mit Hegels Prinzip, daß das Wahre das Ganze ist. Sie selbst erscheint als Ausdruck des Gegensatzes von Begriff und Wirklichkeit, den sie doch Hegels Philosophie des Geistes vorwerfen will. Als eine der Wirklichkeit gegenüberstehende Macht läßt sie die Philosophie zur Kritik werden. Marx folgert deshalb: So notwendig es ist, die Philosophie in der kritischen Tat zu vollenden, so notwendig ist es auch, die kritisierende Vernunft nicht als eine autonome Potenz gegenüber der Wirklichkeit aufzufassen. Das bedeutet einmal, daß die Philosophie, die sich gegen die unwahren Verhältnisse kritisch wendet, sich selbst als das komplementäre Produkt dieser Verhältnisse auffassen muß. Das bedeutet weiter, daß sie in der Kritik ihre Form aufgeben muß, reine Philosophie zu sein. »So ergibt sich die Konsequenz,

---

3 B. Bauer, *Die Judenfrage*, 1843, S. 2.

daß das Philosophisch-Werden der Welt zugleich ein Weltlich-Werden der Philosophie, daß ihre Verwirklichung zugleich ihr Verlust, daß, was sie nach außen bekämpft, ihr eigener innerer Mangel ist.« (17) »Die kritische Philosophie, kritisch gegen ihren Widerpart, verhielt sich unkritisch zu sich selbst, indem sie von den Voraussetzungen der Philosophie ausging. [...] Sie glaubte, die Philosophie verwirklichen zu können, ohne sie aufzuheben.« (215) Deshalb ist Bruno Bauer auch nicht zu einer konkreten Kritik von Hegels Philosophie gelangt. So hat er sich, da er doch Hegel in einer Philosophie der Tat verwirklichen wollte, als ein schlechter Schüler Hegels erwiesen. Das Ergebnis seines Hinausgehens über ihn war »ein völlig kritikloses Verhalten zur Methode des Kritisierens« (249).

b. Trotz dieser Unterscheidung von Bauer ist es offenkundig, daß auf der ersten Stufe der Entwicklung von Marx seine Verbindung der Philosophie der Tat mit Hegels Einheitspostulat noch ein bloßes Programm geblieben ist. Es mußte nun der Grund der Entzweiung von Philosophie und Welt und die Möglichkeit ihrer kritischen Entgegensetzung in der Welt selbst aufgewiesen werden. Die wirkliche Einheit der beiden war durch die Kritik an der Einseitigkeit des kritischen Standpunktes noch nicht in den Blick gebracht. Durch die Philosophie der Tat Hegel aufheben konnte nur heißen, diese Philosophie als ein notwendiges Moment im Ganzen der Wirklichkeit begreifen. Mit diesem Programm ist Marx vor die Notwendigkeit gelangt, für den Gegensatz von Begriff und Welt ein anderes Subjekt als den Hegelschen Geist anzugeben, das aber die Funktion erfüllt, den Gegensatz von Bewußtsein und Wirklichkeit in sich aufzuheben. Im System des Leninismus steht der Begriff der Materie an dieser Stelle in einer Eindeutigkeit, die sich bei Marx selbst nicht findet.

Für ihn war es Ludwig Feuerbach, der ihm die Mittel in die Hand gab, die Position Bruno Bauers mit konkreteren Ergebnissen zu verlassen. Zumindest für die Religion bot Feuerbach für Marx das Beispiel einer Kritik, die eine bessere Grundlage hat als die selbstgenügsame oder die praktisch gewordene reine Idee. Er hatte den Versuch gemacht, einen anderen Begriff von der Wirklichkeit aufzustellen, in der jede Form einer vermeintlich autonomen Theorie ihre Grundlage hat. Für sich genommen ist dieser Begriff denkbar einfach und im Vergleich mit Hegel primitiv zu nennen: Der Mensch ist sinnliches Wesen und hat das Fundament seines Daseins in der Natur. Zugleich aber ist er ein Wesen, das unter dem Gesetz lebt, sich mit anderen zu verbinden und an ihnen sich seiner selbst bewußt zu werden. Solange er seine Bedürfnisse nicht befriedigen kann und solange sein gemeinsames Leben mit anderen mißlingt, projiziert er die ersehnte Welt, die ihm versagt ist, in das Schattenreich des Begriffs.

Marx hat diese Theorie begeistert begrüßt, aber nur als ein Moment in einem Ganzen, das Feuerbach selbst verschlossen blieb. Er stellte gegen sie Hegels Einheitsgedanken. Und er hielt gegen sie zugleich die Wahrheit der kritischen Philosophie aufrecht, an der er, für sich genommen, kein Genügen fand. Er argumentierte deshalb so: Feuerbach besitzt keinen umfassenden Begriff von Wirklichkeit. So kann er die Bedingungen der Entzweiung zwischen Begriff und Welt nicht aufdecken. Und er kennt nicht das tätig-kritische Wesen des Menschen. Deshalb kann er die Bedingungen nicht angeben, unter denen die Entzweiung des Menschen mit seinem wahren Wesen in der Tat aufgehoben werden kann. Feuerbachs Begriff des sinnlich-natürlichen Wesens Mensch ist zu arm, er bestimmt den Begriff der Wirklichkeit nicht konkret. So heißt es in den Thesen über Feuerbach: »Das menschliche Wesen ist kein dem einzelnen Individuum innewohnendes Abstraktum.« Und »daß die weltliche Grundlage sich von sich selbst abhebt und sich ein selbständiges Reich in den Wolken fixiert, ist aus der Selbstzerrissenheit dieser weltlichen Grundlage zu erklären« (340). In solchen Wendungen erkennt Marx zwar Feuerbachs Begriff der Wirklichkeit an. Aber er bringt innerhalb seiner gegen ihn Hegels Gedanken zur Geltung, es müsse sich eine Erkenntnis der Identität von Begriff und Wirklichkeit erreichen lassen. Diese Identität erhält hier die Form einer vollständigen Erkenntnis des Begriffes aus seinen wirklichen Bedingungen.

Des weiteren heißt es in diesen Thesen, Feuerbach habe die menschliche Sinnlichkeit nicht in ihrer tätigen Form erfaßt (329). Denn der Begriff der Praxis, der einzig angemessene Begriff von der Aufhebung der reinen Theorie, habe in Feuerbachs Wirklichkeit keinen Ort. »Feuerbach, mit dem abstrakten Denken nicht zufrieden, will die Anschauung; aber er faßt die Sinnlichkeit nicht als praktische menschlich-sinnliche Tätigkeit« (340). Damit erklärt Marx, auch der Gedanke der kritischen Philosophie Bauers müsse eingehen in einen Begriff von Wirklichkeit, der uns den Gegensatz von Begriff und Welt verständlich machen soll. So wirken Hegels Identitätsprinzip und die bisherige Leistung der linken Hegelkritik zusammen bei der Umwandlung von Feuerbachs Anthropologie zur zweiten Stufe von Marx' Entwicklung.

c. Die beiden weiteren Schritte, die Marx auf dem Wege zu seiner reifen Theorie gegangen ist, brauchen nun nur noch angegeben zu werden. Zureichend wird man sie verstehen, wenn man sie als konkrete Folgerungen aus jenem Begriff der Wirklichkeit auffaßt, in den schon die Elemente der Kritik Bauers und der Anthropologie Feuerbachs aufgenommen worden sind. Sein dritter Schritt führt Marx dazu, die Philosophie der Tat mit einem humanitären Sozialismus zu verbinden. In ihm steht er unter dem Eindruck der Erfahrungen seiner politischen Tätigkeit bei der *Rheinischen Zeitung* und unter dem der Schriften von Moses Heß. Aber es ist wichtig, sich deutlich zu machen, daß die politische Theorie von Marx bei ihm als Lösung eines philosophischen Problems erscheint und ohne es nicht voll verständlich wird: auf seinem zweiten Standpunkt hatte sich die Notwendigkeit ergeben, die wirklichen Bedingungen der wirklichen Entzweiung des menschlichen Wesens zu erkennen, um sie dann in wirklicher Aktion aufzuheben. Nun erscheint für Marx das Gesetz des Privateigentums als die Ursache für die Entzweiung des Lebens in reinen Begriff und unvernünftige Wirklichkeit. Die politische Bewegung des Sozialismus aber ist ihre Überwindung, die einzige wirkliche Philosophie der Tat. Sie ist es, die die Kritik von der Denunziation des Bestehenden zur wirklichen Aktion zu bringen vermag.

Aber auch der Sozialismus von Heß trägt noch Reste des Mangels der kritischen Philosophie in sich und entspricht deshalb noch nicht dem aus seiner verkehrten Welt zur Wirklichkeit gebrachten Hegel. Denn Heß ist im Grunde noch moralistisch gesonnen. Er faßt die Entfremdung des Menschen in der Welt des Privateigentums nicht allein aus ihren Bedingungen, sondern nur von der Seite ihrer Unmenschlichkeit auf. Das zeigt aber, daß er sie nicht immanent, gemäß dem Postulat Hegels, sondern wie die Kritik Bruno Bauers vom »jenseitigen Standpunkt« aus analysiert. Zu einer immanenten Interpretation ist Marx erst nach der Lektüre früher Arbeiten von Friedrich Engels gekommen. Mit ihrer Hilfe hat er im vierten Schritt seiner Entwicklung die ökonomische Geschichtsauffassung erreicht. Sie gilt ihm hinfort als die Lösung seines Problems, das wahre Prinzip Hegels mit der Notwendigkeit der Aufhebung seines Systems zu verbinden.

Der historische Materialismus ist also keineswegs aus sich begründet. In der konkreten Gestalt, die sie angenommen hat, ist Marx' Theorie nur als das Resultat des Weges zu begreifen, aus dem sie hervortrat. Die Evidenz, welche sie für Marx selbst allezeit besaß, ist daraus zu verstehen, daß sie ihm als Ergebnis und als Lösung eines Problems erscheinen konnte, das seine ganze Entwicklung bestimmt hat. Sie war ihm zugleich die angemessene Verbindung Hegels mit den ernstzunehmenden Argumenten der Kritik, die auf ihn folgte. Deshalb haben alle seine ökonomischen Arbeiten den Charakter der nachträglichen Begründung einer Wahrheit, die zuvor schon für unumstößlich gesichert gilt. Der Blick des Ökonomen Marx, der sich in den Büchern des britischen Museums vergrub, war geschärft und begrenzt zugleich durch die längst vollzogene Konsequenz des Philosophen in der Nachfolge Hegels. Ihm hat die politische Ökonomie nur gedient, Lösung des Rätsels zu sein, warum Begriff und Wirklichkeit sich entzweien, Lösung also des Rätsels auch von einer entfremdeten Weltgestalt der Philosophie.

Es mag nützlich sein, noch einmal den Weg der philosophischen Genesis des Marxismus zu überblicken: Karl Marx ging aus von Hegels Philosophie einer Erkenntnis des Inbegriffs dessen, was überhaupt ist. Er hatte nicht im Sinn, gegen sie die Probleme früherer philosophischer Systeme wieder auferstehen zu lassen. Er wollte nur die Einseitigkeit, die in Hegels System noch verblieben schien, auflösen im Sinne seines eigenen Prinzips. So wendete er sich zunächst Bauers Kritik zu, die aber den Anspruch der Philosophie der Tat nicht einlöst, sondern in polemischen Abstraktionen verharrt. Sie sollte deshalb durch die verbesserte Philosophie der Wirklichkeit und des wirklichen Menschen ergänzt werden, die Feuerbach entwickelt hat. Aber auch sie bleibt noch abstrakt und mit dem Gegensatz der Wirklichkeit behaftet, indem sie von den wirklichen Bedingungen alles verarmten und falschen Bewußtseins absieht. Moses Heß erst hilft den Zusammenhang der Philosophie der Tat mit der kritischen Anthropologie in der sozialistischen Praxis begreifen. Ihre theoretische, nicht nur moralisierende Aufklärung findet sie aber im ökonomisch-historischen Materialismus.

Der ökonomisch-historische Materialismus proklamiert nun sich selber als die vollzogene Umkehrung der Philosophie Hegels. Aber jene Umkehrung ist nichts, was dieser Philosophie von außen geschehen sein soll. Sie gibt sich als ihre eigene Konsequenz. Marx ist der Meinung, das Prinzip, das Hegel in der Konstruktion aus reinen Begriffen sich bewähren lassen wollte, könnte folgerichtig nur durchgeführt werden in einer Theorie von den Gesetzen der Wirklichkeit und ihrer Entzweiung in bloßes Bewußtsein und verkehrte Welt. Von Hegel aus gesehen erscheint der Marxismus zwar als eine naturalistische Theorie, die sich in den Aporien der Philosophie vor Kant verfängt. Hat man aber den Weg der philosophischen Entwicklung von Karl Marx verfolgt, so kann man verstehen, wieso er wenigstens für sich zu der Meinung kommen konnte, seine materialistische Position sei der vollendete Hegel selbst.

Dieser Überzeugung zufolge ist auch die Kritik, die Marx an Hegels System übt, eine solche, die dessen eigenen Systemgedanken ins Feld führt gegen seine unvollkommene Realisation. Dies wird am deutlichsten in einer Analyse, der Marx die Hegelsche Philosophie des Staates unterzieht. Sie scheint Marx das offene Geheimnis der ganzen Methode Hegels zu sein; und das deshalb, weil sie es ist, in der das System des absoluten Wissens einerseits wohl den Begriff als das Wesen der bestehenden Wirklichkeit erklärt. Da es aber seine eigene Konsequenz in der Philosophie der Tat nicht zieht, muß es andererseits wider Willen selbst eingestehen, daß sein Staat nicht der wirkliche Begriff, sondern nur der Ausdruck einer begrifflosen, unvernünftigen Wirklichkeit ist. So kommt es in einen Widerspruch mit sich selbst, der aber nicht zufällig, sondern nicht zu vermeiden ist auf seinem Standpunkt, der mit einer Einseitigkeit behaftet bleibt.

Hegels Rechtsphilosophie ist nach dem triadischen Schema aufgebaut. In ihr ist im System der Sittlichkeit, der wirklich gewordenen Freiheit, die Familie die erste Stufe der ungetrennten Einheit der Unterschiede, die sich in der zweiten, der bürgerlichen Gesellschaft, einander entgegensetzen. Ihre Versöhnung wird dann, bei Wahrung ihrer Differenz, im vernünftigen Staat erreicht. Dieses Schema hat es Hegel erlaubt, in den Paragraphen über die bürgerliche Gesellschaft eine erstaunliche Modernität zu erreichen. In ihr sind die meisten Züge der marxistischen Gesellschaftskritik schon voll ausgebildet. Nach Hegel zerstört die bürgerliche Gesellschaft durch die zufällige Willkür und das subjektive Belieben ihrer Glieder sich selbst, macht die Befriedigung der wesentlichen Bedürfnisse vom Zufall abhängig und bietet das Schauspiel ebenso der Ausschweifung wie des Elends und des beiden gemeinschaftlichen physischen und sittlichen Verderbens dar (§ 185). In ihr kann nur von der subjektiven Selbstsucht, nämlich vom Streben nach Gewinn, ein Beitrag zur Befriedigung aller erwartet werden (§ 199). Eine allgemeine Leitung ist notwendig, um die gefährlichen Zuckungen und die Dauer des Ausgleichs in den Kollisionen der industriellen Produktion wenigstens abzukürzen und zu mildern (§ 236). Vermögen und Bestehen der Familie sind einer nicht beherrschbaren Abhängigkeit unterworfen (§ 238). Das Herabsinken einer großen Masse unter das Maß einer gewissen Subsistenzweise bringt das Proletariat hervor, das Hegel den ›Pöbel‹ nennt. Es führt zugleich zu größerer Leichtigkeit, unverhältnismäßige Reichtümer in wenige Hände zu konzentrieren (§ 244). Weder durch öffentliche Arbeiten noch durch öffentliche Wohlfahrt kann die bürgerliche Gesellschaft ihr Problem einer verarmten Masse lösen. Sie ist bei dem Übermaße des Reichtums nicht reich genug, dem Übermaß der Armut und der Erzeugung des Pöbels zu steuern (§ 245). Selbst Lenins Theorie vom Imperialismus als eine Konsequenz kapitalistischer Produktion, die Marx selbst nicht kennt, findet sich schon in Hegels Rechtsphilosophie (§ 246). Nicht nur in seinem systematischen Problem, sondern auch in seinen konkreten Analysen ist also Marx ein Schüler Hegels gewesen.

Hegels Rechtsphilosophie zufolge soll die Zerrissenheit der bürgerlichen Gesellschaft im Vernunftstaate aufgehoben werden. Er ist es, der ihre Gegensätze schlichtet und der ihren Mitgliedern, trotz ihrer Besonderheit, das Bewußtsein substantieller Einheit gibt. Diese Theorie unterzieht Marx einer radikalen Kritik (20–149). In ihr will er zeigen, daß auch in den Einzelheiten Hegels Theorie über den Staat nicht vermag, seinen Bürgern eine Existenz jenseits der Antagonismen der Gesellschaft zu vermitteln. Vermöchte er dies, so wäre er der Gesellschaft eigentliche Substanz, in die sie sich auflöst als eine nur vorläufige und unwahre Existenz seiner selbst. In Wahrheit aber ist der Staat Hegels nur eine Folge und Funktion der Zerrissenheit der Gesellschaft. In der Terminologie der Logik des Urteils gefaßt ist er also nicht ihr Subjekt, sondern vielmehr ihr Prädikat. Die Idee des vernünftigen Staates wäre die der praktischen Auflösung der Widersprüche der bürgerlichen Gesellschaft. Hegels Staat ist aber nur der Begriff von ihrer Unwahrheit, zugleich genommen als die Sanktion ihrer faktischen Existenz. Das Verhältnis von Gesellschaft und Staat ist also in doppelter Hinsicht umzukehren: In Hegels konkreter Theorie ist der Staat, der Lehre entgegen, abhängig gemacht vom Leben einer entfremdeten Gesellschaft. Seinem Begriffe nach aber ist Staat Sittlichkeit, die sich vollendet hat, also nicht Rechtfertigung und Milderung, sondern Umwälzung bestehender Verhältnisse, sofern sie unvernünftig sind.

Diese Kritik der Staatsphilosophie von Hegel ist für Marx das experimentum crucis auf die Frage, ob es notwendig und möglich sei, das gesamte System Hegels umzuwenden und auf seinen wahren Boden zu stellen. Gibt man den Begriff, hier die Idee des Staates, als Grund der Vernunft in der Wirklichkeit an, so bringt man nicht mehr hervor, als eine Apologie unvernünftiger Wirklichkeit. Die richtige Forderung, die diesem Versuch zugrundelag, war die, Denken und Sein müßten als Einheit verstanden werden. Durch sein Experiment hat Marx sich aber in der Meinung bestätigt gesehen, daß man ihr nur im Ausgang von der anderen Seite entsprechen kann, von der Seite der Wirklichkeit.

Die besten Wendungen in Marx' polemischer Sprache sind eine Folge dieser Umkehrung des Verhältnisses von Staat und bürgerlicher Gesellschaft, von Subjekt und Objekt in der

Philosophie Hegels: Bauers Theorie von der Herrschaft der Religion über den Menschen ist ihm nichts anderes als eine verkappte Form der Religion der bestehenden Herrschaft (186), seine Kritik ist ihm nur eine Leidenschaft des Kopfes: sie muß aber zum Kopf der (wirklichen) Leidenschaft werden (210), die Waffe der Kritik ist durch die Kritik der Waffen zu ersetzen (216).

Es wurde aber betont, daß Hegel umkehren für Marx nicht heißt sein Prinzip aufgeben. Das Gegenteil ist der Fall und die Umkehrung ist selbst eine Folge davon, daß im Ungenügen an Hegel doch dessen Grundgedanke festgehalten worden ist: Das Prinzip einer wissenschaftlichen Erkenntnis der Einheit von Denken und Sein. Dies Prinzip liegt auch noch dem Gegensatz zwischen Hegels Philosophie der absoluten Idee und dem marxistischen Materialismus zugrunde. Sein ganzer Anspruch geht in die Theorien von Marx ein, noch ehe sie konkret entwickelt worden sind.

Daraus erklären sich die vielen Schwierigkeiten, vor denen marxistische Theoretiker seit langem und bis heute unverändert stehen, mit der wohl vergeblichen Hoffnung auf Abhilfe in der Zukunft. Wir haben die Gründe dargestellt, die Marx dazu bestimmt haben, es für gewiß zu halten, daß der Fortschritt zur Wahrheit allein auf seinem Weg gefunden werden könne. Diese Gründe machen es uns möglich, ihn zu verstehen. Sie zwingen uns nicht, ihm zu folgen. Es ist nicht ausgemacht, ob jene Elemente in Hegels Theorie, an denen Marx festhalten wollte, eine Umkehrung erlauben und überstehen. Solche Elemente sind unter anderen die dialektische Methode, der Begriff der Notwendigkeit, ja der Gedanke der Einheit von Denken und Sein selbst. Es scheint, daß sich der Marxismus bei der Umkehrung, die Hegel voraussetzen will, in Probleme verstrickt, von denen er gehofft hatte, schon Hegel habe sie für ihn gelöst; so vor allem in das Erkenntnisproblem.

Nun haben viele Interpreten versucht, den Schwierigkeiten

der späten Theorie vor allem des sowjetischen Diamat-Systems durch einen Rückgang auf den jungen Marx zu entgehen. Und es ist wahr: nirgends zeigt sich dieser Denker in so sympathischer und so subtiler Gestalt wie in der unmittelbaren Konfrontation mit Hegel zur Zeit seiner Entwicklung. Dennoch ist es eine Illusion und ein vergeblicher Versuch, mit der Hilfe seiner frühen Schriften den reifen Marx zu kritisieren. Es hat sich gezeigt, wie sie in verständlicher und unumgänglicher Konsequenz zur späten Theorie führen. Das Resultat der Begründung der These, die diese Untersuchung einleitete, lautet: wenn die reife Gestalt der marxistischen Philosophie nicht gehalten wird, so muß zugleich die Problemstellung unhaltbar sein, die zu ihr geführt hat. Es ist deshalb auch nicht erlaubt, den Humanismus des jungen Marx für eine Position zu erklären, die in sich ruhen könnte. Zwei Parolen sind es, mit denen sich die kommunistische Opposition im Namen des Humanismus auf den jungen Marx berufen hat: Die eine spricht die große Erfahrung des Sozialismus in unserem Jahrhundert aus: »Die Herrschaft des Menschen über den Menschen ist keineswegs überwunden mit der Revolutionierung der ökonomischen Ordnung.« Die andere zieht aus ihr eine Folgerung für die rechte Parteipolitik: »Es gilt das Gesetz der Adaequation von Mittel und Ziel; der Humanismus darf nur auf menschliche Weise verwirklicht werden.« Aber aus Marx lassen sie sich beide nicht begründen. Das wird am schlagendsten daran deutlich, daß sie beide schon von Marxens Weggenossen Arnold Ruge gebraucht worden sind. Ruge aber wendet sie gerade gegen den jungen Marx, um die Schwächen seiner Theorie und auch seines polemischen Stiles ins Licht zu stellen. In einem Brief Ruges über Marx heißt es: »Der humane Inhalt muß auch human zum Vorschein kommen. Würde nur endlich Ernst gemacht aus unserer Gährung und die Gefahr auf beiden Seiten eine Lebensgefahr!« das heißt aber als die Gefahr unseres Lebens erkannt.[4] Die Kritik an Marx, die sich auf den jungen Marx beruft, ist also in Wahrheit die Kritik der linken hegelschen Schule an ihm und an der Konsequenz, zu der er sich selbst mit Recht getrieben sah. Erst diese Konsequenz weist Marx als Denker von Energie und Bedeutung aus, wozu sie auch immer geführt haben mag. Das Treibende in ihr aber war sein Ausgang von Hegels Prinzip und seine ebenso beharrliche Kritik an der vermeintlichen Einseitigkeit seiner Realisierung. Die Einsicht in die Folgerichtigkeit seines Weges ist keine Apologie für sein Ziel. Sie kann jedoch dazu dienen, uns besser zu verständigen über den Gegenstand einer Kritik an ihm. Dieser Gegenstand ist sein Anfang, Marxens Schülerschaft zu Hegel in dem nun angegebenen bestimmten Sinn. Er ist für uns mehr als nur ein Problem des Begriffs. Aber er ist auch dies und zu Beginn nur dies gewesen. So haben wir uns ihm zu stellen, ohne es uns dabei leicht zu machen.

4 *Arnold Ruges Briefwechsel und Tagebuchblätter*, hrsg. v. P. Nerrlich, Berlin 1886, S. 396.

Bibliographische Notiz des Autors

I *Hegel und Hölderlin,* wenig überarbeitete, an einer Stelle (S. 24) korrigierte Fassung des Vortrags auf dem Jubiläumskongreß in Stuttgart 1970.

II *Historische Voraussetzungen von Hegels System,* Vortrag auf der Hegelfeier des Tübinger Stifts im Juni 1970. Eine frühere Fassung des Vortrags erschien in Englisch (in: *Hegel's Philosophy of Religion,* hrsg. von D. Christensen, The Hague 1970). Der Vortrag berichtet über Ergebnisse meiner Forschungen zur Entwicklungsgeschichte Hegels, die zum größeren Teil immer noch nicht publiziert sind. Weitere Ergebnisse sind allerdings mitgeteilt in den folgenden Arbeiten: *Systemprogramm? – Vorfragen zum Zurechnungsproblem* (Hegel-Studien, Beiheft VII, S. 6–15), *Aufklärung der Herkunft des Manuskripts »Das älteste Systemprogramm des deutschen Idealismus«* (Zeitschrift für Philosophische Forschung Bd. 20, Heft 4, S. 510–528), *Jacob Zwilling und sein Nachlaß* (in: *Bad Homburg in der deutschen Geistesgeschichte,* hrsg. von C. Jamme und O. Pöggeler, Stuttgart 1981), *Über Hölderlins philosophische Anfänge,* im Anschluß an die Publikation eines Blattes von Hölderlin in Niethammers Stammbuch (Hölderlin-Jahrbuch 1984/85, S. 1–28), *Der Weg des spekulativen Idealismus* (Hegel-Studien, Beiheft 28, S. 77–96), *Philosophisch-theologische Problemlagen im Tübinger Stift zur Studienzeit Hegels, Hölderlins und Schellings* (Hölderlin-Jahrbuch 1986/87, S. 60–92). Über Untersuchungen zur Quellenlage unterrichtet: *Auf der Suche nach dem verlorenen Hegel* (in: Zeitschrift für Philosophische Forschung Bd. 35, 1981, S. 585 ff.); methodologische Fragen einer Aufklärung der Entwicklungsgeschichte der klassischen deutschen Philosophie behandelt: *Konstellationen* (in: Zur Architektonik der Vernunft, hrsg. von L. Berthold, Berlin-Ost 1987, S. 11–27).

III *Anfang und Methode der Logik* (Hegelstudien, Beiheft I, 1963, S. 19–35), Vortrag auf den Heidelberger Hegeltagen 1962. Der Vortrag ist ein erster Versuch zu einer Interpretation der Logik, die nicht Thesen berichtet, sondern Gründe für die Organisation eines Textes der ›Wissenschaft der Logik‹ zu gewinnen sucht. An ihn hat sich inzwischen eine recht weit verzweigte Literatur angeschlossen.

IV *Hegels Logik der Reflexion*. Der Text entspricht Teilen eines Vortrags, den ich 1965 im Philosophischen Seminar in Bonn gehalten habe. Aus Anlaß einer Tagung über Hegels Logik in Chantilly im Oktober 1971 wurde er neu geschrieben und beträchtlich erweitert. In dieser Form erschien er in der ersten Auflage dieses Bandes. Auch für die folgenden Auflagen von ›Hegel im Kontext‹ wurde und wird er, vor allem auf Wunsch des Verlages, ohne Veränderungen gedruckt. Doch gibt es eine völlig umgearbeitete und sehr viel umfangreichere Fassung des Textes, in die auch einige Revisionen der hier erneut vorgelegten Fassung eingegangen sind. Diese ›Neue Fassung‹ wurde im Beiheft 18 der Hegelstudien (Bonn 1978, S. 203–324) publiziert. Auf sie müssen alle die besonders hingewiesen werden, die sich eingehender mit der Kommentierung von Hegels Text zur Logik der Reflexion befassen. Der Abschnitt III der Fassung von 1971 ist aber in dieser ›Neuen Fassung‹ gänzlich weggefallen. Aus diesem Grund und auch wegen seiner Eignung zur Einführung in die Probleme der Kommentierung von Hegels Wesenslogik wollte der Verlag den ursprünglichen Text weiterhin verfügbar gemacht sehen. Auch folgende Texte haben auf Hegels Logik der Reflexion und seine Theorie der ›autonomen Negation‹ einen Bezug: *Substantivierte und doppelte Negation* (Poetik und Hermeneutik VI, S. 481–487), *Formen der Negation in Hegels Logik* (Hegel-Jahrbuch 1974, S. 245–256), *Hegels Grundoperation, eine Einleitung in die ›Wissenschaft der Logik‹* (in: Der Idealismus und seine Gegenwart, hrsg. von U. Guzzoni u. a., Hamburg 1975, S. 208–230), *Andersheit und Absolutheit des Geistes* (in: [v. Vf.] *Selbstverhältnisse*, Stuttgart 1982, S. 142–172), *Absoluter Geist und Logik des Endlichen* (Hegelstudien, Beiheft 20, S. 103–118), *Die Formationsbedingungen der Dialektik* (Revue Internationale de Philosophie Nr. 139–140, S. 139–162) und *Logische Form und reale Totalität* (in: Hegels Philosophie des Rechts, hrsg. von Vf. u. R. P. Horstmann, Stuttgart 1982, S. 428–450).

V *Hegels Theorie über den Zufall (Kantstudien* 1958/9, S. 131–148), Habilitationsvortrag vor der Philosophischen Fakultät in Heidelberg im Februar 1956, umgearbeitet zum Vortrag vor der Philosophischen Gesellschaft in Zürich im Mai 1956. Der Text ist ein Versuch, eine ebenso elementare wie gravierende Schwierigkeit bei der Hegellektüre zu beheben. Zugleich will er Hegels Theorie ziemlich direkt in die Perspektive der Kantischen Moralphilosophie zurückbringen, – im Unterschied zu den späteren Untersuchungen. Mit Hegels Gedanken zur ontologischen Stellung des Zufalls hat der Text aber auch einen Aspekt von Hegels System zum Thema, von dem der Verfasser noch immer meint, daß er einen Ansatz dazu bietet, Hegels Denken in eine Verständigung über die Bewußtseinslage der Gegenwart einzubringen. Vgl. dazu vom Vf.: *Fluchtlinien* (Frankfurt 1982, S. 11 ff.) und *Konzepte* (Frankfurt 1987, S. 137 f.).

VI *Karl Marx als Schüler Hegels (Universitätstage*, Berlin 1961, S. 5–19), Vortrag während der Universitätstage der Freien Universität im Januar 1961. Der Vortrag umgeht das Problem, Hegels Logik zur Theorie von Marx ins Verhältnis zu setzen, will aber die Struktur der philosophischen Entwicklung von Marx bestimmen.

edition suhrkamp
Eine Auswahl

Abelshauser: Wirtschaftsgeschichte der Bundesrepublik Deutschland (1945-1980). NHB. es 1241

Abendroth: Ein Leben in der Arbeiterbewegung. es 820

Achebe: Okonkwo oder Das Alte stürzt. es 1138

Adam/Moodley: Südafrika. es 1369

Adorno: Eingriffe. Neun kritische Modelle. es 10
- Gesellschaftstheorie und Kulturkritik. es 772
- Jargon der Eigentlichkeit. Zur deutschen Ideologie. es 91
- Kritik. Kleine Schriften zur Gesellschaft. es 469
- Ohne Leitbild. Parva Aesthetica. es 201
- Stichworte. Kritische Modelle 2. es 347
- Zur Metakritik der Erkenntnistheorie. es 590

Das Afrika der Afrikaner. Gesellschaft und Kultur Afrikas. Hg. von R. Jestel. es 1039

Anderson: Die Entstehung des absolutistischen Staates. es 950
- Von der Antike zum Feudalismus. es 922

Andréa: M.D. es 1364

Arbeitslosigkeit in der Arbeitsgesellschaft. es 1212

Aus der Zeit der Verzweiflung. Zur Genese und Aktualität des Hexenbildes. es 840

Bachtin: Die Ästhetik des Wortes. es 967

Barthes: Elemente der Semiologie. es 1171
- Kritik und Wahrheit. es 218
- Leçon/Lektion. es 1030
- Literatur oder Geschichte. es 303
- Michelet. es 1206
- Mythen des Alltags. es 92
- Das Reich der Zeichen. es 1077
- Die Sprache der Mode. es 1318

Beck: Risikogesellschaft. es 1365

Jürgen Becker: Ränder. es 351
- Umgebungen. es 722

Beckett: Fin de partie. Endspiel. es 96
- Flötentöne. es 1098
- Mal vu, mal dit. Schlecht gesehen, schlecht gesagt. es 1119

Samuel Beckett inszeniert Glückliche Tage. es 849

Benjamin: Aufklärung für Kinder. es 1317
- Briefe. 2 Bde. es 930
- Das Kunstwerk im Zeitalter seiner technischen Reproduzierbarkeit. es 28
- Moskauer Tagebuch. es 1020
- Das Passagen-Werk. 2 Bde. es 1200
- Über Kinder, Jugend und Erziehung. es 391
- Versuche über Brecht. es 172
- Zur Kritik der Gewalt und andere Aufsätze. es 103

Bernhard: Die Billigesser. es 1006
- Ein Fest für Boris. es 440
- Prosa. es 213
- Ungenach. Erzählung. es 279
- Watten. Ein Nachlaß. es 353

Bertaux: Hölderlin und die Französische Revolution. es 344

Biesheuvel: Schrei aus dem Souterrain. es 1179

Blick übers Meer. Chinesische Erzählungen aus Taiwan. es 1129

Bloch: Kampf, nicht Krieg. Politische Schriften 1917-1919. es 1167

Boal: Theater der Unterdrückten. es 987

Böhme: Prolegomena zu einer Sozial- und Wirtschaftsgeschichte Deutschlands. es 253

Böni: Alvier. Erzählungen. es 1146

Bohrer: Plötzlichkeit. es 1058

Bond: Gesammelte Stücke 1/2. es 1340

Bottroper Protokolle, aufgezeichnet von Erika Runge. es 271

Botzenhart: Reform, Restauration, Krise. Deutschland 1789-1847. NHB. es 1252

Bovenschen: Die imaginierte Weiblichkeit. es 921

Brandão: Kein Land wie dieses. es 1236

Brasch: Engel aus Eisen. es 1049

Braun: Berichte von Hinze und Kunze. es 1169

Brecht: Der aufhaltsame Aufstieg des Arturo Ui. es 144
- Aufstieg und Fall der Stadt Mahagonny. es 21
- Ausgewählte Gedichte. es 86
- Baal. Drei Fassungen. es 170
- Baal. Der böse Baal der asoziale. es 248
- Das Badener Lehrstück. Die Rundköpfe. Die Ausnahme. es 817
- Der Brotladen. Ein Stückfragment. es 339
- Buckower Elegien. es 1397
- Die Dreigroschenoper. es 229
- Einakter und Fragmente. es 449
- Furcht und Elend des Dritten Reiches. es 392
- Gesammelte Gedichte. 4 Bde. es 835 – es 838
- Gedichte und Lieder aus Stücken. es 9
- Die Geschäfte des Herrn Julius Caesar. es 332
- Die Gesichte der Simone Machard. es 369
- Die Gewehre der Frau Carrar. es 219
- Der gute Mensch von Sezuan. es 73
- Die heilige Johanna der Schlachthöfe. es 113
- Herr Puntila und sein Knecht Matti. Volksstück. es 105
- Im Dickicht der Städte. es 246
- Der Jasager und Der Neinsager. es 171
- Der kaukasische Kreidekreis. es 31
- Kuhle Wampe. es 362
- Leben des Galilei. es 1
- Leben Eduards des Zweiten von England. es 245
- Mann ist Mann. es 259
- Die Maßnahme. es 415
- Mutter Courage und ihre Kinder. es 49
- Die Mutter. es 200
- Gesammelte Prosa. 4 Bde. es 182 – es 185
- Schweyk im zweiten Weltkrieg. es 132
- Stücke. Bearbeitungen. 2 Bde. es 788/789
- Die Tage der Commune. es 169
- Tagebücher 1920-1922. Autobiographische Aufzeichnungen 1920-1954. es 979
- Trommeln in der Nacht. es 490
- Der Tui-Roman. es 603

- Über den Beruf des Schauspielers. es 384
- Über die bildenden Künste. es 691
- Über experimentelles Theater. es 377
- Über Lyrik. es 70
- Über Politik auf dem Theater. es 465
- Über Politik und Kunst. es 442
- Über Realismus. es 485
- Das Verhör des Lukullus. Hörspiel. es 740

Brecht-Journal. es 1191
Brecht-Journal 2. es 1396
Brunkhorst: Der Intellektuelle im Lande der Mandarine. es 1403
Buch: Der Herbst des großen Kommunikators. es 1344
- Waldspaziergang. es 1412

Bürger: Theorie der Avantgarde. es 727
Buro/Grobe: Vietnam! Vietnam? es 1197
Celan: Ausgewählte Gedichte. Zwei Reden. es 262
Cortázar: Letzte Runde. es 1140
- Reise um den Tag in 80 Welten. es 1045

Deleuze/Guattari: Kafka. Für eine kleine Literatur. es 807
Deleuze/Parnet: Dialoge. es 666
Derrida: Die Stimme und das Phänomen. es 945
Determinanten der westdeutschen Restauration 1945-1949. Von H.–U. Huster u. a. es 575
Ditlevsen: Gesichter. es 1165
- Sucht. Erinnerungen. es 1009
- Wilhelms Zimmer. es 1076

Takeo Doi: Amae. Freiheit in Geborgenheit. es 1128
Dorst: Toller. es 294

Dubiel: Was ist Neokonservatismus? es 1313
Duerr: Satyricon. Essays und Interviews. es 1346
- Traumzeit: es 1345

Duras: Sommer 1980. es 1205
Duras/Porte: Die Orte der Marguerite Duras. es 1080
Eco: Zeichen. es 895
Eich: Botschaften des Regens. Gedichte. es 48
Elias: Humana conditio. es 1384
Enzensberger: Blindenschrift. es 217
- Deutschland, Deutschland unter anderm. es 203
- Einzelheiten I. Bewußtseins-Industrie. es 63
- Einzelheiten II. Poesie und Politik. es 87
- Die Furie des Verschwindens. Gedichte. es 1066
- Landessprache. Gedichte. es 304
- Palaver. Politische Überlegungen (1967-1973). es 696
- Das Verhör von Habana. es 553
- Der Weg ins Freie. Fünf Lebensläufe. es 759

Esser: Gewerkschaften in der Krise. es 1131
Faszination der Gewalt. Friedensanalysen 17. es 1141
Feminismus. Hg. v. Luise F. Pusch. es 1192
Feyerabend: Erkenntnis für freie Menschen. es 1011
- Wissenschaft als Kunst. es 1231

Foucault: Psychologie und Geisteskrankheit. es 272
Fragment und Totalität. Hg. v. Dällenbach und Hart Nibbrig. es 1107
Frank: Der kommende Gott. es 1142

- Die Unhintergehbarkeit von Individualität. es 1377
- Was ist Neostrukturalismus? es 1203

Frauen in der Kunst. 2 Bde. es 952

Frevert: Frauen-Geschichte. NHB. es 1284

Frisch: Biedermann und die Brandstifter. es 41
- Die Chinesische Mauer. es 65
- Don Juan oder Die Liebe zur Geometrie. es 4
- Frühe Stücke. es 154
- Graf Öderland. es 32

Gerhard: Verhältnisse und Verhinderungen. es 933

Geyer: Deutsche Rüstungspolitik (1860-1980). NHB. es 1246

Goetz: Hirn. Krieg. 2 Bde. es 1320

Goffman: Asyle. es 678
- Geschlecht und Werbung. es 1085

Gorz: Der Verräter. es 988

Gröner: Ein rasend hingehauchtes Herbsteslicht. Bergeller Gedichte. es 1371

Habermas: Eine Art Schadensabwicklung. es 1453
- Legitimationsprobleme im Spätkapitalismus. es 623
- Die Neue Unübersichtlichkeit. es 1321
- Technik und Wissenschaft als Ideologie. es 287

Hänny: Zürich, Anfang September. es 1079

Handke: Die Innenwelt der Außenwelt der Innenwelt. es 307
- Kaspar. es 322
- Phantasien der Wiederholung. es 1168
- Publikumsbeschimpfung. es 177
- Der Ritt über den Bodensee. es 509
- Wind und Meer. Vier Hörspiele. es 431

Hawkes: Travestie. es 1326

Heimann: Soziale Theorie des Kapitalismus. es 1052

Henrich: Konzepte. es 1400

Hentschel: Geschichte der deutschen Sozialpolitik (1880-1980). NHB. es 1247

Hesse: Tractat vom Steppenwolf. es 84

Die Hexen der Neuzeit. Hg. von C. Honegger. es 743

Hilfe + Handel = Frieden? Friedensanalysen 15. es 1097

Hobsbawm: Industrie und Empire 1/2. es 315/316

Imperialismus und strukturelle Gewalt. Hg. von D. Senghaas. es 563

Irigaray: Speculum. es 946

Jahoda/Lazarsfeld/Zeisel: Die Arbeitslosen von Marienthal. es 769

Jakobson: Kindersprache, Aphasie und allgemeine Lautgesetze. es 330

Jasper: Die gescheiterte Zähmung. NHB. es 1270

Jauß: Literaturgeschichte als Provokation. es 418

Johnson: Der 5. Kanal. es 1336
- Begleitumstände. Frankfurter Vorlesungen. es 1019
- Karsch, und andere Prosa. es 59

Jones: Frauen, die töten. es 1350

Joyce: Werkausgabe in 6 Bdn. es 1434 – es 1439

Bd. 1 Dubliner. es 1434

Bd. 2 Stephen der Held. es 1435

Bd. 3 Ulysses. es 1100

Bd. 4 Kleine Schriften. es 1437

Bd. 5 Gesammelte Gedichte. Anna Livia Plurabelle. es 1438

Bd. 6 Finnegans Wake. Englischsprachige Ausgabe. es 1439

Hans Wollschläger liest »Ulysses«. es 1105

Mat. zu Joyces »Ein Porträt des Künstlers als junger Mann«. Hg. von K. Reichert und F. Senn. es 776

Kantowsky: Indien. es 1424

Kapitalistische Weltökonomie. Hg. von D. Senghaas. es 980

Marx: Die ethnologischen Exzerpthefte. es 800

Kenner: Ulysses. es 1104

Kindheit in Europa. Hg. von H. Hengst. es 1209

Kipphardt: In der Sache J. Robert Oppenheimer. es 64

Kirchhof: Body-Building. es 1005

Kluge: Gelegenheitsarbeit einer Sklavin. es 733

– Lernprozesse mit tödlichem Ausgang. es 665

– Neue Geschichten. Hefte 1-18. es 819

– Schlachtbeschreibung. es 1193

Kluge: Die deutsche Revolution 1918/1919. NHB. es 1262

Kolbe: Abschiede und andere Liebesgedichte. es 1178

– Hineingeboren. Gedichte 1975-1979. es 1110

Konrád: Antipolitik. es 1293

Kriegsursachen. Friedensanalysen 21. es 1238

Krippendorff: Staat und Krieg. es 1305

Kristeva: Die Revolution der poetischen Sprache. es 949

Kroetz: Bauern sterben. es 1388

– Frühe Prosa/Frühe Stücke. es 1172

– Furcht und Hoffnung der BRD. es 1291

– Mensch Meier. es 753

– Nicht Fisch nicht Fleisch. es 1094

– Oberösterreich. es 707

– Stallerhof. es 586

– Heimarbeit. es 473

Krolow: Ausgewählte Gedichte. es 24

Laederach: Fahles Ende kleiner Begierden. es 1075

Lefebvre: Einführung in die Modernität. es 831

Lehnert: Sozialdemokratie zwischen Protestbewegung und Regierungspartei 1848 bis 1983. NHB. es 1248

Lem: Dialoge. es 1013

Hermann Lenz: Leben und Schreiben. Frankfurter Vorlesungen. es 1425

Leroi-Gourhan: Die Religionen der Vorgeschichte. es 1073

Lessenich: »Nun bin ich die niemals müde junge Hirschfrau oder der Ajilie-Mann«. es 1308

Leutenegger: Lebewohl, Gute Reise. es 1001

– Das verlorene Monument. es 1315

Lévi-Strauss: Das Ende des Totemismus. es 128

– Mythos und Bedeutung. es 1027

Die Listen der Mode. Hg. von S. Bovenschen. es 338

Literatur und Politik in der Volksrepublik China. Hg. von R. G. Wagner. es 1151

Löwenthal: Mitmachen wollte ich nie. es 1014

Logik des Herzens. Hg. von G. Kahle. es 1042

Lohn: Liebe. Zum Wert der Frauenarbeit. Hg. von A. Schwarzer. es 1225
Lukács: Gelebtes Denken. es 1088
Maeffert: Bruchstellen. es 1387
Männersachen. Hg. von H.-U. Müller-Schwefe. es 717
Mandel: Marxistische Wirtschaftstheorie 1/2. es 595/596
– Der Spätkapitalismus. es 521
Marcus: Umkehrung der Moral. es 903
Marcuse: Ideen zu einer kritischen Theorie der Gesellschaft. es 300
– Konterrevolution und Revolte. es 591
– Kultur und Gesellschaft 1. es 101
– Kultur und Gesellschaft 2. es 135
– Versuch über die Befreiung. es 329
– Zeit-Messungen. es 770
Gespräche mit Herbert Marcuse. es 938
Mattenklott: Blindgänger. es 1343
Hans Mayer: Anmerkungen zu Brecht. es 143
– Gelebte Literatur. Frankfurter Vorlesungen. es 1427
– Versuche über die Oper. es 1050
Mayröcker: Magische Blätter. es 1202
– Magische Blätter II. es 1421
McKeown: Die Bedeutung der Medizin. es 1109
Medienmacht im Nord-Süd-Konflikt: Friedensanalysen 18. es 1166
Christian Meier: Die Ohnmacht des allmächtigen Dictators Caesar. es 1038

Menninghaus: Paul Celan. es 1026
– Schwellenkunde. es 1349
Menzel/Senghaas: Europas Entwicklung und die Dritte Welt. es 1393
Milosz: Zeichen im Dunkel. es 995
Mitscherlich: Freiheit und Unfreiheit in der Krankheit. es 505
– Krankheit als Konflikt 1. es 164
– Krankheit als Konflikt 2. es 237
– Die Unwirtlichkeit unserer Städte. es 123
Mitterauer: Sozialgeschichte der Jugend. NHB. es 1278
Moderne chinesische Erzählungen. 2 Bde. es 1010
Möller: Vernunft und Kritik. NHB. es 1269
Moser: Eine fast normale Familie. es 1223
– Der Psychoanalytiker als sprechende Attrappe. es 1404
– Romane als Krankengeschichten. es 1304
Muschg: Literatur als Therapie? es 1065
Die Museen des Wahnsinns und die Zukunft der Psychiatrie. es 1032
Mythos ohne Illusion. Mit Beiträgen von J.-P. Vernant u.a. es 1220
Mythos und Moderne. Hg. von K. H. Bohrer. es 1144
Nakane: Die Struktur der japanischen Gesellschaft. es 1204
Nathan: Ideologie, Sexualität und Neurose. es 975
Der Neger vom Dienst. Afrikanische Erzählungen. Hg. von R. Jestel. es 1028

Die neue Friedensbewegung. Friedensanalysen 16. es 1143
Ngũgĩ wa Thing'o: Verborgene Schicksale. es 1111
Nizon: Am Schreiben gehen. Frankfurter Vorlesungen. es 1328
Oehler: Pariser Bilder I. es 725
Oppenheim: Husch, husch, der schönste Vokal entleert sich. es 1232
Paetzke: Andersdenkende in Ungarn. es 1379
Paley: Ungeheure Veränderungen in letzter Minute. es 1208
Paz: Der menschenfreundliche Menschenfresser. es 1064
– Suche nach einer Mitte. es 1008
– Zwiesprache. es 1290
Peripherer Kapitalismus. Hg. von D. Senghaas. es 652
Petri: Zur Hoffnung verkommen. es 1360
Pinget: Apokryph. es 1139
Piven/Cloward: Aufstand der Armen. es 1184
Politik der Armut. Hg. von S. Leibfried und F. Tennstedt. es 1233
Populismus und Aufklärung. Hg. von H. Dubiel. es 1376
Powell: Edisto. es 1332
Psychoanalyse der weiblichen Sexualität. Hg. von J. Chasseguet-Smirgel. es 697
Pusch: Das Deutsche als Männersprache. es 1217
Raimbault: Kinder sprechen vom Tod. es 993
Darcy Ribeiro: Unterentwicklung, Kultur und Zivilisation. es 1018
João Ubaldo Ribeiro: Sargento Getúlio. es 1183

Rodinson: Die Araber. es 1051
Roth: Das Ganze ein Stück. es 1399
– Die einzige Geschichte. es 1368
– Krötenbrunnen. es 1319
Rötzer: Denken, das an der Zeit ist. es 1406
Rubinstein: Immer verliebt. es 1337
– Nichts zu verlieren und dennoch Angst. es 1022
– Sterben. es 1433
Rühmkorf: agar agar - zaurzaurim. es 1307
Russell: Probleme der Philosophie. es 207
– Wege zur Freiheit. es 447
Schindel: Ohneland. Gedichte. es 1372
Schlaffer: Der Bürger als Held. es 624
Schleef: Die Bande. es 1127
Schönhoven: Die deutschen Gewerkschaften. NHB. es 1287
Schrift und Materie der Geschichte. Hg. von C. Honegger. es 814
Schröder: Die Revolutionen Englands im 17. Jahrhundert. NHB. es 1279
Schubert: Die internationale Verschuldung. es 1347
Das Schwinden der Sinne. Hg. von D. Kamper und C. Wulf. es 1188
Sechehaye: Tagebuch einer Schizophrenen. es 613
Senghaas: Von Europa lernen. es 1134
– Weltwirtschaftsordnung und Entwicklungspolitik. es 856
– Die Zukunft Europas. es 1339
Simmel: Schriften zur Philosophie und Soziologie der Geschlechter. es 1333
Sinclair: Der Fremde. es 1007

Sloterdijk: Der Denker auf der Bühne. es 1353
- Kopernikanische Mobilmachung. es 1375
- Kritik der zynischen Vernunft. 2 Bde. es 1099
Sport-Eros-Tod. es 1335
Staritz: Geschichte der DDR. NHB. es 1260
Stichworte zur »Geistigen Situation der Zeit«. Hg. von J. Habermas. 2 Bde. es 1000
Struck: Kindheits Ende. es 1123
- Klassenliebe. es 629
Szondi: Theorie des modernen Dramas. es 27
Techel: Es kündigt sich an. Gedichte. es 1370
Tendrjakow: Sechzig Kerzen. es 1124
Theorie des Kinos. Hg. von K. Witte. es 557
Thiemann: Schulszenen. es 1331
Thompson: Entstehung der englischen Arbeiterklasse. 2 Bde. es 1170
Thränhardt: Geschichte der Bundesrepublik Deutschland. NHB. es 1267
Tiedemann: Studien zur Philosophie Walter Benjamins. es 644
Todorov: Die Eroberung Amerikas. es 1213
Treichel: Liebe Not. Gedichte. es 1373
Trotzki: Denkzettel. es 896
Vernant: Die Entstehung des griechischen Denkens. es 1150
- Mythos und Gesellschaft im alten Griechenland. es 1381
Versuchungen. Aufsätze zur Philosophie Paul Feyerabends. Hg. von H. P. Duerr. Band 1/2. es 1044/1068

Verteidigung der Schrift. Kafkas ›Prozeß‹. Hg. von F. Schirrmacher. es 1386
Vom Krieg der Erwachsenen gegen die Kinder. Friedensanalysen 19. es 1190
Martin Walser: Eiche und Angora. es 16
- Ein fliehendes Pferd. Theaterstück. es 1383
- Die Gallistl'sche Krankheit. es 689
- Geständnis auf Raten. es 1374
- Heimatkunde. es 269
- Lügengeschichten. es 81
- Selbstbewußtsein und Ironie. Frankfurter Vorlesungen. es 1090
- Wer ist ein Schriftsteller? es 959
- Wie und wovon handelt Literatur. es 642
Wehler: Grundzüge der amerikanischen Außenpolitik 1750–1900. NHB. es 1254
Peter Weiss: Abschied von den Eltern. es 85
- Die Besiegten. es 1324
- Fluchtpunkt. es 125
- Gesang vom Lusitanischen Popanz. es 700
- Das Gespräch der drei Gehenden. es 7
- Der neue Prozeß. es 1215
- Notizbücher 1960-1971. 2 Bde. es 1135
- Notizbücher 1971-1980. 2 Bde. es 1067
- Rapporte. es 276
- Rapporte 2. es 444
- Der Schatten des Körpers des Kutschers. es 53
- Stücke 1. es 833
- Stücke II. 2 Bde. es 910

- Die Verfolgung und Ermordung Jean Paul Marats. es 68
Peter Weiss im Gespräch. Hg. von R. Gerlach und M. Richter. es 1303
Wellershoff: Die Auflösung des Kunstbegriffs. es 848
Die Wiederkehr des Körpers. Hg. von D. Kamper und Ch. Wulf. es 1132
Winkler: Die Verschleppung. es 1177
Wippermann: Europäischer Faschismus im Vergleich (1922-1982). NHB. es 1245
Wirz: Sklaverei und kapitalistisches Weltsystem. NHB. es 1256
Wissenschaft im Dritten Reich. Hg. von P. Lundgreen. es 1306
Wittgenstein: Tractatus logico-philosophicus. es 12
Wünsche: Der Volksschullehrer Ludwig Wittgenstein. es 1299
Zimmermann: Vom Nutzen der Literatur. es 885
Ziviler Ungehorsam im Rechtsstaat. Hg. von P. Glotz. es 1214

Philosophie
in der edition suhrkamp

Theodor W. Adorno: Eingriffe. Neun kritische Modelle. es 10
- Jargon der Eigentlichkeit. Zur deutschen Ideologie. es 91
- Ohne Leitbild. Parva Aesthetica. es 201
- Stichworte. Kritische Modelle 2. es 347
- Zur Metakritik der Erkenntnistheorie. Studien über Husserl und die phänomenologischen Antinomien. es 590

Walter Benjamin: Das Passagen-Werk. 2 Bände. Herausgegeben von Rolf Tiedemann. es 1200
- Zur Kritik der Gewalt und andere Aufsätze. Mit einem Nachwort versehen von Herbert Marcuse. es 103

Ernst Bloch: Abschied von der Utopie? Vorträge. Herausgegeben und mit einem Nachwort versehen von Hanna Gekle. es 1046
- Kampf, nicht Krieg. Politische Schriften 1917-1919. Herausgegeben von Martin Korol. es 1167

Gespräche mit Ernst Bloch. Herausgegeben von Rainer Traub und Harald Wieser. es 798

Tagträume vom aufrechten Gang. Sechs Interviews mit Ernst Bloch. Herausgegeben von Arno Münster. es 920

Gernot Böhme: Anthropologie in pragmatischer Hinsicht. Darmstädter Vorlesungen. es 1301

Hartmut Böhme: Natur und Subjekt. Versuche zur Geschichte der Verdrängung. es 1470

Denken, das an der Zeit ist. Herausgegeben von Florian Rötzer. es 1406

Jacques Derrida: Die Stimme und das Phänomen. Ein Essay über das Problem des Zeichens in der Philosophie Husserls. Aus dem Französischen übersetzt und mit einem Vorwort versehen von Jochen Hörisch. es 945

Walter Euchner: Egoismus und Gemeinwohl. Studien zur Geschichte der bürgerlichen Philosophie. es 614

Paul Feyerabend: Erkenntnis für freie Menschen. Veränderte Ausgabe. es 1011
- Wissenschaft als Kunst. es 1231

Die Frage nach dem Subjekt. Herausgegeben von Manfred Frank, Gérard Raulet und Willem van Reijen. es 1430

Manfred Frank: Die Grenzen der Verständigung. es 1481
- Der kommende Gott. Vorlesungen über die neue Mythologie. I. Teil. es 1142
- Motive der Moderne. es 1456

Philosophie
in der edition suhrkamp

Manfred Frank: Die Unhintergehbarkeit von Individualität. Reflexionen über Subjekt, Person und Individuum aus Anlaß ihrer ›postmodernen‹ Toterklärung. es 1377
- Was ist Neostrukturalismus? es 1203

Die gesellschaftliche Orientierung des wissenschaftlichen Fortschritts. Gernot Böhme, Wolfgang van den Daele, Rainer Hohlfeld, Wolfgang Krohn, Wolf Schäfer, Tilman Spengler. es 877

Paul Goodman: Die Tatsachen des Lebens. Ausgewählte Schriften und Essays. es 1359

Jürgen Habermas: Technik und Wissenschaft als Ideologie. es 287

Dieter Henrich: Konzepte. Essays zur Philosophie in der Zeit. es 1400

Jochen Hörisch: Die Wut des Verstehens. es 1485

Individuum und Praxis. Positionen der »Budapester Schule«. Beiträge von Georg Lukács, Agnes Heller, Mihály Vajda, György Márkus, Maria Márkus, Andras Hegedüs und Ferenc Fehér. es 545

Luce Irigaray: Speculum. Spiegel des anderen Geschlechts. Aus dem Französischen übersetzt von Xenia Rajewsky, Gabriele Ricke, Gerburg Treusch-Dieter und Regine Othmer. es 946

Max Kaltenmark: Lao-tzu und der Taoismus. Aus dem Französischen von Manfred Porkert. es 1055

Ronald D. Laing: Phänomenologie der Erfahrung. Aus dem Englischen übersetzt von Klaus Figge und Waltraud Stein. es 314

Thomas H. Macho: Todesmetaphern. Vom Reden über den Tod. es 1419

Herbert Marcuse: Ideen zu einer kritischen Theorie der Gesellschaft. es 300
- Konterrevolution und Revolte. Unter Mitwirkung von Alfred Schmidt aus dem Englischen übersetzt von Rolf und Renate Wiggershaus. es 591
- Kultur und Gesellschaft 1. es 101
- Kultur und Gesellschaft 2. es 135
- Versuch über die Befreiung. Aus dem Amerikanischen übersetzt von Helmut Reinicke und Alfred Schmidt. es 329
- Zeit-Messungen. Drei Vorträge und ein Interview. es 770

Masao Maruyama: Denken in Japan. Eingeleitet und aus dem Japanischen übertragen von Wolfgang Schamoni. es 1398

Ursula Reitemeyer: Erwachende Sinnlichkeit. Ludwig Feuerbachs Entwurf einer Philosophie der Zukunft. es 1417

Clément Rosset: Das Reale. Traktat über den Schwach-Sinn. Aus dem Französischen von Renate Hörisch-Heligrath. es 1442

Philosophie
in der edition suhrkamp

Bertrand Russell: Probleme der Philosophie. Aus dem Englischen übersetzt und mit einem Nachwort versehen von Eberhard Bubser. es 207
- Wege zur Freiheit. Sozialismus, Anarchismus, Syndikalismus. Aus dem Englischen übersetzt und herausgegeben von Reiner Demski. es 447

Thomas A. Sebeok / Jean Umiker-Sebeok: »Du kennst meine Methode«. Charles S. Peirce und Sherlock Holmes. Aus dem Amerikanischen von Achim Eschbach. es 1121

Georg Simmel: Schriften zur Philosophie und Soziologie der Geschlechter. Herausgegeben und eingeleitet von Heinz-Jürgen Dahme und Klaus Christian Köhnke. es 1333

Peter Sloterdijk: Der Denker auf der Bühne. Nietzsches Materialismus. es 1353
- Eurotaoismus. es 1450
- Kopernikanische Mobilmachung und ptolemäische Abrüstung. Ästhetischer Versuch. es 1375
- Kritik der zynischen Vernunft. 2 Bände. es 1099

Peter Sloterdijks ›Kritik der zynischen Vernunft‹. es 1297

Peter Strasser: Die verspielte Aufklärung. es 1342

Rolf Tiedemann: Studien zur Philosophie Walter Benjamins. Mit einer Vorrede von Theodor W. Adorno. es 644

Die unvollendete Vernunft: Moderne versus Postmoderne. Herausgegeben von Dietmar Kamper und Willem van Reijen. es 1358

Jean-Pierre Vernant: Die Entstehung des griechischen Denkens. Aus dem Französischen von Edmund Jacoby. es 1150

Versuchungen 1. Aufsätze zur Philosophie Paul Feyerabends. Herausgegeben von Hans Peter Duerr. es 1044

Versuchungen 2. Aufsätze zur Philosophie Paul Feyerabends. Herausgegeben von Hans Peter Duerr. es 1068

Von der Verantwortung des Wissens. Positionen der neueren Philosophie der Wissenschaft. Herausgegeben von Paul Good. Mit Beiträgen von Paul K. Feyerabend, Hans-Georg Gadamer, Kurt Hübner, Stephen Toulmin und Paul Good. es 1122

Ludwig Wittgenstein: Tractatus logico-philosophicus. Logisch-philosophische Abhandlung. es 12

Konrad Wünsche: Der Volksschullehrer Ludwig Wittgenstein. Mit neuen Dokumenten und Briefen aus den Jahren 1919 bis 1926. es 1299

Die Zukunft der Aufklärung. Herausgegeben von Jörn Rüsen, E. Lämmert und Peter Glotz. es 1479